AF547201

Martin Hagenmaier

Straftäter und ihre Opfer

Restorative Justice im Gefängnis

TBT
Verlag

Bibliografische Informationen der Deutschen Bibliothek
Die Deutsche Bibliothek verzeichnet diese Publikation
in der Deutschen Nationalbibliografie;
detaillierte bibliografische Daten sind im
Internet unter http:/dnb.ddb.de abrufbar

Dieses Werk wurde bei BoD Norderstedt hergestellt.

2. korrigierte und erweiterte Auflage 2019
Text-Bild-Ton Verlag Heike Hagenmaier, Sierksdorf
ISBN 978-3-930763-98-6
E-Book: ISBN 978-3-930763-99-3
Nachdruck, auch auszugsweise, nur mit schriftlicher
Genehmigung des Verlages. Die Verwendung in anderen
Medien oder in Seminaren, Vorträgen etc. ist verboten.

INHALT

1. Einleitung

1.1 Mike, der Einbrecher

Mike ging nachts auf Tour, um auf Baustellen elektrische Werkzeuge zu stehlen. „Das war nicht so schwer“, erzählte er, „ein Bolzenschneider reichte als Einbruchsgerät aus.“ Wofür man die Bohr- oder Schleif- und andere Maschinen denn gebrauchen könne? Da hatte er seine Abnehmer, die sehr zuverlässig waren. Sie kauften ihm die gestohlenen Geräte ab. Mit Geld in der Hand begab Mike sich dann in die Kneipe und „schmiss dort Runde um Runde“. Wenn das Geld verbraucht war, war er selbst auch so voll, dass er nur noch schwer nach Hause fand. Warum er das erbeutete Geld nicht gespart hat, das weiß er nicht so genau. Beim Reden und Nachfragen kam er aber darauf, dass ihm die Anerkennung, die seine Gäste ihm in der Kneipe entgegenbrachten, wirklich gut getan hat. Er erkannte bald: Sobald das Geld ausgegeben war, sank seine Anerkennungsquote beträchtlich. Das ließ ihm keine Ruhe. Sein Schluss aus den Überlegungen, wie man die Anerkennungsquote steigern könnte, war schließlich konsequent und folgenreich. Wenn das Geld aus der Beute ausgegeben war, musste ganz einfach neues Geld her. So ging er nachts zweimal einbrechen und nach kurzer Zeit auch tagsüber. Dann musste er allerdings nicht einbrechen, sondern einfach nur im richtigen Moment zugreifen. Wie zu erwarten ging das nicht lange gut. Die Hehler kauften ihm alle Geräte ab. Aber am Tage kann man dann auch mal gesehen werden. Schon nach wenigen Tagen stand plötzlich die Polizei vor ihm und nahm ihn mit. Da er auf dem Revier nicht unbekannt war, machte seine Vernehmung schnelle Fortschritte. Er gab zu, einige der infrage stehenden Einbrüche oder auch Diebstähle begangen zu haben. Nach der üblichen Verfahrensfrist wurde er wegen zehn zum Teil schweren Diebstählen angeklagt. Das Gericht verhandelte acht davon. Es gab wegen wiederholter Verurteilung zwei Jahre Haft ohne Bewährung. Darüber beschwerte sich Mike nicht. „Zwei

Jahre sind schon in Ordnung“, meinte er, „wenn man bedenkt, dass ich hunderte von Baustellen heimgesucht habe.“

Das ist der übliche Weg des Wiederholungstäters: Wenn man erwischt wird, gibt man mal schnell einige eindeutig zuzuschreibende Sachen zu, dann hat man mit der nervigen Vernehmung seine Ruhe – und die so genannte Gerechtigkeit geht ihren Gang. Man weiß, was man zu erwarten hat, vielleicht hat man auch mal Glück und bekommt noch mal Bewährung. Und das Gefängnis sitzt man dann eben ab. „Es ist auch nicht viel anders als früher im Kinderheim. Da gibt es manchmal sogar nette Leute, die sich kümmern. Dann geht das schon `rum.“ Was aber passiert, wenn es dann nach der Entlassung weiter geht wie vorher? „Das wäre Pech, da müsste ich mich nächstes Mal schlauer anstellen.“

Mit Mike wird daran gearbeitet, dass er sich durch die Einbrüche und Diebstähle Anerkennung kaufen muss. Ob ihn keiner sonst anerkennt? „Nicht so richtig. Die sind immer nur nett, wenn sie was bekommen. Und andere kenne ich nicht.“ Das sei dann fast wie eine Sucht nach Anerkennung. Wenn man die auf solche Art zu kaufen versucht, sei das wie bei jeder anderen Sucht: die Wirkung lässt nach, die Dosis muss gesteigert werden. Da werde er in kurzer Zeit mit dem Einbrechen gar nicht mehr hinterherkommen. „Das ist ja eine ganz gute Erklärung“, erwidert Mike, „kann ich nächstes Mal vor Gericht damit argumentieren, dass ich gar nicht anders kann?“ Nein, so sei das nicht gemeint. Es sei nur ein Versuch, zu erkennen, was in ihm vor sich geht. Wir müssten daran arbeiten, wie er auf andere Weise die Anerkennung seiner Mitmenschen gewinnen könne.

Soweit die Geschichte vom Intensivtäter Mike, der auf dem Weg zum Drehtürgefängnis bereits weit fortgeschritten war. Zu bemerken ist noch, dass er ein Jahr nach der Entlassung noch wegen einer schlimmeren Straftat im Bereich Körperverletzung und Freiheitsberaubung verurteilt wurde. Danach aber nahm die Frequenz ab. Er kam nach fünf Jahren noch ein Mal ins Gefängnis und blieb dann weg. Er hatte eine Frau kennen gelernt, mit der er sich gut verstand. Sie blieb auch während des einen Jahres Gefängnis bei ihm und holte ihn bei der Entlassung am Gefängnistor ab. Selbst die Arbeit, die er vor seinem letzten Aufenthalt bekommen hatte, blieb ihm erhalten.

Im Falle Mikes waren sieben Gefängnisaufenthalte und ein Zufall zur Beendigung der Karriere notwendig. Für die einen sind solche Verläufe ein Beweis für die Wirkungslosigkeit von Strafe, für zweite für die Sinnlosigkeit des Kriminalsystems, für dritte der Beweis dafür, dass nur Lebenslagenveränderung eine Möglichkeit ist, kriminelle Karrieren zu unterbrechen oder abklingen zu lassen. In diesem Fall wurde die Lebenslagenveränderung von dem Straftäter selbst herbeigeführt. Es bleibt die Frage, ob man eine wie immer geartete Lebenslagenveränderung durch Maßnahmen erzwingen kann. Vierte halten solche Verläufe für ein Ergebnis der Gefängnisstrafe, die Täter auch bei einigem Einsatz an Hilfe in der Haft eben nicht resozialisieren kann. Fünfte sehen sich bestätigt, dass Kriminelle eben Kriminelle sind und dass solche glücklichen Zufälle nicht dazu berechtigen, irgendeine Hoffnung auf eine Verhaltensänderung bei vielfach bestraften Tätern zu schüren. Stattdessen müsse man für eine bessere Wirkung von Strafen durch entschiedeneren und härteren Vollzug oder längere Zeitstrafen sorgen.

Mikes Kriminalitätsgeschichte verlief täterorientiert auf allen Ebenen. Ein Fall für den Täter-Opfer-Ausgleich wurde von der Staatsanwaltschaft hier nicht gesehen. Niemand hat gefragt, wie sich wohl die Bestohlenen fühlen könnten. Ebenso wenig stand die Frage nach einer Wiedergutmachung oder Restitution im Raum. In der Regel verläuft letztere so, dass eine Versicherung die Schäden bezahlt. Diese Versicherung kann dann Mike haftbar machen und ihm eine große Rechnung präsentieren, die er nie wird bezahlen können, die ihm aber ein Leben lang anhängt. Mike wurde aber auch in der Justiz nie wirklich mit seinen Diebstählen konfrontiert. Dem kam er dadurch zuvor, dass er im richtigen Moment „alles zugegeben hat". Dann erübrigte sich der Austausch über den wirklichen Umfang seiner Diebereien. Seine Opfer brauchten im Gerichtsverfahren nicht auszusagen und kamen dadurch im Verlauf der Fallbearbeitung nicht mehr vor. Im Anschluss an die Haft kam jeweils die Bewährungshilfe zum Einsatz. Formal verhielt sich Mike perfekt, während er unter Bewährung stand.

Dieses täterorientierte Freiheitsstrafenmodell wird seit den späten 1950iger Jahren, zunächst noch täterorientiert und wohl nur für Fachkreise, in Frage gestellt. Der Anlass dafür war die häufige Rückfälligkeit der bestraften Täter. Albert Eglash beschrieb 1958[1] ‚Creative Restitution' als eine Maßnahme der Wiedergutmachung der Täter gegenüber den Opfern der Straftat. Damit sollte der Vollzug der Strafe eher das Ziel der Resozialisierung erreichen. In den 1970iger Jahren kamen weitere Ideen und Praktiken hinzu die schließlich zu der Bewegung Restorative Justice führten.

Restorative Justice verändert die Perspektive gegenüber Straftaten. An Straftaten sind nicht nur Täter beteiligt, sondern auch Opfer. Sie spielen sich nicht im luftleeren Raum, sondern in der Gesellschaft ab. Also müssen die Gesellschaft, die Opfer und die Täter an einer Lösung des Falles beteiligt sein und einen Weg zur Wiedergutmachung finden. In der Idealform wird zunächst der Schaden festgestellt und die Frage geklärt, welche Bedürfnisse die Opfer haben. Dann werden die Verantwortung und die Bedürfnisse des Täters eingeschätzt, um eine Form zu finden, in der der Täter seiner Verantwortung gerecht werden kann. Die Gesellschaft gibt beiden Seiten die Möglichkeit, im geschützten Rahmen einen Ausgleich zu finden und steht zu ihrer Verantwortung gegenüber beiden. Das kann in Form von Konferenzen oder Einzelmediationen vor sich gehen, Hilfe bei Therapien zur Bewältigung des Tatgeschehens einschließen und möglicher Weise das Gefängnis überflüssig machen. Entscheidend ist es, bei der konkreten Tathandlung zu bleiben und diese hinsichtlich ihrer Voraussetzungen und Folgen konstruktiv auf- und abzuarbeiten.

Kritiker mögen sofort einwenden, auch im Justizverfahren seien Täter, Opfer und Gesellschaft vertreten. Der Täter werde zum Beispiel durch die Justizverfahren vor direkten Racheaktionen geschützt. Er werde nach seiner Schuld bestraft, und dadurch individuell in Verantwortung genommen. Die Gesellschaft sei daran erheblich durch ihre Justizinstitutionen beteiligt. Das gerechte Urteil schaffe dann der Rechtsfrieden. Dieser Einwand ist richtig. Unser Justizsystem ist mit dem Zentrum Strafvollzug konsequent aufgebaut. Dennoch sind aber die Ergebnisse dieses Systems problematisch. Die Opfer bleiben in der Regel allein mit ihrem Erleben. Die Täter nutzen das System taktisch, werden aber als Konsequenz aus Verfahren und Freiheitsstrafe tendenziell aus der Gesellschaft ausgeschlossen. Die Gesellschaft oder Gemeinschaft nimmt nur durch die Presse Anteil am Geschehen. Das konkrete Geschehen wird in eine Verfahrensform der Justiz umgewandelt. Dadurch können nur juristische und andere Experten dieses Verfahren wirklich durchschauen. Täter, Opfer und Gesellschaft werden dem Geschehen gewissermaßen entfremdet.

Restorative Justice ermöglicht die Perspektive einer konkreten Problemlösung anstelle einer eher abstrakten Strafe. Letztlich trauen die Befürworter den beteiligten Individuen und Gruppen eine gute Lösung bei der Aufarbeitung von Straftaten zu. Der Täter-Opfer-Aus-gleich ist ein Ergebnis dieser Sichtweise. In unserem deutschen Strafrecht kann ein solcher Ausgleich nach §46a Strafgesetzbuch dem Täter die Strafe ersparen oder mindern. Warum sollte man dann im späten Verfahrensstadium des Strafvollzugs noch mit Restorative Justice arbeiten, wenn die Strafe ausgesprochen ist und auch bereits vollzogen wird? Wie passt Restorative Justice in eine Gefängnisumgebung? Und wie geht man in diesem Rahmen mit wiederholt bestraften Menschen um?

1.2 Warum Restorative Justice im Gefängnis?

„Warum Restorative Justice (RJ) im Gefängnis? Gefängnis ist keine leichte Umgebung für restorative Programme, im Gegenteil gibt es eine schwierige Beziehung zwischen den Werten von RJ und der Gefängnisidee. Inhaftierung ist mit der vergeltenden Justiz aufs engste verbunden."[2] Mit dieser Feststellung beginnt ein Forschungsbericht der Christ Church University über eine RJ Mediation im Erwachsenenvollzug. Freiheitsstrafe ist heute das schärfste Schwert der Strafjustiz als deren Gegenteil RJ sich lange ausschließlich verstanden hat. Die ‚retributive' Strafjustiz ist die Folie, auf deren dunklem Abbild RJ sich hell darstellt. Eine der Wurzeln von RJ liegt im Abolitionismus, der das Gefängnis und das ganze Strafrecht abschaffen will.[3] Warum sollte also RJ überhaupt Interesse daran zeigen, sich ‚im Herzen' des Strafjustizsystems niederzulassen? Sollte vielleicht das Bild der Strafjustiz, das RJ sich zurechtgelegt hat, überzeichnet sein? Immerhin wurde das Gefängnis in Deutschland sogar rechtlich als Behandlungs- und Resozialisierungseinheit definiert[4] und daher nicht als Vergeltung verstanden, auch wenn die Realität damit nicht mitgehalten hat.

Da fragt sich, was für einen Sinn es haben soll, mit Straftätern, die nicht zum ersten Mal im Gefängnis sind, organisiert über ihre Opfer zu sprechen? Sollen sie ein schlechtes Gewissen bekommen oder moralisch unter Druck gesetzt werden, um dadurch vielleicht weitere Straftaten zu unterlassen? Wozu kann es gut sein, über einen Ausgleich mit den Opfern nachzudenken, wo doch schon die strafende Justiz die Taten mit einer gerechten Strafe versehen und dadurch das Unrecht ausgeglichen hat? Warum sollte man Opfern von Straftaten anbieten, sich lange nach dem Prozess der Mühe einer Aufarbeitung zu unterziehen und sich mit ihren Tätern gar noch zu treffen? Solche Fragen bewegen u.a. die Praxis von ‚Restorative Justice' (RJ) in verschiedenen Regionen der Welt. Als Antwort wurden in zahlreichen Gefängnisprojekten weltweit ein Opferempathietraining (OET) für Täter und die Opfer-Täter-Mediation für Opfer und Täter ausprobiert und eingeführt.

Nach Einführung des Täter-Opfer-Ausgleichs (TOA) in Deutschland kamen aus deutschen Gefängnissen gelegentlich Anfragen mit dem Wunsch, einen solchen TOA einzuleiten oder wenigstens eine Entschuldigung vorzubereiten.[5] Das zeigte, dass es auch bei bestraften Täterinnen oder Tätern ohne äußeren Anstoß den Wunsch nach Ausgleich geben kann. Auch die Erfahrung der Mitarbeitenden sagt, dass die Opferthematik im Gefängnis nicht abgehakt ist. Ein weiteres Argument ist, dass die Resozialisierung nicht genug Erfolg zeigt und auch Therapiemöglichkeiten im Vollzug grob überschätzt wurden.[6]

Eine weitere Wurzel von RJ ist die verstärkte Wahrnehmung, dass die Opfer sich im Strafjustizsystem nicht wieder finden, sondern am Rande als Zeugen abgehandelt oder an Betreuungsvereine ausgelagert werden. Bei RJ stehen das Opfer und die Opferschädigung im Zentrum und hat auch einen Impuls für die Bewegung der wiederherstellenden Gerechtigkeit gegeben. Das Opfer ist aber im Gefängnis nicht zu finden. Ausgleich für die Straftat ist ja eben die Gefängnisstrafe. Soll darüber hinaus ein weiterer Ausgleich im Sinne von RJ erfolgen?

Dazu kam ein religiöser Impuls von ‚Prison Fellowship'. Die Bewegung Prison Fellowship wurde 1976 in den USA als evangelikale Gruppe von einem im Zusammenhang mit Watergate verurteilten Nixonberater[7] gegründet. Die biblische Zachäus - Geschichte[8] hat die Bewegung zu dem inzwischen weltweit verbreiteten Programm „sycamore tree" geführt, so die Homepage.[9] „The programme was named after the story .... … Jesus then helped the crowd understand the reconciling power of biblical (restorative) justice."[10] Prison Fellowship versteht dieses meist von geschulten Laien durchgeführte victim – awareness - Programm als RJ – Maßnahme. Dem können sich im Übrigen auch andere Religionen anschließen. Die moslemische nutzt als Aufhänger die Josephsgeschichte (Verkauf des Joseph durch seine Brüder an eine ägyptische Karawane und Vergebung am Ende[11]).

Man könnte also sagen, dass RJ aus der Erfahrung der Schwierigkeiten des Gefängnisses mit seinen eigenen Zielsetzungen und aus missionarischen Impulsen den Weg dorthin gefunden hat. Da geht es dann um die Opferproblematik in der ‚Täterseele', die durchaus noch bearbeitet werden kann (und muss).

Wie RJ und Gefängnis in dieser Fragestellung zusammenpassen, ist Gegenstand dieser Schrift. Dazu wird zunächst betrachtet, was RJ ist und woher sie kommt. Denn ohne ein gründliches Verständnis der RJ-Bewegung erscheint es schwierig, ihre Möglichkeiten im Gefängnis überhaupt wahrzunehmen. Dann folgt ein Abschnitt über die Opferproblematik, der wegen der zentralen Bedeutung des Opfers bei RJ ebenso unerlässlich erscheint. Schließlich wird das Gefängnis mit den begründenden Straftheorien, seinen Zielen und Wirkungen betrachtet, bevor dann ein Opferempathieprojekt dargestellt wird, das die Fragen beantwortet: Warum RJ im Gefängnis? Kann RJ verurteilten Straftätern und vielleicht sogar dem Gefängnis helfen?

1.3 Forschungs- und Darstellungsmethode

In der sozialwissenschaftlichen Forschung liegen die qualitative und die quantitative Methodik miteinander in Konkurrenz.[12] In der quantitativen Forschung geht es um repräsentative Erhebungsmethoden für eine genau umschreibbare oder umschriebene Population, deren Einstellungen, Gewohnheiten, Sichtweisen oder Haltungen zu untersuchen und darüber valide, nachprüfbare und gesicherte Ergebnisse zu gewinnen, indem Stichprobenuntersuchungen mit standardisierten Fragebögen abgearbeitet werden. Der Grad der Standardisierung, der bis in vorgegebene Antwortmöglichkeiten führen kann, richtet sich ebenfalls nach dem Thema und der Art der Befragung. Die Befragung kann mündlich, schriftlich oder telefonisch erfolgen. Die Auswahl der Stichprobe nach einem jeweils festzulegenden Prozedere der Zufallsauswahl hängt von der Art der Befragung und der zu befragenden Population ab. Dabei gehen die Konzepte im Prinzip auf die Normalverteilung der Gauß'schen Kurve zurück. Stichprobenbildung wird notwendig, wenn eine Befragung der Gesamtpopulation aus technischen oder Gründen des Aufwandes nicht durchführbar ist. Die Fragestellungen entwickeln Auftraggeber und/oder

Wissenschaftler aus ihren jeweiligen Frage- und/oder Forschungsinteressen heraus. Häufig geht es dabei um Gewichtung von Haltungen zu Organisationen, Medien, politischen Parteien, der Regierungstätigkeit, aber auch um die Wirksamkeit von Verfahren oder Markenimages. Die quantitative Methode erhebt differenzierte Mehrheitsverhältnisse im Bezug auf das zu untersuchende Objekt oder die jeweilige Fragestellung. Statistische Mathematik ist ihre häufigste Auswertungsmethode.

Die qualitative Methode setzt dagegen im Wesentlichen auf das persönliche Interview mit einzelnen oder Gruppen, in denen die Fragerichtung von Forschungsfragen vorgegeben wird, die auch dem Forschungsinteresse von möglichen Auftraggebern und/oder Forschenden kommen. Die Entfaltung der Fragestellung wird jedoch dem freien Einfall des Interviewten überlassen. Der Interviewer achtet darauf, durch ein Frageraster bestimmte Fragen anzusprechen, ist aber auch offen für neue Fragestellungen, die durch die Erzählung des Befragten aufkommen. Die Methode eignet sich für die Bearbeitung zunächst nicht einfach standardisierbarer Antwortmöglichkeiten mit Populationen, die schwer zu umschreiben oder schwer zu einem bestimmten Zeitpunkt zufällig ausgewählt werden können. Sie bietet auch die Möglichkeit, den Befragten als Subjekt zur Sprache kommen zu lassen, indem er seine Haltungen erzählend darbietet. Die qualitative Methode eignet sich auch für Personen, mit denen aufgrund von Sprachproblemen oder Ungeübtheit im Umgang mit Fragebögen und standardisierten Antworten die quantitative Methode die Gefahr zu vieler Fehler oder Verweigerungen enthielte. Zudem eignet sie sich ebenso für Interviews mit Experten und Probanden der Bevölkerungsschichten, die aufgrund ihres hohen Bildungsniveaus Vorbehalte gegenüber der Standardisierung und Einordnung in den Durchschnitt entwickeln.

Bei der Auswertung stellt jedoch die qualitative Methode hohe Anforderungen an die Aufschlüsselung des Materials und ist selten für schlichte Vergleichbarkeit oder auch intensive datentechnische Auswertung mit Computerprogrammen geeignet. Während in der quantitativen Forschung der standardisierte Fragebogen oder feststehende Antwortmöglichkeiten bei zureichender Populationenbeschreibung und Stichprobenauswahl die Validität bereits in den Vorarbeiten zur Befragung auf solide Grundlagen gestellt werden kann, ist der Nachweis der Gültigkeit in der qualitativen Untersuchung erst in der Sorgfalt der interpretierenden Schritte möglich. Dennoch ist auch hier die Gültigkeit von Ergebnissen von der Sorgfalt der Fragestellung und der Entwicklung eines Forschungsziels abhängig. Zudem muss einsichtig gemacht werden, wie die Auswahl der Probanden zustande kommt.

„Empirische Untersuchungen sollten nicht nach der Art der verwendeten Untersuchungsmethoden, sondern nach ihrer Funktion und ihrem Stellenwert für den Wissenschaftsprozess klassifiziert werden."[13] Bortz bestreitet auch die Nützlichkeit einer Unterscheidung nach qualitativ und quantitativ. „Beschreibungen neuer, noch weitgehend unerforschter Bereiche können verbal (z.B. in Protokollen, Interviews oder Dokumenten), numerisch (mit eigenen Daten oder vorhandenen Statistiken) oder einfach gegenständlich sein(...)."[14] Für Erkundungsgespräche nennt Bortz die Formen „Exploration", „fokussiertes Interview" und „narratives Interview"[15]. Dass die methodischen Grenzen mehr oder weniger streng gezogen werden, richtet sich nach der Praxisnähe des Untersuchungsgegenstands. Eher wissenschaftlich – methodologisch orientierte Arbeiten werden die Methoden – Unterschiede herausstreichen, während praxisorientierte Forschung eher pragmatisch mit den Unterschieden umgehen muss.[16] Sinnvoll erscheint auch der Hinweis, dass standardisierte Forschung eher technokratischen, qualitative Forschungsansätze eher emanzipatorischen Impulsen und Grundentscheidungen entspringen.[17]

Eine weitere methodische Grundentscheidung kommt hinzu. Die qualitative Forschung nach Strauss beruht auf der Annahme von der Komplexität der sozialen Phänomene. Er spricht von strukturellen Bedingungen, „die gegen eine strikte Systematisierung von methodologischen Regeln sprechen. Zu diesen Bedingungen gehört die Vielfalt von sozialweltlichen Gegebenheiten und die damit verbundenen Zufälligkeiten."[18] Die Interaktion der Forschenden mit den zu beobachtenden Menschen oder Phänomenen spielt bei der Forschung eine erhebliche Rolle. Schließlich ergibt diese Methode ein offenes Ende der Forschungsergebnisse.[19] Der von Strauss so genannten „Grounded Theory" liegt die Theorie des „symbolischen Interaktionismus" von Herbert Blumer[20] zugrunde, ohne dass Strauss sich als wissenschaftliches Mitglied einer Schule dieser Theorie sieht.[21] Menschen handeln nach dieser Theorie auf der Grundlage von Bedeutungen, die in der sozialen Interaktion entstehen. Wirklichkeit ist immer interpretierte und konstruierte Wirklichkeit, die im gegenseitigen und mehrseitigen Interpretationsprozess verhandelt wird. „Soziale Sinnstrukturen sind damit Produkte menschlichen Handelns und kontinuierlichem Wandel unterworfen."[22] Forschung ist Teil dieses wechselseitigen Interpretationsprozesses und nimmt nicht etwa einen Standort außerhalb ein, der so etwas wie Objektivität garantieren kann.

Methodisch wird in den Abschnitten 3, 4 und 5 auf die qualitative Methode der Sozialwissenschaften zurückgegriffen. Es werden Ergebnisse dargestellt, die in Leitfadeninterviews bei TeilnehmerInnen des Projektes ‚Restorative Justice at post sentencing level; supporting and protecting victims' (2013/2014, www.rjustice.eu) erfragt wurden. Die Auswahl von ‚Opfern' und ‚Tätern' kam aufgrund einer Interaktion – des offenen Angebotes von Opferempathietraining auf der einen und des öffentlich ausgeschriebenen Straf-Tat-Dialogs auf der anderen Seite – auf nicht kontrollierbare Weise zustande. Es wurde beim Projektteil in der Justizvollzugsanstalt Kiel allerdings darauf geachtet, dass zumindest alle Gefangenen des Hauses das Angebot zum OET lesen und sich dann freiwillig zur Teilnahme entscheiden konnten. Das Interesse der Erforschung wurde von dem genannten EU-Projekt in der Projektzusammenarbeit gesteuert. Schließlich aber war mein Interesse als Autor, die Elemente von RJ zu verstehen und in geeigneter Weise im Bereich einer JVA zu erproben. Der Abschnitt sechs schildert und reflektiert Ablauf und Inhalte zweier weiterer OET Gruppen unter realen und nicht unter Projektbedingungen. Abschnitte sieben und ein Anhang bearbeiten die Anbindung von RJ an christliche Wurzeln.

Die Fragestellungen zu RJ – was sie ist und was sie erbringt - werden auf die übliche Weise als Zusammenführung und Interpretation einiger – ausgewählter und wichtig erscheinender - Darstellungen von RJ und ihrer Elemente Opfer – Täter – Gesellschaft (Justizvollzugsanstalt) bearbeitet. Die gesamte Literatur von und über RJ zu bearbeiten, erscheint fast nicht möglich.

1.4 Restorative Justice versus Criminal Justice

- *"When I first encountered 'restorative justice', I was filled with enthusiasm. Restorative justice took a positive, forward-looking approach to crime. It focused on repair instead of punishment, on healing the wounds of injustice instead of inflicting further retributive suffering. It conceptualized crime as the wrongful violation, not of an impersonal set of rules, or an abstract notion of 'the State', but of individual victims."*[23] *Und so geht es weiter: „It envisioned justice as the repair of the world; ... Justice, then, was to be found in an authentic experience of mutuality, reciprocity, and regard between and among individuals. In place of the spiteful aspiration to inflict suffering on the wrongdoer as a means of achieving justice, restorative justice offered a loving aspiration to heal the damage of the wrong and to repair the injury to the relationship between the victim and the perpetrator."*[24]

- Handelt es sich da um religiöse Erfüllung, Wunschdenken oder gar eine Utopie?[25]

Eine besonders eindrucksvolle Wandlung vom strafenden zum heilenden Paradigma liefert das Alte Testament in seinen Anfängen: Kaum war die Menschheit geschaffen, bereute Gott seine Schöpfung: „Als aber der HERR sah, dass der Menschen Bosheit groß war auf Erden und alles Dichten und Trachten ihres Herzens nur böse war immerdar, da reute es ihn, dass er die Menschen gemacht hatte auf Erden, und es bekümmerte ihn in seinem Herzen und er sprach: Ich will die Menschen, die ich geschaffen habe, vertilgen von der Erde,...“[26] *Die Strafe für das Verhalten der Menschen ist die Vernichtung. Wir halten es heute für gewalttätig, böse und ethisch nicht zu rechtfertigen, ‚Bosheit' mit dem Tod zu bestrafen. Aber Gott tat es gleich massenhaft und grundlegend. Strafe hat immer diese Wirkung, dass sie Menschen ‚vernichtet', heute in manchen Weltgegenden ‚nur' moralisch, psychisch und gesellschaftlich, anderswo auch physisch.*

Nach der Sintflut hat Gott sich durch den ‚lieblichen Geruch' eines Brandopfers besonnen: „Ich will hinfort nicht mehr die Erde verfluchen um der Menschen willen; denn das Dichten und Trachten des menschlichen Herzens ist böse von Jugend auf. Und ich will hinfort nicht mehr schlagen alles, was da lebt, wie ich getan habe. Solange die Erde steht, soll nicht aufhören Saat und Ernte, Frost und Hitze, Sommer und Winter, Tag und Nacht.“[27] *Das setzt sich im Neuen Testament fort mit der Aussage Jesu zur Begründung der Feindesliebe: „Denn er lässt seine Sonne aufgehen über Böse und Gute und lässt regnen über Gerechte und Ungerechte.“*[28] *Die richtige Wahrnehmung der Lebensgrundlagen lässt die Menschen spüren und glauben, dass sie alle auf demselben Grund leben und insofern unabhängig von ihrem Tun Menschen und nichts als Menschen sind. Das könnte man als restorative practice verstehen, weil es die Menschen zu gegenseitiger Achtung, zu Respekt und zu heilenden Beziehungen ermächtigt und die Welt auf stetigen Neuanfang setzt.*

Nicht nur die christliche Seite liefert für Restorative Justice Hintergründe. John Braithwaite zählt auf:

„Restorative justice ist ... eine wichtige Entwicklung im kriminologischen Denken, ungeachtet ihrer Begründung in Gerechtigkeitstraditionen der alten arabischen, griechischen und römischen Zivilisationen, die einen restorativen Zugang sogar bei Tötungsdelikten akzeptierten, ungeachtet auch des restorativen Zugangs der öffentlichen Versammlungen (Thing) der germanischen Völker[29]*, die nach dem Fall Roms*

über Europa fegten, indischen Hindus, so alt wie die vedische Zivilisation (6000-2000 vor Christus) mit ihrem ‚vergeben ist dem, der gesühnt hat' und alten buddhistischen, taoistischen und konfuzianischen Traditionen, die man heute in Nordasien sehen kann."[30]

Die Aborigenes in Australien, die Maori in Neuseeland sowie die Indianer Nordamerikas[31] müssen hinzugefügt werden. Restorative Justice sei die Form der Justiz, mit der die Menschen die meiste Zeit in ihrer Geschichte gearbeitet haben, während Strafjustiz ziemlich neu ist.[32] Diese Interpretation der Geschichte von Justiz halten Kathleen Daly und andere Autoren für einen „Ursprungs-Mythos", der dem eigenen Ansatz scheinbare Legitimation verleiht, aber nicht wirklich Geschichte beschreibt.[33]

Restorative Justice[34] hat sich lange Zeit für ungeübte Ohren als (gutes) Gegenstück zur (schlechten) üblichen Justiz oder zum Kriminal-, Strafjustizsystem präsentiert. Im englischen Sprachraum ist das auch sehr praktikabel, weil dort nur ein Wort ausgetauscht werden muss: Das (böse) System heißt criminal justice, das (gute[35]) Gegenstück restorative justice. Restorative justice nimmt für sich in Anspruch, dass sie die bessere Antwort auf das Kriminalitätsproblem der Gegenwart hat im Vergleich zur „retributiven", vergeltenden Antwort der Strafjustiz, der destruktive Wirkungen bescheinigt werden. Für ‚Eingeweihte' beinhaltet der Gegensatz folgende Fragen und Vorgehens- bzw. Denkweisen:

Tabelle 1: Criminal versus restorative justice

Criminal justice	Restorative Justice
Verständnis von Kriminalität und Strafe	
Verbrechen ist Gesetzesverletzung.	Verbrechen ist eine Schädigung von Menschen.
Verletzungen erzeugen Schuld	Verletzungen erzeugen Verpflichtungen.
Gerechtigkeit ist Schuldfeststellung und daraus folgende Strafzumessung.	Gerechtigkeit ist eine gemeinsame, allseitige Anstrengung zur Wiedergutmachung oder gar Verbesserung der Lebensumstände.
Täter bekommen, was sie verdienen.	Bedürfnisse der Opfer und Verpflichtung der Täter zur Wiedergutmachung.
Perspektive der Betrachtung	
Welches Gesetz ist übertreten?	Wer ist geschädigt oder verletzt?
Wer hat es getan?	Was sind die Bedürfnisse der Betroffenen?
Welche Strafe steht auf den Übertritt?	Wer hat die Verpflichtung, das auszugleichen?[36]
Folge der Bearbeitung von Kriminalität	
Stigmatisierung des Verurteilten auf Dauer, Strafe bleibt registriert, dauernde gesellschaftliche Nachteile.	Reintegration, Versöhnung für Opfer und Täter
Verurteilter bleibt trotz Resozialisierungsangebot eine Gefahr. Opfer bekommt evtl. Schmerzensgeld.	Hoffnung auf und Versprechen von Neubeginn für Opfer und Täter

Folge des Straf-Justiz-Systems ist, dass das Opfer völlig aus dem Prozess heraus fällt[37] und allenfalls als Zeuge dient, während beim heilenden System das Opfer im Zentrum steht. Dieser Perspektivwechsel vom Täter zum Opfer erscheint entscheidend.

„Da die Justiz in erster Linie sicherstellen will, dass Täter bekommen, was sie verdienen, betrachtet sie Opfer bestenfalls als nachgeordnetes Anliegen. ... Für die restaurative Gerechtigkeit beginnt Gerechtigkeit ... mit den Anliegen der

Opfer und ihrer Bedürfnisse. ... Dieser opferorientierte Ansatz verlangt, dass das Recht sich mit den Bedürfnissen der Opfer befasst, selbst wenn kein Täter identifiziert oder verhaftet wurde.“[38]

Die Strafjustiz sieht Gerechtigkeit eintreten durch Strafe oder Leid[39] zum Ausgleich für die Gesetzesübertretung, wodurch auch die Gesellschaft die Aufrichtung des Rechts erkennen und mit vollziehen kann. Heilende Gerechtigkeit zielt auf eine Gerechtigkeit, die das Opfer entschädigt und den Ausgleich sucht. An dem Prozedere ist auch die Gesellschaft beteiligt, indem sie Opfern und Tätern einen Ort und die Gelegenheit zum Ausgleich gibt und auf die Bedürfnisse beider eingeht sowie auch nachvollzieht, was Opfer und Täter als Teile der Gesellschaft brauchen. Statt Strafe und Leid, die auf die kriminelle Handlung folgen, erarbeitet die heilende Gerechtigkeit einen Horizont der Stärkung des Individuen und Gesellschaft umfassenden Lebensraums: Gerechtigkeit als Heilung – heilende Gerechtigkeit als Idee von einer „guten Gesellschaftsbildung“, in der Opfer und Täter heil werden. Diese Bewegungs-Richtung von heilender Gerechtigkeit ruft bei manchen Autoren die Begeisterung der gesellschaftlichen und sogar religiösen Utopie hervor und es ist nicht sicher, ob sich da nicht mancher sehr gut verstanden fühlt.[40]

„Indeed, the growing movement to a system of restorative justice may well be part of the larger transition and evolution in which we are immersed. The philosophical base of restorative justice does call us to a transformation of our thinking, of our attitude, of our practice towards our human sisters und brothers, to those who have been wounded and to those who have wounded others. We need not resist nor be fearful of such transformation, because this is what Jesus of Nazareth was all about [...]. May this be our inspiration, in the early years of this millennium, as we continue to grow in awareness and empowerment in our congregational prison ministries.“[41]

Völlig anders – geerdet - klingt eine Äußerung der Evangelischen Kirche in Deutschland zum Täter-Opfer-Ausgleich im

Gegenüber zur Strafjustiz, deren „Kern Gefängnis" hier gar nichts zugetraut wird:

„Weil die im Namen des Volkes verhängte Strafe dem Lebensschutz und der Gerechtigkeit dient, nicht aber Vergeltung üben soll oder Sühne erzwingen kann, muss sie an der Wiedergutmachung, dem Täter-Opfer-Ausgleich und der Konfliktregelung orientiert sein. Es sollen - soweit möglich - konkrete Konflikte geregelt werden und die Opfer Wiedergutmachung erfahren. Statt der anonymen Beziehung zwischen der Gesellschaft (in Gestalt der staatlichen Vollzugsorgane) und dem Täter wird - wo immer das möglich ist - eine unmittelbare Beziehung zwischen den betroffenen Menschen angestrebt. Verantwortung und Pflicht bewirken mehr als alles andere die Integration des straffällig gewordenen Menschen in die Gesellschaft, und sie tragen dem Gerechtigkeits- und Rechtsempfinden der Bürger Rechnung.

Freiheitsstrafen können nur letzte Konsequenz sein, wenn andere Konfliktregelungen versagen bzw. wegen der Schwere des Rechtsbruchs nicht möglich sind und sich auch mit dem Rechtsempfinden der Bürger nicht vereinbaren lassen. Aus der Freiheitsstrafe gibt es nur verhältnismäßig selten einen Weg zur dauerhaften Wiedereingliederung in die Gesellschaft, denn das Gefängnis ist aller Erfahrung nach ein ungeeigneter Ort, um zu Schuldeinsicht fähig zu werden."[42]

Daraus wird deutlich, dass es notwendig ist, die einzelnen Elemente der heilenden Gerechtigkeit genauer anzuschauen. Handelt es sich um eine „Bewegung", eine Gesellschaftstheorie[43] oder um ein juristisch geprägtes oder sozialwissenschaftliches Herangehen an das Phänomen der Kriminalität?

2. Die Vorläufer von Restorative Justice

Strafjustiz ist Ausdruck des staatlichen Gewaltmonopols und wird auch so empfunden. Niemand fragt offiziell nach der Zufriedenheit mit einem Urteil. Es muss lediglich vor der nächsten Instanz standhalten. Ein Urteil wird öffentlich in den Medien und privat als gerecht oder ungerecht verhandelt, darin spiegelt sich am ehesten die Frage der Zufriedenheit. Täter und Opfer können nichts zur Zufriedenheit beitragen. Akzeptieren oder ablehnen ist die einzige Möglichkeit. Das ist bei RJ anders. Das Ziel ist eine Vereinbarung von Opfer und Täter, das beide zufrieden stellen muss. Zu dieser Zufriedenheit können also Opfer und Täter selbst beitragen. Eine Ermächtigung zur Bewältigung des Lebens ist das Resultat. Der Staat wird nicht immer mit seinem Gewaltmonopol gebraucht. Ob das Gewaltmonopol nicht doch unabdingbar als Rahmen für die konstruktive Lösung von kriminellen Akten (Drohkulisse) gebraucht wird und wer die unabhängige, nicht interessengeleitete, Aufklärung übernehmen könnte, bleibt zunächst offen bzw. wird den gängigen Abläufen in Polizei und Justiz überlassen.

Warum sich Restorative Justice als Alternative zum Vergeltungsstrafrecht durchgesetzt hat, lässt sich nicht einfach erklären. Es gab in den 1970iger Jahren eine Reihe von Entwürfen, die ähnliche Ziele wie restorative justice verfolgten. Sie waren z.T. als Ideen der Entinstitutionalisierung angelegt, um die Entfremdung des Menschen (in seiner technik- und institutionenorientierten Umwelt) von sich selbst und den Mitmenschen aufzuheben. Einer der so genannten Vorläufer hat den Begriff restorative justice eingeführt und als erster für die Justiz mit restitutiver Orientierung benutzt.

2.1 Konflikt als Eigentum

Als Vorläufer von restorative justice wird u.a. die Idee von Nils Christie mit dem Vorschlag der Rückgabe der Konflikte an den Ort ihres Entstehens gesehen. Statt von ‚Konflikten' würde ich eher von der ‚Lösung der Probleme' sprechen, die durch ‚Übergriffe' erzeugt werden. Eine kriminelle Handlung ist kein Konflikt, allenfalls ein Konflikt auf verschobenen Ebenen oder ein verzerrter Konflikt. Ich bleibe aber hier bei der Wortwahl von Christie, weil eigentlich klar ist, was er meint. Er sieht die Notwendigkeit, den Umgang mit Konflikten den Fachleuten zu entreißen, die sich als ‚professionelle und strukturelle Diebe' gerieren und den Menschen ihre Konflikte stehlen, sie nach ihren eigenen Bedürfnissen und Gegebenheiten definieren und für und auf Kosten der eigentlichen Konfliktparteien lösen.[44] Er bevorzugt ein „Nachbarschaftsgericht", aus nicht rechtlich vorgebildeten Personen, wie er es an einem Zivilfall – einer Ehescheidung – in Tansania erlebt hat[45], das im ersten Schritt wie andere Gerichte die Vorwürfe untersucht, ob sie zutreffen und ob der Täter die Person ist, die das Gesetz gebrochen hat. Dann aber im zweiten Schritt – dem äußerst wichtigen - steht das Opfer im Zentrum einer detaillierten Betrachtung dessen, was geschehen ist und ob und wie der Schaden ersetzt werden kann. Notfalls muss der Täter, das was er angerichtet hat, abstrakt kompensieren, durch Autowaschen oder Treppe fegen etc. Alles muss zur Sprache kommen, wichtig erscheinend oder nicht. Erst danach kann die Frage einer Bestrafung erörtert werden. Schließlich - im vierten Schritt - muss gefragt werden, was der Täter in seiner Situation braucht.

„Da könnten sich Bedürfnisse für soziale, erzieherische, medizinische oder religiöse Aktionen herausstellen – nicht um Rückfälle zu verhindern – sondern weil Nöten begegnet werden sollte. Gerichte sind öffentliche Arenen, wo Nöte sichtbar gemacht werden. Aber es ist wichtig, dass dieses Stadium nach dem Urteil folgt. Sonst bekommen wir eine Wiederholung des ganzen Spektrums der Sondermaßnahmen – Zwangsbehandlungen - oft nur ein Euphemismus für unbestimmte Haft.“[46]

So will Christie – ähnlich wie Ivan Illich[47] und Paulo Freire[48] in der Pädagogik – eine Veränderung der enteignenden Justiz erreichen, damit die Gesellschaft sich selbst reguliert und nicht durch viel zu viele professionelle Repräsentanten die Konflikte perpetuiert, statt sie zu lösen. Erst die Macht der Professionellen macht Konflikte unlösbar! Die Idee Christies wirft mehr Fragen auf, als sie zu lösen im Stande ist: „Wir brauchen Fragen, nicht Antworten der Professionellen. Der Ernst unseres Themas macht uns viel zu umständlich und dadurch unbrauchbar zum Paradigmenwechsel."[49] Christies Sicht ist mehr eine Idee als ein ausgeführtes Programm. Ganz deutlich sind dabei Impulse, welche die Großgebilde der Institutionalisierung mit der darin enthaltenen Enteignung des sozialen Lebens angreifen und dem (intellektuellen) Geist der Zeit entsprechen: Small is beautiful![50] Das wäre sozusagen die Rückführung der Strafjustiz auf ein ‚menschliches Maß' mit Opfer-Orientierung, oder sogar die Tendenz, Strafgerichte und Gefängnisse überflüssig zu machen.

2.2 Abschaffung des Strafrechts

Auch in Deutschland gab es eine abolitionistische Richtung.[51] Die wollte die von ihr erkannten Probleme der (eher schädlichen) Strafjustiz mit der Abschaffung des Strafrechts und dessen Ersatz durch zivilrechtliche Regelungen der Wiedergutmachung bewältigen. Arno Plack plädiert für ein Maßnahmerecht, in dem das „nicht zu duldende sozialfeindliche Verhalten eine Ablösung des Sühne- und Vergeltungsgedankens durch den Grundsatz der Wiedergutmachung"[52] erfährt. Dafür entwickelte Plack eine Menge von Erklärungen, Ideen und Vorschlägen. Als Wiedergutmachung bei Schäden, die den einzelnen überfordern, sollte so vorgegangen werden:

1) Zumindest Teilausgleich,
2) Unentgeltliche Arbeitsleistung für die Allgemeinheit (therapeutische Wirkung),
3) Arbeitserziehung im geschlossenen Heim (hört sich nach Gefängnis an),
4) lebensstandardbeschränkende Auflage für groben Rechtsbruch.[53]

Strafe sollte durch Schadensersatz abgelöst werden. „Verpflichtung zur Wiedergutmachung ist umgekehrt keine Strafe".[54]

Plack zielt durch Wiedergutmachung auf eine Befriedung des Zusammenlebens: *„Durch Strafen, von denen der Geschädig-*

te oft gar nichts hat als die Genugtuung der Rache, werden Dieb und Bestohlener, Betrüger und Geschädigter als Mitmenschen nur noch weiter einander entfremdet. ... Verhängte Strafen verstärken soziale Gegensätze. ... Wiedergutmachung dagegen, sofern sie nur von der strafwütigen Gesellschaft akzeptiert würde, könnte das Zusammenleben befrieden.“[55]
Wiedergutmachung statt Strafe hätte noch eine weitere Veränderung zur Folge. „Der Vorschlag, ein Wiedergutmachungsverfahren ohne die Publizität der heutigen Strafprozesse einzuleiten, macht sich auch die Erkenntnis zunutze, dass die Resozialisierung von Rechtsbrechern am ehesten gelingt, wenn die Tat zwar entdeckt, aber nicht strafrechtlich verfolgt wird.“[56] Eine Ausnahme gibt es aber auch: Für den gefährlichen Täter schlägt Plack „ein eigenes Recht sichernder und therapeutischer Maßnahmen“ vor.[57]

Arno Plack konkretisiert seine Ideen z.B. damit, einen Todesfahrer (Autounfall) nicht nur mit zumindest einem Teil der Schadensregulierung zu belegen (nicht nur die Versicherung), sondern ihn auch zum Dienst in einer Unfallklinik zu verpflichten: „Ein solcher Dienst für die Allgemeinheit könnte auch therapeutisch auf den dazu Verpflichteten zurückwirken, ...“[58] (384) Diese Vorschläge ähneln den Sichtweisen von Restorative Justice durchaus.

2.3 Restitution

Randy E. Barnett diagnostiziert einen Zusammenbruch des Kriminaljustizsystems mit dem Paradigma ‚Strafe’ und schlägt als neues Paradigma die Restitution vor. Als Argumente für die Strafe nennt Barnett 1. Die Verhinderung weiterer Missetaten. 2. Die Möglichkeit, die Täter durch Behandlung zu einem Leben ohne Straftaten zu bewegen. 3. Strafe generiert Abschreckung. Diese Argumente sind aus verschiedenen Gründen nicht (mehr) überzeugend. Daraus folgt als Viertes: “Many advocates of punishment argue that its apparent practical failings exist because we are not punishing enough. All that is needed, they say, is a crackdown on criminals and those victims and witnesses who shun participation in the criminal justice system; the only problem with the paradigm of punishment is that we are not following it."[59] Barnett hält nach dem Scheitern aller Versuche zur Rettung des Strafparadigmas - durch Appell an die Verhältnismäßigkeit, durch Verstärkung der Resozialisierungsbemühungen, und durch Opferkompensation[60] - einen Paradigmenwechsel zur Restitution als Begründung des Kriminaljustizsystems für sinnvoll und notwendig. Das würde die Wahrnehmung von Kriminalität revolutionieren, weil dann der Schaden des Opfers im Mittelpunkt steht. Mit dieser Opferorientierung des Kriminalsystems wäre dann auch fraglich, ob es weiterhin unter dem Stichwort Strafrecht oder nicht viel mehr unter zivilrechtlichen Vorgaben stehen sollte. „This does, however, lead to a potentially serious problem with the restitutional paradigm: what exactly constitutes 'restitution'? What is the standard by which compensation is to be made?"[61] Das wird nur zum Problem, wenn ein retributiver Anteil bei der Restitution erhalten bleibt. Ansonsten muss das Prinzip gelten, dass Opfer für ihren Verlust entschädigt werden. Wie das zu organisieren ist, ist eine Frage der Praxis.

Die Vorteile der Restitution sind 1. Das Opfer erhält Unterstützung. 2. Die Möglichkeit, Kompensation zu erhalten, wird Opfer ermutigen, bei Gericht ihren Fall wirklich zu berichten. 3. hilft sie auch dem Täter. „Restitution, …, is an active effortful role on the part of the offender. It is socially constructive, thereby contributing to the offender's self-esteem. It is related to the offense and may thereby redirect the thoughts which motivated the offense. It is reparative, restorative, and actually leaves the situation better than it was before the crime, both for the criminal and victim."[62] 4. Die Restitution ist eine Sache, deren Ableistung der Verpflichtete selbst in der Hand hat und z.B. durch mehr Arbeit steuern kann. 5. Restitution spart den Steuerzahlern eine Menge Geld. Sie müssen nicht mehr so viele Plätze im Gefängnis bezahlen. 6. Kriminalität zahlt sich nicht mehr aus. Also ist Restitution gut für Opfer, Täter und die Steuerzahler (Gesellschaft).[63] „The experimentation with restitutionary justice will, however, differ from the trial and error of the recent past since we will be guided by the principle that purpose of our legal system is not to harm the guilty but to help innocent - a principle which will above all restore our belief that our overriding commitment is to do justice."[64] Im Grunde ähnelt dieser Entwurf dem deutschen zur Abschaffung des Strafrechts (s. vorheriger Abschnitt). Auch hier wird die Verlagerung des Augenmerks auf die Opfer der Straftaten notwendig und damit – fast ein Wortspiel in Bezug auf restorative justice – ‚restoring justice' angestrebt.

2.4 Creative Restitution

Zu den Vorläufern wird auch Albert Eglash gerechnet, der den Begriff restorative justice übernommen und somit in die kriminologisch-juristische Debatte eingeführt hat. Sein Ansatz ist für diese Arbeit von besonderem Interesse, weil Eglash als Gefängnispsychologe tätig war und das daher rein täterzentrierte Interesse der Resozialisierung hatte. *„At the core of the restitutional concept lies the damage or harm done to victims of the crime. In reading autobiographies of criminal offenders, I am impressed with their callousness toward their victims. Even when they determine, with apparent success, to pursue a different way of life, they never make amends to those they hurt. The victim is generally overlooked. ...*

I now want to admit that I too am offender oriented. From the start, I've been thinking and writing about ways to help offenders, about justice and rehabilitation for offenders. I work with and interview offenders. I seldom think about the victim, how to help him with his financial, medical, emotional, and social problems. I have never visited any victims, never interviewed any, never wondered what questions I would want to ask, never thought to include any victim interviews- 'How do you feel about creative restitution' - in this paper."[65] Eglash beschreibt das retributive Justizsystem mit der Technik des Bestrafens und das jüngere System der therapeutischen Behandlung (distributiv) als Gegenstück zu restorative justice als die leitenden scharfen Gegensätze seines Denkens.

Diese Gegensätze sind auf die Verhängung und den Vollzug von Strafe bezogen. Daraus ergibt sich die kreative als gelenkte Restitution. Von dem verurteilten Täter wird eine Wiedergutmachung verlangt, aber er ist frei in der Form, in der er sie ausführen will. Die Art der Wiedergutmachung wird in der gelenkten Restitution definiert. Zu dieser Art der Restitution gehört das Prinzip der „second mile“[66]: Die Wiedergutmachung geht über die bloße Wiederherstellung des Vorherigen hinaus. Der Täter hilft z.B. zusätzlich anderen Tätern. Ein Autodieb gibt das Auto ohne Schaden oder repariert zurück und tankt es voll. Das ist die ‚erste Meile‘, sie erfolgt unter Zwang als Kompensation. Aber die kreative Restitution verlangt mehr als das: die zweite Meile. Der Dieb wäscht das Auto einen Monat lang an jedem Samstag oder hilft bei irgendwelchen Schwierigkeiten mit der Technik. Restitution hat keine Grenze.[67] Für diese creative restitution übernahm Eglash den Begriff restorative justice, eine täterorientierte Form von aufbauender Gerechtigkeit, die durch ihre Art des Verständnisses auch Opfern hilft.

Tabelle 2: Vergleich retributive/distributive/restorative justice bei Eglash

Retributive und distributive justice	Restorative justice
Erste Sorge: Verhalten des Täters	Konsequenzen des Verhaltens für Opfer
Übersehen der Opfer	Wichtige Rolle der Opfer im Streben nach Gerechtigkeit und bei der Resozialisierung
Passive Rolle der Täter auch bei der Resozialisierung	Aktive Anstrengung der Täter
Entfernung der Täter aus der Tatsituation	Hält Täter in der Situation, aber ändert das Verhalten vom Verletzen zum Geben oder Helfen
Erfolgreiche Anwendung stoppt Kriminalität wegen Abschreckung.	Zerstört fixierte Verhaltensmuster, damit das Lernen beginnen kann.
Verantwortung für vergangene Handlung	Verantwortung für jetzige Handlungen im Sinne konstruktiver Gestaltung.[68]

2.5 Ergebnis ‚Vorläufer'

Von den Vorläufern von RJ waren somit bereits die Grundelemente erarbeitet worden: die skeptische Grundeinstellung zum System der Strafjustiz bis hin zu der Wahrnehmung oder gar zu der Diagnose „Zusammenbruch"; eine starke Wertschätzung der Restitution, die weit über bloßen Ersatz für Schäden hinausgeht; damit gegeben ist die Einbeziehung der Opfer; eine Neigung zur Vermeidung der juristischen Fachleute, die ‚den Konflikt stehlen'; die hohe Einschätzung der Möglichkeiten, die in der und durch die Wiedergutmachung entstehen, die stärkere Wahrnehmung der gesellschaftlichen Verflechtung von Kriminalität. Es fehlte noch die Idee, mit diesen Mitteln „die Welt zu verändern", auch wenn man sie bei Christie schon erahnen kann. Nun folgt ein Abschnitt, in dem betrachtet wird, wie RJ diese Elemente weiter entwickelt.

3. Was ist Restorative Justice?

Die weiteste Definition liefert das Handbuch der ‚Restorative Justice Programme' der UNO, in der RJ als ‚sich entwickelndes Konzept' vorgestellt wird.

> *Restorative justice is a way of responding to criminal behaviour by balancing the needs of the community, the victims and the offenders. It is an evolving concept that has given rise to different interpretation in different countries, one around which there is not always a perfect consensus. Also, because of the difficulties in precisely translating the concept into different languages, a variety of terminologies are often used.*[69]

3.1 Definitionsversuche

Restorative Justice ist ein „Umbrella-Konzept"[70] oder ein Baum mit tiefreichenden Wurzeln und ausladenden Ästen[71], ein Begriff für „ein neue(eres) Denkmuster im Umgang mit Straftaten, Tätern und ihren Opfern"[72] eine Ideenbörse mit bestimmten Werten oder auch ein ‚begrifflich verwässertes Modewort'[73], unter dem sich verschiedene Ideen oder Umgangsweisen nicht nur mit Kriminalität, sondern auch anderen schwierigen Situationen der Kommunikation zusammengefunden haben. Wahrscheinlich deshalb gibt es immer neue Versuche, RJ zu definieren und eine Abgrenzung zu Methoden oder Denkweisen zu finden, die ähnlich klingen mögen.[74] Richards findet einen Mangel an Konsens, der in der vielfältigen Weise der Konzepte begründet ist wie etwa ‚alternatives Paradigma der Justiz', ‚Theorie oder Philosophie', ‚ein Satz Ideen, Praktiken oder Prinzipien', ein ‚Ziel' oder ein ‚intendiertes Ergebnis'.[75] Wenn man geneigt ist, wie ich, Restorative Justice als ‚Bewegung' zu sehen, verwundert die Unschärfe der Begrifflichkeit nicht.

Bewegungen entstehen manchmal aus Gegnerschaft gegen etwas und einer Idee, wodurch es ersetzt werden könnte. Bewegungen sind eher Glaubensgemeinschaften als wissenschaftliche Vereinigungen. Bei Restorative Justice gibt es

Betrachtungsweisen, wie etwa: ‚XY hat jetzt aber sehr kritisch geschrieben. Sie gehört doch eigentlich auch zur Gemeinde…'. Raschke definiert Bewegung als „mobilisierende(n) kollektive(n) Akteur, der (…) mittels variabler Organisations- und Aktionsformen das Ziel verfolgt, grundlegenderen sozialen Wandel herbeizuführen, zu verhindern oder rückgängig zu machen".[76] Auslöser der Bewegung ist das Gefühl, dass die institutionalisierte Justiz – trotz aller neueren Impulse und deren Umsetzung – etwa der Diversion, der sozialen Dienste wie Bewährungshilfe und der Opferrechte wie Nebenklage oder verstärkte Resozialisierungsbemühungen - die Probleme krimineller Handlungen nicht adäquat lösen kann oder aber die Beschäftigung mit Opfern an vereinsmäßig organisierte Gruppen, wie in Deutschland den Weißen Ring, ausgelagert hat. In Bewegungen ist es schwierig, eine Zieldefinition zu finden, die alle zufrieden stellt und alles beinhaltet. Das mag daran liegen, dass Praktiker in der Justiz oder im Gefängnis andere Schwerpunkte setzen als im Opferservice und alle zusammen andere als die Forschungs- oder Gelehrtenelite in der Theoriearbeit. Dennoch oder gerade deshalb sind die Beschreibungen der Ziele oft sehr offen.

Weite Verbreitung haben dennoch für den Gebrauch im Bereich der Kriminalität die Definitionen von Howard Zehr und Tony Marshall gefunden. Dabei ist hier Definition eher im Sinne von ‚zusammenfassende Beschreibung'[77] zu sehen.

Zehr definiert RJ folgendermaßen:

„Restaurative Gerechtigkeit ist ein Prozess, der die von einer konkreten Tat Betroffenen weitestgehend beteiligt und der gemeinsam Schäden, Bedürfnisse und Verpflichtungen benennt und behandelt, um zu heilen und die Dinge soweit wie möglich in Ordnung zu bringen."[78]

Von Interesse ist dabei, dass Zehr an einer ganz unerwarteten Stelle eine Verbindung zum Strafjustizsystem herstellt: Der Wunsch nach Wiedergutmachung ist im Grunde ein Symptom, ein Zeichen eines noch grundlegenderen Bedürfnisses nach Vergeltung. […] Es handelt sich hier um ein Verlangen, das wir alle haben, wenn wir ungerecht behandelt werden.

Wiedergutmachung oder Ausgleich in irgendeiner Form ist eine von vielen Möglichkeiten, dieses Bedürfnis zu erfüllen, um sozusagen den Punktestand auszugleichen.“[79]

Zehr hat damit einerseits in den Augen mancher Mitglieder der Bewegung das Ziel konterkariert und andererseits das Ausschlussverhältnis zwischen RJ und Strafjustiz zu einem Interaktionsverhältnis geführt:

„Beide, strafende und restaurative Gerechtigkeit, gehen von der grundsätzlichen moralischen Einsicht aus, dass durch ein Vergehen ein Gleichgewicht gestört wurde. Daher muss das Opfer etwas erhalten, der Täter schuldet etwas. Beide Ansätze gehen davon aus, dass es eine Verhältnismäßigkeit zwischen der Tat und der Reaktion geben muss. Doch sie unterscheiden sich im Blick auf die Mittel, die diese Verpflichtungen erfüllen und das Gleichgewicht wieder herstellen sollen.“[80] Das Verhältnis von Strafjustiz und RJ wird danach zu einem fließenden Übergang im Interesse der Wiedergutmachung, also der Opfer. Was bei der Definition bereits anklingt, ist eines der Probleme von RJ: Die Wiedergutmachung ist bedingt durch die Einschränkung „soweit wie möglich“. Das löst Kritik beim Opferservice aus: Das Opfer darf beim Umgang mit seinen Bedürfnissen nicht vom Täter abhängig sein. Deshalb müssen die Opferbedürfnisse als Gemeinschaftsaufgabe verstanden werden, zu deren Erfüllung der Täter das Mögliche beträgt.[81] Das betrifft die rechtliche Seite. Auf der psychologischen Seite ist die Abhängigkeit des Opfers vom Täter eines der Hauptprobleme.

Tony Marshall formuliert ohnehin so, dass RJ schon fast als eine ‚soziale Richtung' oder Methode der Strafjustiz erscheint:

"Restorative Justice is a process whereby all the parties with a stake in a particular offence come together to resolve collectively how to deal with the aftermath of the offence and its implications for the future."

"It is not any particular practice, but a set of principles which may orientate the general practice of any agency or group in relation to crime. These principles are:

- making room for the personal involvement of those mainly concerned (particularly the offender and the victim, but also their families and communities)
- seeing crime problems in their social context
- a forward-looking (or preventative) problem-solving orientation
- flexibility of practice (creativity).

Restorative Justice may be seen as criminal justice embedded in its social context, with the stress on its relationship to the other components, rather than a closed system in isolation."[82]

Das klingt eher nach einer Methode und beschreibt keine Art oder Form der Restitution.[83] Der Vorrang des Opfers ist nicht enthalten. Man könnte nach dieser Beschreibung von RJ diese als Maßnahme der Diversion betrachten, um möglichst viele Fälle zugunsten des informellen Ansatzes und der Freiwilligkeit aus dem formalen Prozessbereich herauszuhalten und damit RJ als justizielle Maßnahme auszuführen.[84]

Bazemore und Walgrave halten die Freiwilligkeit nicht für eine condition sine qua non, "but may also include a variety of more or less coerced restorative obligations such as restitution or community service imposed by more formal proceedings. What makes these obligations and processes 'restorative', rather than retributive or rehabilitative, is the *intent* with which they are imposed and also the outcome sought by the decision-makers."[85] Wright schlägt ebenfalls vor, das Wort Strafe (punishment) nicht für von der Justiz auferlegte resozialisierende und reparative Maßnahmen zu verwenden, weil ihre Absicht konstruktiver Art ist.[86]

Eine weitere Definition wird bei Marian Liebmann zitiert:

"Restorative Justice works to resolve conflict and repair harm. It encourages those, who have caused harm to acknowledge the impact of what they have done and gives them an opportunity to make reparation. It offers to those who suffered harm the opportunity to have their harm or loss acknowledged and amends made."[87]

In dieser Definition tauchen die Gesellschaft oder die Gemeinschaft nicht auf. Das könnte auch eine Definition für rein individuelle Wiedergutmachung sein. Dagegen führt eine Definition von Liebmann selbst erheblich weiter, da sie das Ziel der Bemühungen – ‚well-being' - mitformuliert: „Restorative justice aims to restore the well-being of victims, offenders and communities damaged by crime, and to prevent further offending."[88]

Noch klarer wird RJ durch die Aufzählung einiger ihrer Kennzeichen:

- Victim support and healing is a priority.
- Offenders take responsibility for what they have done.
- There is dialog to achieve understanding.
- There is an attempt to put right the harm done.
- Offenders look at how to avoid future offending.
- The community helps to reintegrate both victim and offender.[89]

Schließlich ergibt sich aus dem allem aus der Sicht eines deutschsprachigen Autors noch ein weit umfassenderes Ergebnis für das, was Restorative Justice sein kann: „Restorative Justice ist mehr als eine Antwort auf die Frage ‚Wie ist mit Kriminalität umzugehen?'; sie berührt letztlich die grundlegende Frage ‚Wie wollen wir miteinander leben?' Die Verwirklichung von RJ ist folglich nur bedingt an Fallzuweisungs- und Erledigungszahlen entsprechender Programme abzulesen. Über punktuelle Verfahrensinstrumentarien hinaus gewährt RJ eine spezifische Sicht auf die Welt und das menschliche Zusammenleben. Eine integrale Entwicklung des Potentials von RJ umfasst einen Bewusstseinswandel und eine Werthaltung, die bei unserem Lebensalltag ansetzt – als Chance und Herausforderung zugleich."[90] Damit reicht das Potential von restorative justice von der kommunikativen, Betroffene einbeziehenden, Verfahrensmethode in der Justiz bis zum Lebensweltmodell der Harmonie unter den Menschen[91], ja zum „neuartigen Deutungsmuster von Wirklichkeit".[92] Da tut sich eine neue Welt auf, die definieren zu wollen, eigentlich vermessen ist angesichts der Versprechungen, die RJ mit sich führt. Dahinter erscheint in der Tat die Idee des Glaubens an eine neue Welt. Kritiker sehen in diesem Ansinnen den Versuch, mit RJ eine Gesellschaft wiederherzustellen, die nie und nirgendwo existierte[93], als eine Art neue Utopie der vollkommenen Gesellschaft.[94]

Nach diesem Weg durch die verschiedenen Versuche, RJ zu definieren, erscheint es angebracht – und wenn aus Bescheidenheit, was keine wissenschaftliche Kategorie sein mag und doch zu den Werten von RJ gehört -, nochmals zu der Beschreibung von Howard Zehr zurückzukehren.

- Restorative Justice is not primarily about forgiveness or reconciliation;
- Restorative Justice is not mediation;
- Restorative Justice in not primarily designed to reduce recidivism or repeating offenses;
- Restorative Justice is not an particular program or a blueprint;
- Restorative Justice is neither a panancea nor necessarily a replacement for the legal system;
- Restorative Justice is not necessarily an alternative to prison;
- Restorative Justice is not necessarily the opposite of retribution.
- Restorative Justice is concerned about needs and roles."[95]

Restorative Justice focuses on needs more than deserts of all sides: victim, offender and Society. Encouragement is a central word in this philosophy. Encouragement for experiences of transformations, of healing of harm and the taking on of obligations of all who are involved."[96]

Diese konkrete Rückführung auf die Bedürfnisse, um nicht zu sagen ‚Nöte' und die Ermutigung, damit umzugehen, trifft restorative justice am ehesten. Deshalb hilft es zum weiteren Verständnis, als nächsten Schritt die zentralen oder Kernwerte von RJ anzuschauen.

3.2 Zentrale Werte von Restorative Justice

> *"At the end of the day it is better that restorative justice learns from making mistakes than that it makes the mistake of refusing to learn."*[97]

Folgende „Kern-Werte“ von Restorative Justice wurden in Neuseeland formuliert und vom New Zealand Restorative Justice Network angenommen:

Partizipation: die Betroffenen sprechen und entscheiden, nicht professionelle Staatsdiener.

Respekt: Jeder Mensch hat unabhängig von Rasse, Religion, Kultur, sexueller Orientierung, Alter, Glauben, Sozialstatus den gleichen Wert. Alle werden respektvoll behandelt.

Ehrlichkeit: Es wird ehrlich und offen über Erfahrungen und Gefühle des Opferwerdens ebenso wie über eigene Verantwortung gesprochen.

Demut: RJ akzeptiert Fehlbarkeit und Verletzbarkeit aller Menschen. So können Täter und Opfer sehen, dass sie mehr verbindet als das Täter- oder Opfersein. Einfühlsamkeit und gegenseitige Sorge sind das Ergebnis der Demut. Bescheidenheit folgt aus Demut.

Gegenseitige Verbundenheit: Unabhängig von individueller Freiheit und Verantwortlichkeit verbindet Täter und Opfer die Gemeinschaft der Menschen (in ihrem Umkreis und), wie alle untereinander verbunden sind. Die Gesellschaft teilt die Verantwortung für Kriminalität und deren Bewältigung. Täter und Opfer sind durch die kriminelle Handlung verbunden und können sich in mancher Beziehung (nur) gemeinsam erholen. Daher sind Konferenzen die beste Möglichkeit, die Konsequenzen von Kriminalität zu bearbeiten und auch die Ursachen.

Verantwortlichkeit: Der Täter hat die Pflicht, Verantwortlichkeit anzuerkennen. Das geschieht durch Bedauern ebenso wie durch Wiedergutmachung und durch die Bitte um Vergebung. Das kann den Weg zur Versöhnung ebnen.

Ermächtigung/Stärkung: Opfer von Straftaten werden durch die aktive Rolle und bei der Definition ihrer Bedürfnisse im RJ-Prozess gestärkt. Täter sollen befähigt werden, Verantwortung zu übernehmen, Wiedergutmachung zu betreiben und sich zu reintegrieren.

Hoffnung: Egal wie heftig das Vergehen war, die Gemeinschaft kann Wege finden, wie die Last zu tragen ist und Heilung sowie Veränderung initiiert werden kann. Sie orientiert sich an den Bedürfnissen für Gegenwart und Zukunft und hofft auf Heilung für Opfer, Veränderung für Täter und eine bessere Gesellschaft.[98]

Weitere Kernwerte:

Machtbalance/nicht parteiische Leitung/Allparteilichkeit: In Gruppen oder Begegnungen, die sich mit Kriminalität beschäftigen, entsteht immer und überall ein Machtgefälle. Die Leitung oder Mediation der Begegnung muss dieses so weit wie möglich in Balance bringen. Auch darf die Mediation selbst keinen Druck aufbauen, um die „Parteien“ zur Einigung zu bewegen.

Flexibilität: Methoden sind nicht festgeschrieben und vorgegeben, sondern entwickeln sich an den ‚Werten’ und Vorstellungen sowie an den Bedürfnissen der beteiligten Personen und Fälle.

Freiwilligkeit: Alles, was Betroffene in RJ – Maßnahmen einbringen, ist freiwillig. Niemand wird gezwungen, irgendetwas zu tun oder zu lassen.

Problemlösungsorientierung: Alles geht um die Lösung von Problemen.

Win-win Situation wird angestrebt durch die Gegenseitigkeit von Lösungen.

Kontextorientierung: Die sozialen ökonomischen und moralischen Umstände aller Beteiligten sind von Interesse.[99]

Gerechtigkeit tritt ein, wenn wir in **richtigen Beziehungen** leben, wenn Menschen einander gerecht werden.[100]

Diese zentralen Ideen oder Werte beschreiben noch eindeutiger und besser die Idee von RJ als Definitionen. Es handelt sich um Aussagen über Individuum und Gesellschaft (Verbundenheit, Verantwortlichkeit, Laienorientierung), über das

Menschenbild (Demut, Fehlbarkeit, Hoffnung), über Organisationsformen der Gesellschaft (Machtbalance, Laienorientierung, manche sagen auch Demokratie), gutes Verhalten (Ehrlichkeit, Respekt), und ein Ziel für Individuen, um in der Gesellschaft zu bestehen (Ermächtigung), um Methoden (Flexibilität, Kontextorientierung, Freiheit von Zwang), um Ziele (Problemlösung, Gewinner auf allen Seiten). Der Bezug zum Strafrecht erscheint hier nicht. Es handelt sich auch in dieser Form der Selbstvergewisserung nicht unbedingt um eine Gegenüberstellung[101], sondern eben um die ‚heilende' Sicht- und Herangehensweise an die menschlichen und gesellschaftlichen Probleme von schädigenden Handlungen und ihre Bewältigung ohne Strafe. Wo im Bereich von Strafrecht und Straftaten eigentlich alle Menschen an das Böse, bösartiges Verhalten, Demütigung, Übergriffe, Bestrafung, Fachleute von Polizei und Justiz oder ‚die Obrigkeit' denken (das Faktische, (Vor-)Gegebene, ‚was ist'), werden hier Werte betont, die über all das hinwegführen könnten. Braithwaite spricht von einer ‚republikanischen Gerechtigkeit'[102], man könnte auch von ‚Grund- oder Menschenrechteorientierung[103]' oder ‚christlichem Glauben' sprechen (Orientierung am Erwünschten oder Erhofften).[104]

Braithwaite hat noch eine andere Systematisierung von RJ - Standards vorgeschlagen. Dabei unterscheidet er notwendige Punkte, die erfüllt werden müssen, Optimierungs-Standards, die von denen, die RJ anwenden, angestrebt werden sollten und Standards, die sich ergeben können, die man aber nicht erzwingen kann.

Die letzte Tabellenzeile in Tabelle 3 sind meine Charakterisierung der von Braithwaite genannten Punkte. Ohne die Erfordernisse der ersten Spalte ist die Durchführung einer RJ – Maßnahme nicht möglich, die zweite Spalte beschreibt, was an Ergebnissen möglich ist, aber nicht immer erreicht werden kann, die dritte das, was als Ergebnis noch auftreten, aber nicht als Arbeitsziel definiert werden kann. „Manche mögen diese Standards vage finden, mit dem Fehlen jeder Spezifizität, wie RJ praktisch anständig ausgeführt werden soll. Doch

Standards müssen umfassend sein, wenn wir legalistische Regulierung von RJ, die im Widerspruch zu der RJ-Denkweise steht, vermeiden wollen. Was wir brauchen, ist eine deliberative Regulierung, bei der wir uns über die Werte, die wir mit RJ zu realisieren wollen, klar sind."[105] RJ sei nicht anzuwenden wie ein Regelbuch.

Tabelle 3: Standards von RJ nach Braithwaite

Zwingende Standards	**Optimierungs-Standards**	**Kann sich ergeben**[106]
Nicht - dominieren	(Wieder-)herstellung von/der Menschenwürde	Bedauern der Ungerechtigkeit
Stärkung	… Verlust an Eigentum	Entschuldigung
	… Sicherheit und Gesundheit	Tadeln der Handlung
Respektvolles Zuhören	… geschädigten Beziehungen	Vergebung
Gleiche Sorge um Beteiligte	… Gemeinschaft	Dankbarkeit
Verantwortlichkeit und Widerspruchsrecht	… Umwelt	
Beachtung der Menschen- & sonstigen Grundrechte	… Freiheit	
	… von Mitgefühl, Fürsorge	
	… von Frieden	
	… des bürgerl. Pflichtgefühls	
	Emotionale Wiederherstellung	
	Bereitstellung sozialer Unterstützung, um menschliche Fähigkeiten zu entwickeln	
	Prävention zukünftiger Ungerechtigkeit	
Methodisch erforderlich	**Anzustrebende Ergebnisse**	**Gabe, Geschenk**

RJ bearbeitet eine ‚andere Perspektive', die Perspektive Anerkennung von ‚Leid, Verpflichtung und Neubeginn' inmitten der als menschliche Gemeinschaft verstandenen Gesellschaft. Daher ist RJ keine Methode, die man einfach abpausen könnte, sondern eine ‚Weltauffassung', je nach Weltgegend vielleicht sogar ein Glaube einer sozialen Bewegung oder auch eine Anwendung des christlichen Glaubens.[107]

Die Durchführung von Arbeitsformen, die sich teils herausgebildet haben (indirekte und direkte Mediation mit Beteiligten, Opferempathietraining, Opfergruppen), teils übernommen wurden (verschiedene Konferenzformen) liegt dann in der Verantwortung der jeweiligen Initiatoren, die nicht durch starre Regeln oder fertige Konzepte oder gar hierarchisch geordnet angeleitet werden, sondern durch die jeweils eigenständige Umsetzung der ‚Werte' und Zielvorstellungen in die jeweilige Praxis. Kontrolle erfolgt, wenn überhaupt, über eine Art Peer - Supervision oder noch eher den kollegialen Austausch. Das eigentliche Erfolgskriterium ist die Ermächtigung von Opfer und Täter (und ihrer gesellschaftlichen Umgebung) zur ‚stärkenden Übereinkunft'.

3.3 Die Rolle der Gemeinschaft (community)

„*Die Zukunft von RJ hängt von der Beteiligung der Mikrogemeinschaft direkt in jenen stärkenden Prozessen ab, die Heilung zur Verfügung stellen. Schadenersatz, der von einem Richter oder einem Gemeindegremium entschieden ist, stört Heilung, weil es die Beteiligten der Gelegenheit beraubt, ihre Gefühle auszudrücken, ihre Geschichte zu erzählen und gemeinsam Schäden, Bedürfnisse und Antworten zu identifizieren und anzusprechen. Solche Einmischung der Makrogemeinschaft, obwohl zurzeit in der Mode, widerspricht dem Wesen von RJ.*“[108]

In den Beschreibungen von RJ spielt die Gemeinschaft (community) als Partei (have a stake) und umfassendes Ganzes (Gesellschaft) eine (wichtige) Rolle. Zehr und andere sprechen die Gemeinschaft als ein ‚Netz von Beziehungen' an, das durch Kriminalität ‚Risse bekommt'. Dadurch sind alle Individuen als Teile dieses Netzes betroffen, woraus auch gegenseitige gemeinsame Verpflichtungen entstehen.[109] Während das der Ausfluss einer holistischen Gesellschaftsbetrachtung ist, ist die Rolle der Gemeinschaft in anderer Hinsicht abhängig von der Bewertung der Gemeinschaft in den Gesellschaftssystemen. Einige der unterschiedlichen Beschreibungen von RJ beruhen z.B. auf einer Differenz in der Bewertung von Gemeinschaft, Gesellschaft und Staat in Europa einerseits und in der angelsächsischen Welt andererseits. Europäer verstehen den Staat eher als Wahrer von Rechten und Gerechtigkeit, während USA, Kanada, Australien und Neuseeland eher an die Möglichkeiten der kommunalen und Gruppen-Beziehungen nicht nur im restorativen Prozess glauben.[110] Das wird vor allem an der Betonung der kommunalen Gemeinschaftskonferenzen deutlich, die in Neuseeland und Australien als RJ –Methoden dominieren. In Deutschland werden Gemeinschaftskonferenzen eher als Konferenzen von verschiedenen Diensten der Gesellschaft wie Schule, Polizei, Staatsanwaltschaft, Jugendamt, kirchlicher Jugendarbeit und Jugendgerichtshilfe und vielleicht der Arbeitsagentur verstanden. Der ‚Ortsgemeinschaft' traut man in der Regel eher negative Impulse wie Rachewünsche oder Forderung nach härterer Bestrafung zu. Außerdem ist die ‚Gemeinschaft' in Deutschland immer noch durch die nationalsozialistische ‚Volksgemeinschaft' belastet, die einer der identitätsbildenden Begriffe jener Zeit war.[111] Auch der Staat erlitt allerdings damals als Wahrer der Rechte schwere Deformationen, deren Wirkungen bis heute sichtbar sind.[112] Deshalb liegt in Deutschland der Ton auch heute noch auf dem ‚Verfahren', das sichtbar und nachvollziehbar Übergriffe jeder Art ausschließen soll. Fast könnte man von einer ‚Heiligkeit' des Rechtsstaats mit Schwerpunkt auf dem Verfahren sprechen. Und der wird von unabhängigen Profis durchgeführt und nicht von irgendwelchen parteiischen und ‚betroffenen' Verwandt- oder Nachbarschaften.

Traurige Berühmtheit erlangte kürzlich in dieser Hinsicht aber eine ganz andere Gemeinschaft, eine Betriebsbelegschaft: Die Mitarbeiter von Eurogate in Bremerhafen fühlten sich im Recht, einen verurteilten Sexualstraftäter, der seine

Stieftochter missbraucht hatte, durch Streik wegzumobben.[113] Verurteilung und Haft führten in den Augen der Kollegen nicht zu einer Wiederherstellung seiner menschlichen Würde, womit er als Kollege wieder akzeptiert worden wäre. Weder das Arbeitsgericht noch die Betriebsleitung konnten das Verhalten beeinflussen. Der fünfstellige Verlust des Betriebes war den Mitarbeitern gleichgültig. Dabei war der Betroffene vorher schon Kollege und jedenfalls in seiner Täterkonstellation gerade für Mitmenschen an seinem Arbeitsplatz extrem ungefährlich. In der Arbeit liegt seine einzige Chance, sein Leben wieder würdig bestreiten zu können. Das Recht ist auf seiner Seite, was den Arbeitsplatz betrifft. Ein Jahr später aber bestätigte eine höhere Instanz die Kündigung wegen Störung des Betriebsfriedens.[114] Jedenfalls ist dieses Gemeinschaftsverhalten weit entfernt davon, restaurativ sein zu können. Es wurde nicht von Mediatoren allparteilich begleitet. (Wahrscheinlich hätte es sogar eher ‚parteiisch' begleitet werden müssen.)

Dass Gemeinschaftskonferenzen auch anderswo kritisch betrachtet werden, ist bei John Braithwaite und Christine Parker nachzulesen: Sie benennen die Punkte, die die Kritik am Kommunitarismus von RJ findet:

- Gewalt nicht ernst zu nehmen,
- das Fehlen der prozeduralen Verantwortung,
- das Verfehlen des guten Umgangs mit den ungleichen Verhandlungspositionen der Parteien,
- Polizei oder Mediatoren haben zu viel nicht kontrollierbare Macht über ernste Probleme der Kriminalität,
- Stärkung der ‚Opfervertretung' des „Lynch Pöbels",
- Tyrannei der Mehrheit.

„The underlying issue is that restorative justice is susceptible to perpetuating all the dominations of everyday community. To its critics, restorative justice 'purports to restore a social peace that never existed'. It neutralizes conflict by individualizing and privatizing grievances and offences."[115]

Diesen Gefahren für oder von RJ soll eine Konferenzarbeit begegnen, bei der staatliches Recht und Verfahren mit der RJ der Gemeinschaft zusammenarbeiten und das Verfahren insgesamt eher ansprechbar für alle Seiten macht.

Tabelle 4: Rule of the law nach Braithwaite

The Justice of the Law	↓	Rule of the Law	↑	Restorative Justice of the Community
		Restorative Justice Conferences		
		What Citizens want restored		

Die Herrschaft des Rechts, die rechtliche Verantwortlichkeit wird von der Strafjustiz so umgesetzt, dass die Bedürfnisse der BürgerInnen nachgeordnet sind, während sie von RJ als Basis des Konferenzhandelns angesehen werden, das vom Recht überprüfbar bleiben muss.

Zudem muss bei dem Faktor Gemeinschaft auch darauf geachtet werden, dass die Gemeinschaft nicht allzu theoretisch ausfällt. Bei allen Definitionsversuchen fällt auf, dass die Täter bei den Ursachen von Kriminalität in ihrem gesellschaftlichen Umfeld gesehen werden und auch beim Gesichtpunkt der (Re-)Integration. Es werden ‚Unterstützer' auf Seiten der Opfer und Täter einbezogen oder zumindest bedacht, die Familien der Täter aber eher nicht, es sei denn bei Jugendlichen, wo die Erziehungsberechtigten ohnehin im Verfahren beteiligt sind. Nicht im Bewusstsein von allen Autoren scheinen mir aber die aktuellen Familien der erwachsenen Täter zu sein.[116] Sie spielen in mehrfacher Hinsicht eine große Rolle. Sie sind einerseits ebenfalls in ihrem sozialen Umfeld Geschädigte, wenn der Familienvater Straftaten begeht, und sie werden andererseits als Unterstützung selbstverständlich vorausgesetzt. Eigentlich müssen sie auch beim Umgang mit den Wirkungen von Kriminalität eine wichtige Rolle spielen, zumal sie durch persönlichste Bindung und Familiensolidarität auf die Täterseite gerechnet und durch dieselbe Bindung auch emotionale, soziale und gesellschaftliche Opfer werden, im Sinne von diversen Einschränkungen, auch wenn sie nicht aktiv an der Tat beteiligt waren: „Er macht den Mist und ich werde dafür bestraft“, hat schon manche Frau oder Freundin eines Täters nicht nur beim Verlust der Wohnung geklagt. Besonders sind aber auch Kinder von Einschränkungen sozialer und emotionaler Art betroffen.[117]

Dieser Punkt, das „Vergessen“ der konkreten Wirklichkeit von eigentlich der ‚Ur-Gemeinschaft’ von Tätern, könnte RJ in Ideologie-Verdacht geraten. Wenn nur ein abstraktes Bild von Opfern, Tätern und Gemeinschaft das Substrat der Idee von RJ bildet, handelt es sich nicht um eine echte Begegnung von Betroffenen und Verursachern von Fehlhandlungen im Schoße der Gemeinschaft, sondern um eine Begegnung unter dem Diktat einer ‚neuen’ Wirklichkeitskonstruktion. Das Ergebnis könnte dann aussehen wie Lutz formuliert:

„Die(se) Rhetorik und die Praxis haben wenig miteinander zu tun. Restorative Justice reiht sich vielmehr als weiteres Glied in die Kette gescheiterter Visionen sozialer Kontrolle ein, die letztlich keine großartige Wendung im Umgang mit abweichendem Verhalten gebracht haben.“[118]

Die einst glühende Bewunderin Annalise Acorn formuliert das nach der ‘Ernüchterung’ so:

„Restorative justice seemed just fine for other people, for harms I had not suffered, but when it came to me, restorative justice wasn’t what I wanted. I did not feel competent as an advocate for restorative justice because I doubted both my ability to repair relationships marred by wrongdoing and my commitment to doing so.”[119] ... *“Nevertheless, the credibility of restorative justice is absolutely contingent*[120] *upon its ability to deliver some version of its promise of equality, respect, mutuality, reciprocity, and healing in the relation between victim, offender, and community.”*[121]

Das heißt doch: Wer an restorative justice glaubt, denkt, die Ergebnisse kämen vom Einsatz ihrer Methoden, wer dies nicht tut, schreibt das Eintreten derartiger Ergebnisse anderen

Ursachen zu. Diese Frage kommt unter der Überschrift: Ergebnisse von RJ zur Sprache (2.4.6).

3.4 Woher kommt Restorative Justice?

3.4.1 Der Begriff

Der Begriff Restorative Justice stammt wohl aus einer Übersetzung des Begriffs ‚heilende Gerechtigkeit'. Der begriffliche Hintergrund kommt aus der deutschsprachigen Theologie.[122] Im Auftrag des Ökumenischen Rats der Kirchen (ÖRK) haben zwei deutschsprachige Theologen den Text nach vielen vorbereitenden Diskussionen und einer Tagung des Rates in Treysa (1950) geschrieben, um „zur Lösung eines der brennendsten Probleme der Gegenwart beizutragen".[123] Das brennende Problem war die Gerechtigkeit, die durch die Erfahrungen in und mit Nazi-Deutschland nicht mehr als aus sich verständlich und von allen geteilt angesehen werden konnte.[124] Die englische Fassung des Buches wird als „adaptation to the Anglo-Saxon stage of discussion" bezeichnet.[125] Dieser Fund ist der Arbeit von Ann Skelton zu verdanken.[126] Sie führte aus, der Begriff sei von Albert Eglash in einer Veröffentlichung 1977 aus dieser Schrift übernommen worden.[127] Die Veröffentlichung war laut Skelton der Abdruck eines Aufsatzes zu seiner Idee der ‚creative restitution' aus dem Jahr 1958[128], wo der Begriff nicht vorkam. Die Aufsätze von 1958 und 1975 unterscheiden sich wesentlich. Daher kann schwerlich von einem Abdruck sprechen. Eglash führt zu der Verwendung des Begriffs restorative justice nichts aus und weist auch nicht auf seine Herkunft hin. Das bedeutet, dass der Begriff entweder schon gebräuchlich war oder für Eglash einfach so nahe lag, dass seine Verwendung nicht eigens erklärt werden musste. Wenn er sich aber von der Gerechtigkeitsschrift des ÖRK inspirieren ließ[129], kannte er auch den Hintergrund. Diesem Hintergrund widmete sich Shiro Kaschimura.[130] Er belegt anhand von Eglashs Veröffentlichungen den biblischen Bezug, der in dem meist zitierten Aufsatz von 1977 nicht erscheint. So hat Eglash die Schrift von Schrey, Walz und Whitehouse in einem Artikel von 1959[131] ausführlich und mit dem

Begriff „Restorative Justice“ zitiert. In dieser Schrift wird ein religiöses Verständnis des Rechts, vor allem der heilenden Gerechtigkeit, zum Ausdruck gebracht:

„Die Kirche kann durch ihr Wort und ihre Gestalt sichtbar machen, dass es nicht nur die austeilende, austauschende und strafende Gerechtigkeit gibt, … sondern auch die heilende, die in der irdischen Gesellschaft verborgen ist, aber verborgen in ihr wirken will. Die heilende Gerechtigkeit wird in Jesus Christus erkennbar und vollziehbar und bringt eine innere Umwandlung der dreidimensionalen Gerechtigkeit mit sich. In ihr werden die helfenden Möglichkeiten für die im Konflikt der Geschichte unterliegenden schwachen Rechtsgenossen ernst genommen; es ist die soziale Gerechtigkeit, die zum Tragen der gegenseitigen Lasten bereit macht und aufruft. ... Diese leistet, was kein positives Recht mehr kann: sie heilt die Wunde, an der alles Recht leidet, die Verkehrung in Unrecht und Sünde.“[132]

Im Rückgriff auf den christlichen Glauben von der Erlösung durch Jesus Christus werden die drei Dimensionen der Gerechtigkeit durch die vierte, heilende ergänzt, die mit dem biblischen „einer trage des anderen Last, so werdet ihr das Gesetz Christi erfüllen“[133] assoziiert wird. Die Textumgebung im Galaterbrief vertieft diese Assoziation noch:

„Liebe Brüder, wenn ein Mensch etwa von einer Verfehlung ereilt wird, so helft ihm wieder zurecht mit sanftmütigem Geist, ihr, die ihr geistlich seid; und sieh auf dich selbst, dass du nicht auch versucht werdest. Einer trage des andern Last, so werdet ihr das Gesetz Christi erfüllen. Denn wenn jemand meint, er sei etwas, obwohl er doch nichts ist, der betrügt sich selbst. Ein jeder aber prüfe sein eigenes Werk; und dann wird er seinen Ruhm bei sich selbst haben und nicht gegenüber einem andern. Denn ein jeder wird seine eigene Last tragen.“[134] Dieser Bedeutungshintergrund wird durch einen Hinweis im Text von Schrey/Walz noch verstärkt und abgeschwächt zugleich: Die vierfache Gerechtigkeit stammt nicht aus der Theologie, sondern aus einer rechtsdogmatischen Überlegung von Walther Schönfeldt: *Die „strafende Gerech-*

tigkeit ... will darüber hinaus doch auch versühnen und versöhnen, nämlich den Täter mit sich selbst und mit der Gemeinschaft, und umgekehrt, soweit das menschenmöglich ist, damit das Unrecht aus der Welt geschafft sei. Sie will den gebrochenen Rechtsfrieden in den Herzen aller Beteiligten, des Täters und des Verletzten, also auch der Gemeinschaft und ihrer Angehörigen, wiederherstellen, will den Rechtsbruch nach besten Kräften heilen, womit sie sich zugleich als heilende Gerechtigkeit erweist."[135]

Die gerechte Strafe erscheint hier zugleich als heilende Gerechtigkeit. Für die Heilung gibt es aber nach Schönfeldt noch eine Voraussetzung: Der Täter muss die Strafe annehmen und ebenfalls als heilend ansehen, weil sie ihn mit der Gesellschaft und dem Opfer versöhnt. Tut er das nicht und kann er durch die Strafe nicht mit diesem Ziel erreicht werden, dann ist das, was der Richter ihm auferlegt, keine Strafe mehr, sondern eine Notmaßnahme der Gesellschaft („strafrechtsähnliche Maßnahme"[136]), um sich zu schützen und „am Leben zu erhalten"[137].

Die Gerechtigkeit Gottes ist nach theologischer Überzeugung nicht von seiner Liebe und Gnade zu trennen.[138] Dass die Begriffe beim Gottesbild zusammenfallen, ergibt sozusagen einen Nachahmungseffekt für die Glaubenden. Wenn die Gerechtigkeit Gottes den Menschen aufrichtet, dann hilft der Glaubende seinem Mitmenschen, sich wieder aufzurichten, was man leicht mit ‚restoration' und ‚empowerment' übersetzen kann. Eglash hat in seiner Creative Restitution die biblische Dimension außer mit dem Zitat von Schrey/Walz mit „walking a second mile"[139] eingebracht, die aus Matthäus 5, 41 stammt. Die heilende Gerechtigkeit weist schon in der deutschen Fassung wie später als restorative justice die Elemente Opfer, Täter und Gemeinschaft auf, die in allen Konzepten als notwendige Größen für den Gerechtigkeitsbezug betrachtet werden. Das Ende der Ähnlichkeit ist aber da erreicht, wo im deutschen Begriff von Schröder die Gerechtigkeit durch Strafe heilt.

Damit sind einerseits die Schwierigkeiten der Rückübersetzung eigentlich geklärt. Dennoch ist in Deutschland immer von der Schwierigkeit der Übersetzung[140], sogar von Unübersetzbarkeit die Rede.[141] Restorative Justice wurde aus dem theologisch christlichen Wortsinn übergeleitet in eine Programmatik, die bei strenger Betrachtung dennoch nahezu als ‚Praxis des Glaubens' beschrieben werden könnte: Dass dem ‚Sünder' wie seinem Opfer die Möglichkeit gegeben wird, in Begleitung und Betreuung durch ‚Bekenntnis' der Verantwortlichkeit, Ausgleich und ‚Vergebung' inmitten der Gemeinde aufgerichtet und „heil" zu werden, entspricht dem christlichen Gemeindeideal aufs Genaueste: Diese Art von „Aufrichtung" ist ein möglicher Neuanfang im individuellen und gemeinschaftlich-gesellschaftlichen Sinn und entspricht genau der Aktualisierung des religiösen Konzepts von der „Umkehr des Sünders" (metanoia).[142] Fragen des Rechts und der Gerechtigkeit werden in Deutschland aber heute nicht (mehr) bei den Theologen und Kirchen verortet – vielleicht mit Ausnahme der sozialen Gerechtigkeit[143]. Daher wäre wohl vielen die ‚heilende Gerechtigkeit' mit christlichem Hintergrund eher unverständlich oder unangenehm. Dabei fehlt auch das Bewusstsein dafür, dass die praktischen Anfänge der „Victim – Offender – Mediation" in Elmira ausdrücklich in einer christlichen Umgebung als „Victim – Offender – Reconciliation - Programme" – also Opfer – Täter - Versöhnungsprogramm - begonnen haben.[144] Howard Zehr beschreibt als eine der Wurzeln von heilender Gerechtigkeit ausführlich die ‚Bundestheologie' und die biblische Vorstellung von ‚Schalom', which „is possible only if we look out for welfare of one another, even in wrongdoing".[145] Das mennonitische Zentral Komitee startet seine Homepage restorative justice mit dem Bibelzitat: „Der Geist des Herrn ist auf mir, weil er mich gesalbt hat; er hat mich gesandt, den Armen frohe Botschaft zu verkünden, zu heilen, die zerbrochenen Herzens sind, Gefangenen Befreiung zu predigen und den Blinden, daß sie wieder sehend werden, Zerschlagene in Freiheit zu setzen; zu predigen das angenehme Jahr des Herrn."[146] Das ist ein Zitat aus dem Alten Testament[147] und ein

Ausdruck der Hoffnung auf die vollständige Änderung der Verhältnisse in der Zukunft Gottes. Eine Umsetzung in der Form der restorative justice war eher nicht darin vorgesehen, wurde aber u.a. dadurch motiviert. Da sich der Begriff restorative justice eingebürgert und in der wissenschaftlichen Literatur durchgesetzt hat, ist es sinnvoll, ihn auch in der deutschen Sprache statt des ursprünglicheren deutschen ‚heilende Gerechtigkeit' anzuwenden. Nur an passender Stelle benutze ich bisweilen den deutschen Ausdruck.

3.4.2 Der praktische Anfang und dann?

Restorative Justice kann abgesehen von Eglashs creative restitution als eine Entwicklung der mennonitischen Gemeinde in Kitchener/Ontario angesehen werden:

> *„Auf der Suche nach Möglichkeiten, ihren Glauben und ihre Friedensperspektive in der rauen Welt des Strafrechts umzusetzen, experimentierten Mennoniten und andere Praktiker mit Begegnungen von Opfern und Tätern (in Ontario, Kanada, und später in Indiana, USA)."*[148] *Folgende Geschichte wird seither erzählt: „Im Jahre 1974 wurden bei einer Razzia nach einer Nacht des Vandalismus in der Kleinstadt Elmira zwei junge Männer festgenommen. Sie bekannten sich schuldig für 22 Fälle mutwilliger Beschädigung. Der zuständige Bewährungshelfer war Mitglied der Mennonitenkirche. Vielleicht war er beeinflusst durch die strenge pazifistische Tradition seiner Kirche, als er dem Richter vorschlug, es könnte möglicherweise therapeutischen Nutzen bringen, wenn die beiden sich von Angesicht zu Angesicht mit den Opfer ihrer zahlreichen Taten treffen. Zu seiner Überraschung stimmte der Richter zu. Er ordnete einen Monat Untersuchungshaft an, damit die beiden Zeit hätten, sich mit den Opfern zu treffen und die verursachten Verluste einzuschätzen. Einen Monat später ordnete der Richter eine Geldstrafe an und stellte beide unter Bewährung mit der Auflage, dass sie ihre Opfer entschädigen. Damals hatte niemand die geringste Ahnung davon, dass diese schlichte Erfahrung bald in zahllosen Artikeln, Reden und Konferenzpräsentationen als „Elmira-Fall" immer wieder erzählt werden würde. Der Bewährungshelfer und seine Kollegen arbeiteten an der Erfahrung weiter, verfeinerten die Abläufe und erarbeiteten schließlich 1975 einen Vorschlag zum ‚victim/offender reconciliation project'. Später wurde daraus das victim/offender reconciliation program."*[149] *„In the Elmira case the approach*

was simplistic. ‚We were very brutal', Mark remembers, 'We walked up to the door. They [the boys] knocked. We stood back with our note pads.' Fortunately, both the approach and the underlying philosophy of the Victim Offender Reconciliation Program (or "VORP") have been much refined since that time."[150]

Die Mennoniten als Täufer repräsentieren einen reformatorischen (Neben)zweig. In ihrer Tradition waren pazifistische Elemente stark vertreten (vor allem in der Schweiz), aber auch Entwicklungen, wie sie Thomas Müntzer[151] repräsentiert. Es ist insofern nicht erstaunlich, dass das Restorative Justice Programm im Protestantismus[152] und im christlichen Bereich überall Anklang findet. Es ist – wie schon einer der Vorläufer - von christlichen Vorstellungen und Gedanken nicht nur inspiriert, sondern es war die Initiative einer mennonitischen Gemeinde.[153]

„The VORP movement desperately needs the church if it is to survive in a form that matters. Pressures to be sidetracked from the vision are many. The church can provide the kind of independent value base and independent institutional base which is necessary to carry the Vision. Motivated by a biblical vision of justice as restoration, perhaps the church can continue to plant plots which will experiment and demonstrate another way. If VORP is to survive as a catalyst for change, the church must remain involved."[154]

Damit beschreibt Zehr die Vorteile eines Vorgehens, das durch Glaubenshintergründe geprägt ist, gegenüber einem wissenschaftlichen oder juristisch organisierten Programm. Es reichen ‚Leitvorstellungen', aus denen sich eine Praxis fortentwickeln kann, die sich der jeweiligen Zeit und ihren Erfordernissen anpasst. Damit ist auch die Frage Bewegung oder wissenschaftliches bzw. juristisches Programm entschieden. RJ ist eine (soziale) Bewegung, auch wenn diese Bewegung sich zu ihrer Validierung inzwischen wissenschaftlicher Methoden bedient.[155]

Mit diesen Programmanfängen begann eine Bewegung, die entdeckte, dass überall auf der Welt Praktiken vorhanden waren, die einen anderen Umgang mit unerwünschtem und schädigendem Verhalten als die westliche Form der Strafe kannten. Diese entwickelten sich so, dass inzwischen Schemata benutzt werden müssen, um die verschiedenen Stufen und Angebote des Modells darzustellen. Eins der Schemata sei hier zur Verdeutlichung vorgestellt: [156]

Tabelle 5: Schema Restorative Justice Hagemann / Lummer

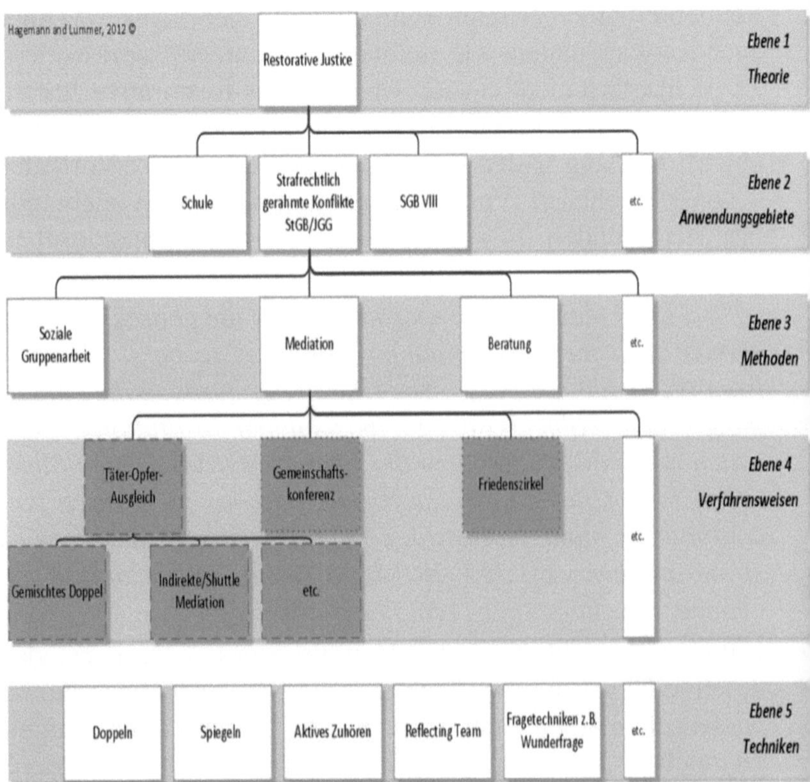

3.4.3 Methoden / Verfahrensweisen von RJ

Im Bereich von RJ finden sich Opferunterstützung (ohne Täterbegegnung), Opfer-Täter Arbeit: Indirekte und direkte Mediation, community-Mediation, Opfer-Täter Konferenzen, Familien-Gruppen Konferenzen, Youth Offender Panels, Peace-making circles, Retail theft iniatives, Opfer-Täter-Gruppen und eine Mischung von allem.[157] Dazu beschreibt Liebmann noch andere restorative Praxen für „early years of live“[158] und für Schulen[159]. Alle unterscheiden sich nach Zahl der Teilnehmenden und nach Dauer, Inhalt und Moderation. Auch Zehr zählt verschiedene Praxismodelle auf. Sie „ähneln sich in ihrem grundsätzlichen Aufbau."[160] Da sind Täter-Opfer-Konferenzen mit einer Vereinbarung als Ziel, Gemeinschaftskonferenzen, eine in Australien entwickelte mit festem Drehbuch und Gewicht auf dem reintegrative shaming, eine in Neuseeland entwickelte, die sich Familiengruppenkonferenz nennt. „Obwohl die betreffende Gemeinschaft nicht ausdrücklich einbezogen ist, sind diese Konferenzen doch inklusiver als Täter-Opfer-Konferenzen; Familienmitglieder des Täters sind ein wesentlicher Teil und spielen eine sehr wichtige Rolle – tatsächlich traut man diesem Modell zu, Familien zu stärken. Opfer können Familienmitglieder mitbringen oder Opferfürsprecher. Ein spezieller Anwalt oder Jugendsozialarbeiter kann dabei sein und vielleicht weitere Betreuungspersonen. Und schließlich ist auch die Polizei vertreten, die in Neuseeland die Anklage vertritt."

Diese Schilderung hört sich so an, als wäre die Familiengruppenkonferenz eine Art gerichtliches Verfahren. Und in der Tat:

„Da sie normalerweise das Gericht ersetzen, haben sie die Aufgabe, einen umfassenden Plan für den Täter zu entwickeln, der zusätzlich zur Entschädigung Präventionselemente und manchmal auch Strafe enthält. Sogar die eigentliche Anklage kann in diesen Treffen verhandelt werden."[161] Die Teilnehmer müssen einen Konsens erzielen.

Kreisverfahren sind bei den Ureinwohnern in Kanada entstanden. In den Kreisen werden diverse Probleme verarbeitet, vom rechtskräftigen Verfahren bis zu gemeinschaftlichen Dialog.[162] Als Grundregeln in Kreisen gelten Respekt, Wertschätzung, Integrität, ehrliche Kommunikation. Aus eigener Erfahrung kann ich hinzufügen, dass in den Kreisen nicht die Meinung eines anderen bestritten, sondern die eigene Meinung kundgetan wird. Ein ‚Hüter' des Kreises ist vielleicht eine wichtige Person im sozialen Umfeld. Die Kreise beginnen und enden mit einem (religiösen) Ritual. Diese Form entstammt dem Umfeld homogener Lebens- und Dorfgemeinschaften, werden aber heute überall eingesetzt:

„Stolz, Selbstachtung und Hoffnung, diese sind wirkungsvoll und nützlich, um jemanden zu seiner ganzen Menschlichkeit zu verhelfen. Deshalb wird über alles gesprochen, aber es werden auch Informationen gegeben. Männer lernen, über Dinge zu sprechen, über die sie noch nie im Leben mit jemanden reden konnten, einander zuzuhören und sich vor allem nicht zu belügen. Im Kreis sind alle gleich, da gibt es keine Führungsspitze oder Basis, Erste oder Letzte, Bessere oder Schlechtere.... Man sitzt im Kreis, zur Auflockerung wird ein duftendes Kraut verbrannt, der ‚sprechende Stab' geht herum, jeder, der ihn in der Hand hat, spricht, die anderen hören zu.“[163]

Die Verfahrensweisen wurden in ihrer Vielfalt bereits häufiger zusammengefasst und gewichtet, so wie bei McCold und Wachtel. Für die Gewichtung benutzen sie die Abstufung restorativ, überwiegend restorativ und teilweise restorativ.[164]

Abbildung 6: Restorative Justice Theory Validation McCold & Wachtel

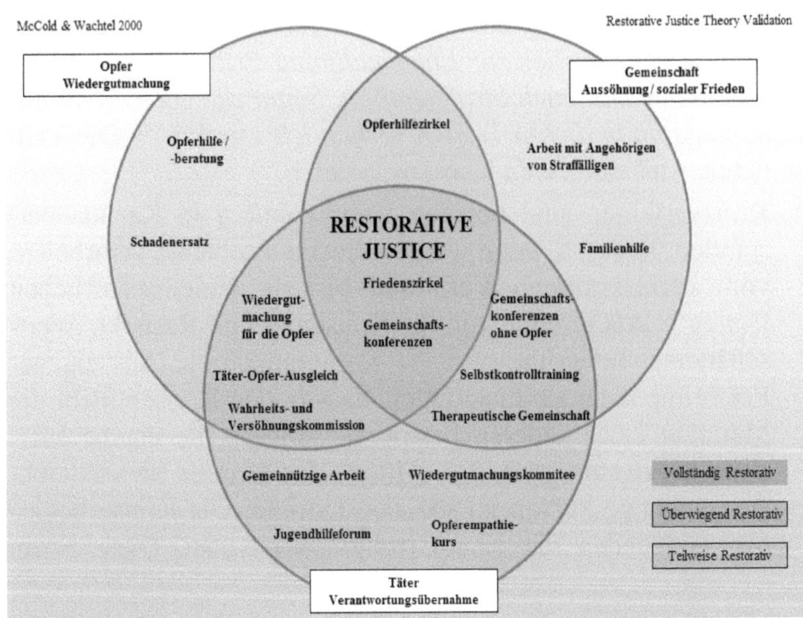

Zehr bringt noch eine andere Charakterisierung von RJ - Verfahren im Justizbereich ein.

1) sind da Alternativ- oder Ersatzverfahren. Hier werden Gerichtsverfahren durch die Alternative RJ ersetzt. Diese Verfahren können im Sinne der Diversion verstanden werden.

2) Heilende Verfahren: In diesen geht es nicht darum, Urteile zu beeinflussen. Täter, die schon im Gefängnis sind, sollen die Gelegenheit bekommen, mit ihren Opfern oder mit im Verhältnis zu ihnen abstrakten Opfern (Opfervertretern) zusammenzutreffen, um die Auswirkung ihrer Taten bis hin zum Mord nachzuvollziehen („opferorientierte Resozialisierung").

3) Täter im Übergang bearbeiten die Themen Verantwortung, Opferleid und Unterstützung mit ehemaligen Opfern, Gemeindevertretern und anderen ‚ehemaligen Tätern', werden auf diese Weise kontrolliert und in ihrer Integration gefördert zugleich.[165]

Wie auch immer die Arbeit im RJ – Sinne verläuft: Diese ausufernde Beschäftigung der Theorie mit der Praxis bringt es mit sich, dass niemand sich eine Rückgabe der Konflikte (im Sinne von Christie) an die Beteiligten mehr vorstellen kann. Je unüberschaubarer die Formen werden und je genauer sie deshalb eingeordnet und definiert werden, desto mehr wird RJ zu einem Arbeitsfeld, in dem professionelle Mediatoren tätig werden müssen, weil niemand anders mehr mit Recht erklären kann, warum welche Methode für welche Konfliktlage angemessen und richtig ist. Die Mediation droht endgültig zur entscheidenden Technik zu werden, die die Technik der formalen Strafjustiz ersetzt. Wenn dann noch die Fallzuweisung durch die Justiz bestehen bleibt, handelt es sich (nur noch) um einen weiteren Hilfsdienst der Justiz.

RJ – Arbeit hat im Justiz-Bereich verschiedene Formen entwickelt und übernommen, um Opferleid, Opferverluste und –schädigungen anzuerkennen, aufzunehmen und die Täterverantwortlichkeit mit Tätern gemeinsam zu erarbeiten. Das reicht vom Tatausgleich statt eines Gerichtsverfahrens bis zum Übergangsmanagement nach der Entlassung. In

Deutschland hat sich die Form des Täter-Opfer-Ausgleichs herausgebildet, in Österreich der Tatausgleich.

3.4.4 Täter-Opfer-Ausgleich (TOA)

„Mit seinen Prinzipien des Austauschs und der Begegnung kann er (der TOA) einen Rahmen schaffen, in dem von Seiten der Beschuldigten ein Anerkennen eines Fehlverhaltens und eine Entschuldigung gegeben werden und von Seiten der Geschädigten ein Hineinversetzen in die Beschuldigten stattfinden kann. Diese Interaktionen während des TOA-Gesprächs schaffen als unmittelbaren Effekt des Treffens eine Nähe zwischen den Beteiligten. Auf Grundlage der empfundenen Nähe finden Veränderungen des Selbst, des Bildes der Beschuldigten und der Verbindung zu den Beschuldigten statt. Diese Veränderungen werden als positiv und angenehm erlebt. Die aktive Beteiligung am Prozess der Aufarbeitung kann zudem das Gefühl vor Machtlosigkeit in eines von Stärke umwandeln.“[166]

In Deutschland ist der Begriff TOA gesetzlich verankert worden und damit das eher täterorientierte Denken. Der Täter-Opfer-Ausgleich wird von den Staatsanwaltschaften oder Gerichten im Laufe des Ermittlungs-, Klage- oder erkennenden Verfahrens beauftragt, wie ein Fall von Diversion behandelt und dient als Strafzumessungsgrundlage.

Die Verfahren finden u.a. in §§ 46 II 2, 46a Strafgesetzbuch (StGB), §§153aI, 155a, 155b Strafprozessordnung (StPO) ihre gesetzliche Begründung. Die Auslegung und Anwendungsvoraussetzungen der §§46 II 2; 46a StGB sind ebenso umstritten, wie der systematische Ort des „sozialpädagogischen Konzepts“ im Strafrecht.[167] Die Voraussetzungen der Anwendung sind in § 46a II Nr. 1 und 2 abschließend beschrieben.[168] Zu widersprechen ist jedoch der Auffassung Nr. 1 beziehe sich auf immaterielle[169], Nr. 2 auf materielle[170] Folgen der Tat, wie in der Rechtsprechung bisweilen angenommen. ‚Wiedergutmachung’ (Nr. 1) kann sich ebenso wie ‚Schadenswiedergutmachung’ (Nr. 2) auf Materielles beziehen. Die Alternativen 1 und 2 sind als je selbständige Voraussetzungen anzusehen und anzuwenden.[171] Bei Alt.1 ist jedoch ein kommunikativer Prozess mit dem Opfer vorausgesetzt.[172] Nach dem Wortlaut spricht Alt. 2 den Fall an, in dem kein vollständiger Schadensausgleich erreicht werden konnte. Dieser Fall ist daran zu messen, wie weit der Täter Anstrengungen unternommen hat, die sich als persönlicher Verzicht interpretieren lassen. Im Jugendstrafrecht sind es die Weisungen nach § 10 I 3 Nr. 7 und Auflagen nach §15 I JGG. Dort ist der TOA als Weisung formuliert, die Schadenwiedergutmachung als Auflage. Dabei handelt es sich nicht um Regeln der Strafzumessung, sondern um selbständige Erziehungsmaßregeln bzw. Zuchtmittel.

Die Durchführung eines Ausgleichsverfahrens wird in der Regel von TOA – Büros freier Träger vorgenommen.[173] 72 Einrichtungen, die an der statistischen Erfassung teilnahmen, bearbeiteten 7642 Fälle 2016.[174] Wenn Ausgleichsgespräche zustande kamen, was in weit über der Hälfte der zugewiesenen Fälle der Fall war[175], wurde in über 90 Prozent der Fälle eine Einigung erreicht.[176] Allerdings sind die Fälle sehr stark von den Instanzen der Ermittlung und Strafverfolgung definiert. Der abgeschlossene TOA bewirkt zumindest eine Milderung des Urteils, häufig eine Einstellung des Verfahrens. Ob daraus eine Reduzierung von erneuten Taten erfolgt, ist ebenso wenig erforscht wie die Auswirkung auf das Strafrechtssystem.

Dem TOA ist weder eine religiöse Begründung eigen noch hat er deutliche Kennzeichen einer ‚Bewegung' wie restorative justice. RJ hingegen hat die Bewegungskennzeichen. Sie soll zu einer Gerechtigkeit führen, bei der Täter, Opfer und die sie umgebende Gesellschaft das Gefühl entwickeln, hier würde verfehlte und schädigende Handlungen und Verhaltensweisen angemessen und gerecht ausgeglichen und dadurch Gemeinschaft ermöglicht und erneuert, ohne dass dadurch neuer Schaden und neue Verletzungen entstehen. Die Welt soll sich einer besseren Gerechtigkeit zuwenden.[177] Dagegen wirkt TOA eher wie eine Fallerledigung der Justiz. Von Kritikern gibt es die Vermutung, dass beim TOA vor allem Fälle landen, die ohnehin eingestellt oder mit geringen Geldstrafen geahndet worden wären. Dadurch würde das Netz der quasistrafrechtlichen Kontrolle über Gebühr ausgedehnt (so genanntes „netwidening“[178]). Man kann das auch umgekehrt sehen, dass durch den TOA eine Ausweitung der sozialen Kontrolle dort erfolgt, wo sie nicht mehr vorhanden ist, aber die strafrechtliche Kontrolle zurückgedrängt wird. Das wäre ein restoratives Ergebnis: Soziale Kontrolle durch die Gemeinschaft (Gesellschaft) und die Opfer mittels des Ausgleichsverfahrens. Zum Täter-Opfer-Ausgleich gibt es kritische Einschätzungen:

„Mit RJ waren und sind große Hoffnungen verbunden. Allerdings kann die TOA-Praxis (nicht nur) in Deutschland ungeachtet der in den konkreten Einzelfällen positiven Ergebnisse für Geschädigte wie Beschuldigte und ungeachtet seines von allen Seiten gelobten Potentials den mit der RJ-Idee formulierten Anspruch nicht einlösen. Mittlerweile ist man sich über die Folgen der Implementation der RJ-Idee in das strafrechtliche Entscheidungsprogramm im Klaren: Fallzugang und Ergebnisse der Praxisprojekte werden von der Dominanz der Rationalitäten der Strafjustiz geprägt.“[179]

Die Art der Implementierung des TOA macht ihn zu einer Methode der Strafjustiz als Element der Strafzumessung. Das bringt für Opfer von Straftaten die Gefahr mit sich, dass auch hier letztlich der Täter und die Tat im Mittelpunkt stehen und das Opfer dem System weiter angepasst wird. Es bekommen nur die Opfer die Möglichkeit der Aufarbeitung, für die Staatsanwälte und Richter das als sinnvoll ansehen. Es handelt sich um eine andere Einschränkung als z.B. die vom victim-service in Washington beklagte.[180] Die Diskussion darüber hat gerade unter den Fachleuten begonnen:

„Die jahrzehntelange Praxis im TOA bringt uns zu der Erkenntnis, dass diese Namensgebung häufig ein Hemmschuh ist, wenn es darum geht, die Geschädigten zu erreichen. Auf Geschädigtenseite ist allein durch die Begrifflichkeit ‚Täter-Opfer-Ausgleich’ immer wieder die Befürchtung zu spüren, dass der angebotene Dialog letztendlich vorrangig Chancen für die TäterInnen in sich trägt."[181]

Es häufe sich auch die Erfahrung, dass die Fallzuweisung durch die Staatsanwaltschaften als „Diversion für Bagatellkriminalität"[182] ge-(miss-)braucht wird. Sie erscheine als pädagogische Maßnahme für Täter und nicht als Stärkung und Ausgleich für Opfer von Straftaten.

In dieselbe Richtung geht die heftige Kritik am Täter-Opfer-Ausgleich aus juristischer Sicht von Dagmar Oberlies:

„Wenn Maßstab die Bemühungen des Täters, sein Willen zum Ausgleich und seine Leistungsfähigkeit ist, dann geht es nicht mehr in erster Linie darum, wie bei der Einführung des § 46 a StGB postuliert, die ‚Belange des Opfers in den Mittelpunkt des Interesses zu rücken'. Ein täterorientiertes Strafrecht, in der Auslegung einer täterorientierten Strafrechtslehre und der Anwendung durch eine letztlich täterorientierte Strafjustiz haben aus dem Täter-Opfer-Ausgleich ein Instrument zur Bemessung der Strafwürdigkeit gemacht."[183]

Somit reicht offenbar die Einführung des Instruments TOA in ein täterorientiertes Strafsystem nicht aus, um die erhoffte Wirkung einer Stärkung der Geschädigten zu erreichen und zugleich die Verantwortungsbereitschaft der Täter zu stärken. Zur Zeit der Einführung des TOA waren diese Implikationen noch nicht durch Erfahrung erkennbar. Das Modell zu revidieren und es auch auf mittlere und schwere Kriminalität zu erweitern, steht nach diesen Erfahrungen an.

TOA kann in allen Stadien des Verfahrens angewendet werden (§155a 1 STPO), auch nach dem Urteil und im Gefängnis. Im Gefängnis hat es keine Auswirkung auf das Urteil, kann aber etwa mit der vorzeitigen Entlassung aus der Haft in Verbindung gebracht werden. Es kann sich also für einen verurteilten Täter auszahlen, sich mit dem Opfer seiner Tat zu befassen. Fraglich bleibt, ob eine derartige Motivation, wenn sie die einzige ist, für den RJ – Vorgang akzeptiert werden kann. In diesem Fall entscheidet jeweils das Vollstreckungsgericht, ob es die RJ –Maßnahme als förderlich für die Entlassung anerkennen kann.

Es ergibt sich nach der kurzen Darstellung das Problem, dass auch hier sichtlich die Laien - Tendenz von RJ (Konflikte als Eigentum der Betroffenen) nicht verwirklicht wird. Alle TOA – Vorgänge setzen voraus, dass ausgebildete Mediatoren tätig werden. Auch wenn diese nur behilflich sind, Vereinbarungen oder andere Formen des Verständnisses herzustellen, so ist doch auch das die Arbeit von Profis mit Ausbildung und Erfahrung.[184]

Ein Problem bleibt: Was sieht das Gesetz vor, wenn das Tatopfer sich nicht ausgleichen möchte? Rechtlich ist diese Frage gelöst, indem §46 II Nr. 1 StGB die Alternative enthält, dass der Täter die ‚Wiedergutmachung ernsthaft erstrebt'. Es gibt Vorschläge, in solchen Fällen einen Ausgleich gegenüber der Gemeinschaft zu vereinbaren, indem die bei uns so genannte ‚gemeinnützige Arbeit', im Englischen der ‚community service' als Restorative Justice Maßnahme auferlegt wird.[185] Damit würde ‚gemeinnützige Arbeit' ihren Strafcharakter verlieren und als Ausgleichsleistung des Täters anerkannt, mit der er sein Verhältnis zur ebenfalls geschädigten Gemeinschaft ins Lot bringt. Im deutschen Rechtssystem ist gemeinnützige Arbeit eine Ersatzsanktion und daher für diese Überlegungen nicht geeignet, mit Ausnahme der Jugendverfahren. Dort kann die Verhandlung mit einer Erziehungsmaßregel als Weisung zur Arbeitsleistung enden (§ 10 I 2 Nr. 4 JGG). Auch unter den Zuchtmitteln ist die Auflage zur Arbeitsleistung enthalten (§15 I 1 Nr. 3 JGG).

3.4.5 Tatausgleich (Österreich)

„Ziel des ATA („aussergerichtlicher Tatausgleich" wurde er zunächst genannt, (Verf.)) ist es, Konflikte mit einer strafrechtlichen Dimension, die ansonsten durch Recht und Gesetz entschieden würden, an die Konfliktparteien zur Lösung zurückzugeben. Gelingt die Mediation im Strafrecht, tritt der Staat mit seinem Verfolgungsanspruch zurück. Beim ATA geht es nicht darum, das Strafrecht zu ersetzen, sondern ein adäquater Teil der Strafrechtspflege zu sein. Insofern ist ATA kein Entkriminalisierungsinstrument der Justiz, sondern eine intelligente Antwort auf ‚Normenbrüche'."[186] In Österreich wurde der Tatausgleich seit 1985 vorbereitet und seit 1999 flächendeckend angeboten, bis im Jahr 2000 durch das Diversionsgesetz eine rechtliche Regelung für Strafverfahren geschaffen wurde. Danach muss jeder Fall auf seine Möglichkeiten der außergerichtlichen Lösung geprüft und kann ggfs. mit dem Tatausgleich, aber auch mit einer Probezeit, einer Geldzahlung oder gemeinnütziger Tätigkeit belegt werden. Voraussetzungen sind:

- „Hinreichende Klärung des Sachverhalts aufgrund klarer Beweisergebnisse.
- Keine spezial- oder generalpräventiven Bedenken.
- Im Erwachsenenstrafrecht sind nur Einzelrichterdelikte diversionsgeeignet.
- Die Schuld des Verdächtigen darf nicht als schwer anzusehen sein.
- Die Tat darf nicht den Tod eines Menschen zur Folge gehabt haben.“[187]

Damit ist der TA eindeutig eine Maßnahme der Justiz und keine gesellschaftsverändernde Vision mehr. 90 Prozent der Zuweisungen entfallen auf: leichte Körperverletzung, Sachbeschädigung, gefährliche Drohung, Nötigung und Raufhandel.[188]

Der „Verein Neustart“, der die Mediation in Österreich anbietet, meldet in 70,3 Prozent, bei Jugendlichen in über 85 Prozent der zugewiesenen Fälle eine Einigung. Die Rückfallquote sei mit 13 Prozent sehr niedrig. Aber: 2009 waren es 6245 Fälle für den Tatausgleich, 2012 nur noch 5518. Seither rund 5000 pro Jahr, laut homepage.[189]

3.4.6 Ergebnisse von RJ

3.4.6.1 Metaanalysen

Immer wieder wurde der Versuch gemacht, RJ – Wirkungen durch sozialwissenschaftliche Untersuchungen nachzuweisen.[190] Dabei geht es vor allem um Opfer- und Täterzufriedenheit, Beachtung der Wiedergutmachung, Rückfall, Fairness im Vorgehen.[191] Dazu gibt es eine Meta-Analyse von 2005.

Latimer, Dowdon und Muise haben ihre Studie unter folgende Definition gestellt:

"Restorative justice is a voluntary, communitybased response to criminal behavior that attempts to bring together the victim, the offender, and the community, in an effort to address the harm caused by the criminal behavior."[192]

So wurden Studien, die keine Begegnung enthalten, in dieser Metaanalyse nicht berücksichtigt. Die Ergebnisse: Opfer waren zufriedener als Opfer von Strafjustizverfahren.[193] Bei den Tätern war die Zufriedenheit wenig erhöht.[194] Die Erfüllung von vereinbartem Ausgleich war bei den Teilnehmern am RJ-Programm war besser und vor allem gab es weniger Rückfälle.[195] Im Vergleich zu nicht restorativen Ansätzen waren die RJ-Zugänge also messbar besser darin, die vier untersuchten Ziele zu erreichen. Die Autoren sind mit dem Ergebnis nicht voll zufrieden, weil sich bei allen betrachteten Einzeluntersuchungen das Problem der Selbstselektion stellt: Die Zusammenstellung der Teilnehmer von Studien kann aus verschiedenen Gründen nicht nach dem Zufallsprinzip erfolgen, noch ist zu klären, wer sich zur Teilnahme gezwungen sah. Daher wird für die Zukunft empfohlen, vor der Maßnahme eine Motivationsbefragung durchzuführen und die Teilnehmer nach ‚sehr motiviert', ‚motiviert' und ‚mäßig motiviert' einzustufen. Daraus könne dann der Effekt auf Teilnehmer besser eingeschätzt werden. Trotz dieses Selbstselektions - Effekts aber ist deutlich geworden, dass Teilnehmer „den (RJ)Prozess befriedigend erleben, zu einer geringeren Rückfallrate neigen und geneigter sind, Wiedergutmachungsvereinbarungen einzuhalten".[196] Der Eindruck, dass eben eher ohnehin motivierte Menschen, die vielleicht auch schon vor der RJ-Maßnahme Reue empfinden oder anderswie motiviert sind, das Opfer zu bedauern und zu entschädigen, bei RJ mittun[197] (das ist die Selbstselektion), mag wohl das größte Hindernis sein, wissenschaftlich exakt festzustellen, dass die RJ-Teilnahme heilende Wirkungen hinterlässt. Von anderen Autoren wird das erheblich stärker problematisiert:

„Die positiven Seiten werden mit der Zufriedenheit der Beteiligten oder den positiven Auswirkungen auf Opfer, Täter oder Rückfallquoten begründet und empirisch belegt (...). Als Vergleich dienen die Ergebnisse von traditionellen Strafverfahren. Die in Modellversuchen oder mit selektiv zusammengestellten Probandengruppen erzielten Ergebnisse werden dann generalisiert, mit einer Theorie überformt und als grundlegende Alternative dargestellt." Die gegebenen kulturellen und sozialen Strukturen würden dabei aber vergessen, weshalb RJ keine Alternative zum herrschenden Strafrechtssystem darstelle.[198]

Ähnliche Ergebnisse - aber in übergroßer Fülle - berichtet Braithwaite. Diese sind hier nicht einfach darstellbar. Er organisiert seine Darstellung nach optimistischen und pessimistischen Annahmen über RJ. Beide sind plausibel angesichts der schmalen Basis an Ergebnissen, die vorliegen. Aber es gibt gute theoretische und empirische Gründe für die Annahme, dass gut vorbereitete RJ Prozesse

„Opfer, Täter und die Gemeinschaft besser wieder herstellen wird als die existierende Strafjustizpraxis. Eher gegen die Intuition mag ein RJ System effektiver abschrecken, unschädlich machen und resozialisieren als ein Strafsystem. Das wird besonders dann der Fall sein, wenn RJ in ein Regelwerk eingebunden ist, das sich für Abschreckung entscheidet, falls die Wiedergutmachung wiederholt scheitert und für Entmündigung, falls sich steigernde Abschreckung scheitert. Wir erleben aktive Abschreckung in einer regulativen Pyramide wirksamer als passive Abschreckung in einem strafenden Setting; kommunale Entmündigung ist vielfältig und kontextuell abgestimmt im Vergleich zum plumpen Inhaftnehmen."[199]

Braithwaite ist überzeugt, dass Gerechtigkeit für Opfer und Täter nicht dieselbe sein kann. Das Ziel der Gleichheit müsse aufgegeben werden dafür, den Opfern ein Minimum an Schutz zu gewähren und Tätern mehr als ein Maximum gegen Bestrafung. RJ könne eher keine Verbesserung der Kriminalitätskontrolle oder der Umstände der Opferwerdung liefern, weil Reformen im Justizsystem dafür nichts bringen.

Stattdessen müssten Freiheit, Gleichheit und die Gemeinschaft strukturell weiterentwickelt werden. RJ könne die Rechte von Tätern und Opfern zertrampeln, sie dominieren durch Mangel an formalen Rechten sowie Polizei, Familien oder den Professionellen der Fürsorge zu viel unverantwortliche Macht geben. Deshalb müssten Exzesse des Informalismus durch eine legale Anfechtbarkeit eingegrenzt werden, RJ sollte durch bevorzugten Gebrauch der kommunalen Konferenz de-individualisiert werden und in den Konferenzen muss eine Politik lebhafter sozialer Bewegung dafür sorgen, dass dort keine Tyrannei der Mehrheit stattfindet.[200] Am Ende steht die Warnung, Kommunitarismus ohne Rechte sei gefährlich, Rechte ohne Gemeinschaft leer.

"The Optimistic Account:

A. Restorative Justice Practices Restore and Satisfy Victims Better than Existing Criminal Justice Practices.

B. Restorative Justice Practices Restore and Satisfy Offenders Better Than Existing Criminal Justice Practices.

C. Restorative Justice Practices Restore and Satisfy Communities Better than Existing Criminal Justice Practices.

D. Reintegrative Shaming Theory Predicts That Restorative Justice Practices Reduce Crime More than Existing Criminal Justice Practices.

E. Procedural Justice Theory Predicts That Restorative Justice Practices Reduce Crime More than Existing Criminal Justice Practices.

F. The Theory of Bypassed Shame Predicts That Restorative Justice Practices Reduce Crime More than Existing Criminal Justice Practices.

G. Defiance Theory Predicts That Restorative Justice Practices Reduce Crime More than Existing Criminal Justice Practices.

H. Self-Categorization Theory Predicts that Restorative Justice Practices Reduce Crime More than Existing Criminal Justice Practices.

I. Crime Prevention Theory Predicts That Restorative Justice Practices Reduce Crime More than Existing Criminal Justice Practices.

J. Restorative Justice Practices Deter Crime Better than Practices Grounded in Deterrence Theories.

K. Restorative Justice Practices Incapacitate Crime Better than Criminal Justice Practices Grounded in the Theory of Selective Incapacitation.

L. Restorative Justice Practices Rehabilitate Crime Better than Criminal Justice Practices Grounded in the Welfare Model.

M. Restorative Justice Practices Are More Cost-Effective than Criminal Justice Practices Grounded in the Economic Analysis of Crime.

N. Restorative Justice Practices Secure Justice Better than Criminal Justice Practices Grounded in "Justice" or Just Deserts Theories.

O. Restorative Justice Practices Can Enrich Freedom and Democracy.

Was RJ auch nicht ändern kann, wo Verschlechterungen eintreten oder wo sie nicht passt, ist Folgendes:

The Pessimistic Account:

A. Restorative Justice Practices Might Provide No Benefits Whatsoever to Over 90 Percent of Victims.

B. Restorative Justice Practices Have No Significant Impact on the Crime Rate.

C. Restorative Justice Practices Can Increase Victim Fears of Revictimization.

D. Restorative Justice Practices Can Make Victims Little More than Props for Attempts to Rehabilitate Offenders.

E. Restorative Justice Practices Can Be a "Shaming Machine" that Worsens the Stigmatization of Offenders.

F. Restorative Justice Practices Rely on a Kind of Community that is Culturally Inappropriate to Industrialized Societies.

G. Restorative Justice Practices Can Oppress Offenders with a Tyranny of the Majority, Even a Tyranny of the Lynch Mob.

H. Restorative Justice Practices Can Widen Nets of Social Control.

I. Restorative Justice Practices Fail to Redress Structural Problems Inherent in Liberalism Like Unemployment and Poverty.

J. Restorative Justice Practices Can Disadvantage Women, Children, and Oppressed Racial Minorities.

K. Restorative Justice Practices Are Prone to Capmre by the Dominant Group in the Restorative Process.

L. Restorative Justice Processes Can Extend Unaccountable Police Power, Even Compromise the Separation of Powers among Legislative, Executive, and Judicial Branches of Government.

M. Restorative Justice Practices Can Trample Rights because of Impoverished Articulation of Procedural Safeguards."[201]

„Keines der Probleme der pessimistischen Seite ist befriedigend gelöst. Keine der Annahmen der optimistischen Seite ist befriedigend nachgewiesen." Man werde Jahrzehnte brauchen, um nachzuweisen, dass die positiven und negativen Annahmen richtig sind. Aber die unzähligen Bücher über RJ zeigen schon jetzt die Versprechungen und Gefahren überdeutlich. Die Schriften sind „unreif", d.h. schmal in den Theorien und an empirischer Erkenntnis, viel zu dominiert von selbstsüchtigen Vergleichen untereinander.[202] Der Eindruck, dass es sich um eine ‚Bewegung' handelt wird verstärkt und durch die Art der Forschung belegt.

3.4.6.2 Ein Ergebnis aus Neuseeland

The Ministry of Justice of New Zealand issued the following results that shed light on the victim's side, especially:

"The Ministry of Justice Restorative justice victim satisfaction survey 2011 found that:

> 77% of victims were satisfied with their overall experience of restorative justice, before, during and after the conference.
>
> 74% of victims said they felt better after attending the conference.
>
> 80% of victims said they would be likely to recommend restorative justice to others in a similar situation."[203]
>
> "Analysis shows a 20% reduction in reoffending by those, who participated in restorative justice. The frequency of offending for those who did reoffend dropped by nearly a quarter."[204]

Diese Sichtweise stellt zunächst auf die Wirkungen des conferencing für Opfer ab und sieht dann noch eine Reduktion der Rückfälle durch diese Methode.[205] Auch die übrige Wirkungsforschung erbringt ähnliche Ergebnisse daran, wie ein weiteres Beispiel aus England zeigt:

„Overall 23.3% of the probationers were reconvicted. But just 18% of RJ completers were reconvicted in comparison to 35% of non-completers – both proportions are far less than predicted. 37% of property offenders who completed RJ were reconvicted, 18% of violent offenders. Low risk and property offenders demonstrate the greatest reduction in risk from writing a letter of apology, medium risk – benefit most from

victim-empathy work, high risk / violent offenders – benefit most from conferencing."[206]

Liebmann beendet ihren Bericht über die Forschung mit folgenden Worten:

„Generell sind Forschungsergebnisse über RJ sehr ermutigend. Insbesondere ist sie beliebt bei Opfern, was sehr wichtig ist, weil das Hauptthema von RJ die Wiedergutmachung von Schaden ist. Die Raten der Beteiligung von Opfern wechseln, was nahe legt: Es ist die Weise, mit der sie angesprochen werden, die den Unterschied macht, und für viele Dienste auf Verbesserungsmöglichkeiten hinweist. Ergebnisse zum Rückfall sind meist positiv, zumal es wenige Studien gibt, die keinen Wechsel oder einen leichten Anstieg der Rückfälle zeigen. Es ist wichtig, sicherzustellen, dass die untersuchten Praxen wirklich restorativ sind. Die Tatsache, dass Studien voneinander abweichen, bedeutet, dass sie nicht einfach verglichen werden können, aber die Metaanalysen, die es jetzt gibt, erzielen verlässlichere Daten. Im Blick auf diese Untersuchungsergebnisse ist es möglich, wirkliches Vertrauen in RJ zu haben, vorausgesetzt, sie folgt guten Praxisleitlinien."[207] Dieses eher einschränkende Resümee ist wohl realistisch.

3.5 Restorative Justice für welche Straftaten?

Vor allem bringt RJ neue Möglichkeiten für die Behandlung „persönlicher Kriminalität", also altmodischer ‚analoger' Kriminalität. Es scheint aber schwierig zu werden, wenn es um Fälle aus dem Internetbereich geht (Betrugsfälle, Manipulationen und Missbrauch von Daten, in die Welt setzen „falscher Nachrichten", Verleumdung, wirtschaftliche Schäden durch illegale Kopien etc., Sexualdelikte wie Bilder von Kindern etc., Aufruf zur Verfolgung Unschuldiger, Hetze, Werbung für den Heiligen Krieg, fremdenfeindliche Äußerungen). Was ist mit der Verunreinigung von Futtermitteln für Bioerzeuger[208], Manipulation von Nahrungsmitteln (Fleischskandale), bei denen eine abstrakte Gefährdung angenommen werden kann, und sonstiger Wirtschaftskriminalität sowie

Steuerhinterziehung, gar nicht zu sprechen von der Umweltkriminalität?

Könnte etwa bei der Gefährdung vieler Menschen durch einen Fleischskandal[209] eine Konferenzbearbeitung mit allen theoretisch Gefährdeten stattfinden, in der sich der Fleischhändler zur symbolischen Wiedergutmachung und künftiger Unterlassung verpflichtet? Warum eigentlich nicht? Die Konferenz kann wohl nicht alle Gefährdeten versammeln, aber doch eine repräsentative oder eine Freiwilligenauswahl. Der Fleischhändler könnte möglicherweise im Geschäft bleiben, wenn seine Reue anerkannt wird. Das wäre ein erheblich besseres Ergebnis als im herkömmlichen Verfahren, in dem niemand etwas über die Motive des Händlers erfährt und der Händler sein Geschäft nie mehr betreiben kann. Der Fleischhandel erfüllt aber immer noch die Voraussetzungen ‚analoger' Kriminalität, so er nicht aus dem Ausland tätig wird.

Schwieriger wird es noch bei Internetkriminalität, z.B. dem Missbrauch oder dem millionenfachen Diebstahl von Daten. Da sind der ziemlich ‚analogen' Methode des Treffens zwischen Tätern und Opfern vermutlich räumliche, finanzielle und organisatorische Grenzen gesetzt. Könnte man sich, wenn ein Täter etwas eingesteht, vielleicht eine digitale Mediation im Internet vorstellen mit demselben Programm wie bei analoger Mediation? Wie sieht eine Mediation bei Mobbing im Internet aus, bei Terroranschlägen oder auch nur bei Werbung für den heiligen Krieg? Wer ist bei Steuerhinterziehung zu bewegen, eine Mediation statt einer Strafe zu betreiben, wo doch gerade die Möglichkeiten der strafbefreienden Selbstanzeige aufgrund der Empörung in der Bevölkerung[210] erheblich eingeschränkt wurde?[211] Hier wurde eine Art RJ – Methode, die eine Beilegung des Steuervergehens durch Leistungen des Opfers für die Gesamtgesellschaft erlaubte, weiter abgeschafft. Und bei Pornobildern von Kindern ist die Gesellschaft nie bereit, auch nur in die Nähe der Wiedergutmachung zu kommen. Das liegt außerhalb jeder Denkmöglichkeit – nicht ganz: es gibt eine Reihe von Versuchen, bei

Sexualstraftaten im Erwachsenenbereich RJ anzuwenden, deren Berichte viel versprechend sind.[212]

Das Opfer: „If another woman is considering restorative justice, Lucy said that if she is at the right stage of her recovery and has the necessary professional support and careful planning in place, she should 'take a deep breath and do it'."[213]
Die Betreuer: "We must recognise the challenges of offering restorative justice in cases of sexual violence as they do demand greater scrutiny, greater preparation and risk assessment and therefore greater resources. But if we are to be attentive to the needs and expressed wishes of victim-survivors, we must be open to new developments and opportunities."[214]
Genau besehen kann RJ auf alle denkbaren Fälle von kleiner und großer Kriminalität angewendet werden. Es gibt im Grunde keine Grenzen dafür.[215]

Im Zentrum von RJ – Verfahren stehen die Opfer von Straftaten. So lautet nach allem die ‚Vorgabe'. Weil RJ im Gefängnis damit auch zu tun hat, folgt nun im nächsten Schritt eine Untersuchung des Opferbegriffes sowie der Bericht über das Opferprojekt in „Restorative Justice at Post-Sentencing Level; Supporting and Protecting Victims".

4. Die ‚Opfer' und die heilende Gerechtigkeit

> *„Ich begleitete drei junge Frauen zu einer Verhandlung beim Landgericht. Drei maskierte Männer hatten diese Frauen an einem Strand überfallen, ihnen jeweils ein Messer an den Hals gesetzt und die Wertsachen gefordert und erhalten und waren geflüchtet.*
>
> *Die Fahrt zum Gericht war sehr bedrückend. Es wurde kaum gesprochen, die Frauen hatten spürbar Angst vor den „Monstern", die sie in diese Lage gebracht haben.*
>
> *Zu Beginn der Verhandlung wurde über Anwälte und Richter ein Ausgleich-Gespräch angeboten und auch von allen Betroffenen angenommen. Das Gespräch fand mit einem Mediator statt und entwickelte sich aus meiner Sicht für die Opfer sehr positiv. Sie sahen die Männer, die nun sehr kleinlaut und ohne Maske waren, nicht mehr als die großen Unbekannten, die ihnen die Messer an den Hals hielten. Die Frauen konnten ihre Wut und die Angst in diesem Gespräch raus lassen. Wenn auch die Täter nach diesem Gespräch eine geringere Strafe erhielten, so war die Rückfahrt mit den Frauen äußerst entspannt und sogar angenehm. Die Angst war weg. Es wurden sogar Scherze gemacht."*[216]

Sicher: Solche ‚Spontanheilungen' sind selten und nach RJ sollte es keine spontanen Mediationsversuche geben. Das hätte auch schief gehen können. Es wird nebenbei bestätigt, dass der Ausgleich als Korrektiv der Strafzumessung gebraucht wird.

Zur Erinnerung: Das gängige System, Straftaten nach abgeschlossenen Ermittlungen vor Gericht zu verhandeln, wird häufig so beschrieben: Viele Opfer fühlen sich ausgeschlossen und leiden unter dem mangelnden Respekt der Kriminaljustiz. Ihre emotionalen, physischen und finanziellen Bedürfnisse werden nicht wirklich ernst genommen und eine Interaktion mit dem Täter findet nicht statt. Alle Vorgänge im Verfahren sind definiert von den Erfordernissen der Verhandlung.[217] Eine andere Beschreibung spricht im Blick auf das

Justizverfahren von mangelnder Information, der Unmöglichkeit, das Geschehene durch Immer-Wieder-Erzählen aufzuarbeiten und der Unmöglichkeit, aus einem Gerichtsverfahren neue (innere) Stärke zu gewinnen. Außerdem werde das Bedürfnis nach Verantwortungsübernahme durch den Täter mit einem Schuldspruch nicht erfüllt.[218] Diese Beschreibung hat meist auf das angelsächsische Modell der Rechtspflege vor Augen. Sie passt aber auch zum deutschen System der Justiz, auch wenn hier in den letzten Jahrzehnten einiges an Opferrechten festgeschrieben wurde.[219] Zudem werden Opferrechte und –betreuung durch eine Richtlinie der EU eingefordert und rechtlich verbindlich vorgeschrieben.[220]

Im Rahmen von Restorative Justice (RJ)[221] ist das Opfer einer gesetzeswidrigen Handlung eine zentrale Größe jeden Verfahrens.[222] Die Bedürfnisse der Opfer sind der Dreh- und Angelpunkt aller Maßnahmen. Opfer werden gehört. Sie werden als Teilhaber des Prozesses anerkannt, sind nicht nur Zeugen im Verfahren. Sie können über Ursachen und Folgen der kriminellen Handlung mitreden. Viele ihrer Fragen nach den Umständen der Straftat werden durch die Begegnung mit dem Täter / der Täterin beantwortet. Vielleicht gibt es sogar ein neues Gefühl, zur Gemeinschaft der Menschen zu gehören.[223] So lautet die „Theorie“.

Wie ist die Wirklichkeit? Nach einer Darstellung aus dem Bereich des Nationalen Opferservice in den USA sieht dort die Wirklichkeit so aus[224]:

a) Es handelt sich um eine kleine Zahl von Opfern, die erreicht werden. Die meisten Betroffenen nehmen aus vielfältigen Gründen nicht an einem förmlichen Vorgang zur Opferbetreuung teil. „For those few victims with identified offenders who acknowledge some responsibility for the harm they have caused, restorative justice may present a far more appealing option than the traditional justice system.”[225]

b) RJ orientiert sich an dem, was der Täter leisten kann, wenn überhaupt einer bereit ist, Verantwortlichkeit zu übernehmen. Wirkliche Opferorientierung wäre ein vom Täter unabhängiger Vorgang, bei RJ ist es umgekehrt. Da kann eine Maßnahme auch ohne Opfer oder mit Opfervertretern stattfinden.[226]

c) Kritische Bedürfnisse von Opfern kommen bei RJ nicht vor. Entschuldigung, Entschädigung und Aufbau von Beziehungen sei nicht alles. Opfer können oft traumatische Erfahrungen nicht ohne Hilfe überwinden. Sie erlitten Leistungseinbußen im Beruf und verlören das Vertrauen in ihre (Um-) Welt. Außerdem hätten sie eine erhöhte Rate psychischer Krankheiten, Alkohol- und Drogenmissbrauchs und sogar eine höhere Suizidrate als der Durchschnitt. Nicht nur dafür bräuchten manche eine Langzeitbetreuung, sondern auch bei der Bewältigung des Alltags bis hin zum Berufswechsel.[227]

All das wäre für einen einzelnen Täter, so sehr er sich auch seiner Verantwortung stellen mag, eine große Überforderung. Daher muss die Opferbetreuung zur Aufgabe der staatlichen Justiz (im Auftrag der Gemeinschaft oder Gesellschaft) gemacht werden. Susan Herman spricht von einer „Paralleljustiz". Das klingt für unsere Ohren nach Parallelgesellschaft und wäre sicher nicht vorstellbar. Gemeint ist aber die gesellschaftliche Verpflichtung zur Hilfe bei Kriminalitätsopfern, die für Sicherheit und Angebote der Betreuung von praktischer Hilfe bis zum Ersatz von Verlusten sowie beraterischen oder therapeutischen Möglichkeiten sorgt. Das alles wäre dann zunächst unabhängig von der Aufklärung des Falles bereitzustellen. Nur so könnte man von Gerechtigkeit für Opfer und Täter sprechen, wenn die Opfer ebenso aufwändige Verfahren erhalten wie die Täter.[228]

Dass ein Opferservice andere Schwerpunkte setzt als RJ wird hier sehr deutlich. Einem staatlichen Service geht es um die Frage, wie Opferhilfe allen im Staat lebenden Menschen für den Fall des Falles angeboten werden kann. Das sieht die Strafjustiz wohl eher nirgendwo auf der Welt als ihre Aufgabe an. Es erscheint schwierig, innerhalb des Systems der Strafjustiz einen Vorrang der Opferinteressen vor den Straf- und Täterinteressen zu etablieren, obwohl auch ganz andere Stimmen laut werden:

„Wenn man berücksichtigt, dass die Opfer schon heute von zahlreichen ihrer Mitwirkungsrechte nur wenig Gebrauch machen, dann sollte allerdings ernsthafter als bislang geprüft werden, inwieweit weitere Reformen geeignet sind, die Praxis des Strafverfahrens tatsächlich zu beeinflussen. Es sollte ausgeschlossen werden, dass neue Reformgesetze, nicht anders als viele der bereits ergangenen, weitgehend nur symbolische Wirkung haben. Unabhängig davon sollte man nicht übersehen, dass der Beschuldigte bei der beabsichtigten Fortsetzung der Reform weiterhin auf dem besten Wege sein wird, die ehemalige Rolle des Opfers zu übernehmen und zur ‚vergessenen Figur' im Strafverfahren zu werden."[229]
Diese Entwicklung droht im täterorientierten Strafrecht wohl eher nicht, dafür aber eine, die durch die Opferdebatte auch ausgelöst wurde: Der Täter – das ‚Monster' - ist „als Mensch nicht länger in seiner Würde unantastbar, er wird zum Feind, zur schrecklichen, furchterregenden Über - Ich - Figur, der die narzisstische Welt der ‚Opfersubjekte' bedroht, sodass ihm gegenüber rigorose Schutzmaßnahmen und Sicherheitsvorkehrungen notwendig werden."[230] Aber bei solch kontroversen Auffassungen ist es sinnvoll, den Opferbegriff und die Opferinteressen näher anzuschauen.

4.1 Der Opferbegriff

In der deutschen Sprache macht zuerst die doppelte Bedeutung des Wortes Opfer Probleme. Der Prägnanz halber zitiere ich eine Äußerung, die das überdeutlich macht:

„Leider kann ich den von mir ungeliebten – und nach meinem Verständnis auch unrichtigen – Begriff des ‚Opfers' in einem Beitrag über den Täter-Opfer-Ausgleich nicht gänzlich vermeiden. Ich setze ihn deshalb in Anführungszeichen, weil ich keine Assoziation zu „jmd. der eine Missetat oder ein Übel erdulden muss" (...) nahelegen möchte; vielmehr davon ausgehe, dass Geschädigte einer Straftat, trotzdem grundsätzlich handlungsfähig bleiben – selbst, wenn sie ‚Opfer' („Gabe für die Gottheit"?) einer Sexualstraftat geworden sind."[231]

Das Opfer hat eine religiöse Bedeutung als Opfergabe. Mit der Geschichte von „Opferung des Isaak“[232] wird das „Menschenopfer“ abgelehnt. Es gibt aber immer noch Interpretationen von der Kreuzigung Jesu[233] als „Opfertod“.[234] In Süddeutschland heißt die Sammlung von Geld im Gottesdienst heute noch Opfer. Wenn ich große Opfer bringe, dann verzichte ich auf etwas, was mir möglich wäre oder was mir zusteht. Solche Hintergrundgedanken tun sich beim Opferbegriff auf. Danach wäre das Opfer einer Messerattacke jemand, den der Täter seiner Aggression opfert. Der religiöse Hintergrund ist dabei verloren gegangen.

Im englischen Sprachraum ist es nur scheinbar einfacher, Opfer von Straftaten mit dem Wort victim zu bezeichnen, religiöses Opfer mit dem Wort sacrifice. Das Wort victim hat aber genau denselben Hintergrund wie das deutsche Opfer: Es bezeichnete im Lateinischen das (religiöse) Schlachtopfertier. Sacrificium ist in der Wortbedeutung eher die Opferhandlung. Der religiöse Bedeutungshintergrund ist somit in beiden Sprachräumen vorhanden. Das macht deutlich, dass es sich beim Kriminalitätsopfer sprachlich um mehr handelt, als um einen ‚Geschädigten’ im neutralen Sprachgebrauch. Beim Opfer ist der ‚ganze Mensch’ gemeint, um es altmodisch auszudrücken, als Körper, Seele und Geist. Moderner: Eine Straftat betrifft einen Menschen im Ensemble seines Status in dieser Welt. Es ist eben nicht nur das Geld oder die körperliche Gesundheit geschädigt, sondern auch die Psyche und die Selbsteinordnung in allen Beziehungen, auch die Beziehung zu sich selbst. Natürlich werden Menschen durch alle Aktionen, Handlungen oder auch Worte von anderen beeinflusst und beeinflussen mit den ihren andere. So wird gesellschaftliche und individuelle Wirklichkeit konstruiert. Beim Opfer-Werden geht das aber über diese Wirklichkeitskonstruktion hinaus und wird zum Übergriff: Ein anderer beeinflusst mich nicht, sondern unterwirft mich seiner Handlung oder seinem Willen, ohne meine Antwort und meine Willensäußerung abzuwarten. Es fehlt die Gegenseitigkeit der Kommunikation. Zum Opfer gehört deshalb auch die Einschätzung, dass der oder die Betroffene „nichts dafür kann“, also nichts Aktives zu dem Übergriff beigetragen oder ihn durch eigenes Handeln erst ermöglicht hat.

4.2 Die Bedeutung des Opfer-Werdens

Wenn man Opfer einer Straftat geworden ist, ist die ganze Konstruktion des eigenen Lebens angegriffen. Das Ereignis passt nicht in die Rationalitäten und Routinen, mit denen man ansonsten seinen Alltag bewältigt. Da diese Rationalitäten und Routinen dem Individuum das Gefühl der Sicherheit verschaffen, ist die Folge Verunsicherung. Mit der Störung der Sicherheit gerät auch die Kommunikation mit anderen in Schwierigkeiten. Wir setzen bei unserer Kommunikation mit anderen voraus, dass bei ihnen die Rationalitäten und Routinen den unseren gleich sind. Alle Menschen gehen bei den Worten, mit denen sie ihr Handeln begleiten, von der Unterstellung aus, ihre Handlungen seien mitteilbar und „rational“. Die eigenen Handlungen werden als rationale Folgen von Situationen verstanden, wobei das „Unpassende“ der Tendenz unterliegt, passend gemacht zu werden. Sie unterliegen dem „Drang, die Dinge des Alltags in eine Ordnung zu bringen“[235] und darin zu lassen. Das geht bei einer Opfererfahrung nicht mehr. Daraus erklärt sich der Wunsch von Kriminalitätsopfern, dass es wieder ‚in Ordnung kommt‘: „First of all victims want their normality back.“[236] Das Opfer kann aber nur auf dem Wege der Kommunikation wieder in Ordnung kommen, weil es sie durch einseitige Änderung der Rationalitäten der Kommunikation verloren hat. Hier könnte auch die Definition für Restorative Justice von Howard Zehr angesiedelt werden, die durch den restorativen Prozess mit Opfer, Täter und Gemeinschaft „die Dinge, soweit wie möglich, in Ordnung zu bringen“[237] anstrebt. Ein Opfer von Kriminalität ist immer auch in seinem Verhältnis zur Gemeinschaft / Gesellschaft und deren Sicherheiten beeinträchtigt. Da es sich um ein netzartiges Gebilde wechselseitiger Dauerkommunikation handelt, ist auch das Ganze beeinträchtigt:

„Jeder einzelne hält in seiner Konstitution als Mensch in sich unvermeidlich und unwillkürlich einen autopoietischen Prozess der Beobachtung von Kommunikation als sozialem System und der denkenden Verarbeitung im Gange, reagiert mit seiner Binnenkommunikation als psychisches System auf seine Beobachtungen und trägt über strukturelle Koppelungen zum sozialen System Kommunikation und dessen Erhaltung bei.“[238]

Mit dem kriminellen Übergriff erfolgt also eine Störung der ‚gesellschaftlichen Kommunikationsroutinen‘ – das ‚Erwartbare‘ - ebenso wie eine Störung der Einbindung des Opfers in diese und des Selbstverhältnisses des Opfers. Der kriminelle Übergriff wird in organisierten Gesellschaften durch die Strafgesetze definiert. Es gibt nach diesem Verständnis auch Übergriffe, die nicht strafrechtlich definiert sind. Auf sie ist das Modell ebenso anwendbar und wird auch angewendet, um Konflikte in anderen Feldern gesellschaftlichen und individuellen Lebens zu lösen. Darum aber geht es hier nicht.[239]

4.3 Definition

Ist nun eine Definition des Opferbegriffs sinnvoll und notwendig und wofür? Die Definition des EU - Ministerrates bezieht beim straf-rechtlichen Opferbegriff die psychischen Folgen sowie die Bezugs-personen mit ein: “Victim means a natural person who has suffered harm, including physical or mental injury, emotional suffering or economic loss, caused by acts or omissions that are in violation of the criminal law of a member state. The term victim also includes, where appropriate, the immediate family or dependants of the direct victim.”[240] Diese Definition ähnelt der von der UNO[241]. Dort ist sie mit anderen Schwerpunkten formuliert:

“1. ‘Victims’ means persons who, individually or collectively, have suffered harm, including physical or mental injury, emotional suffering, economic loss or substantial impairment of their fundamental rights, through acts or omissions that are in violation of criminal laws operative within

Member States, including those laws proscribing criminal abuse of power.

2. A person may be considered a victim, under this Declaration, regardless of whether the perpetrator is identified, apprehended, prosecuted or convicted and regardless of the familial relationship between the perpetrator and the victim. The term "victim" also includes, where appropriate, the immediate family or dependants of the direct victim and persons who have suffered harm in intervening to assist victims in distress or to prevent victimization."

Hier wird der Opferbegriff auch für die Betroffenen verwendet, deren Täter (noch) nicht ermittelt werden konnten. Er geht über die Straftat-Opfer weit hinaus und bezieht Grundrechteverlust sowie (kriminellen) Machtmissbrauch mit ein. Letzteres erschien wahrscheinlich im europäischen Rahmen nicht notwendig.

Der Opferbegriff benötigt in verschiedenen Regionen der Welt verschiedene Bezugsrahmen. Es ist ein Unterschied, ob man an Ruanda 1994, an das Apartheitregime in Südafrika, an Afghanistan unter den Taliban, an den ‚Islamischen Staat' oder aber an Betrugsopfer in der westlichen Welt denkt. Dennoch werden hier Menschen jeweils Opfer von anderen Menschen. Der Begriff wird auch auf die Opfer von Naturkatastrophen angewendet, obwohl es dabei in der Regel keine erkennbaren menschlichen Verursacher gibt. Gemeinsam ist allen Bedeutungen des Wortes, dass Menschen ohne ihr Zutun geschädigt werden. Ein wichtiger gemeinsamer Aspekt der EU und UNO Definitionen erscheint die Ausweitung des Opferbegriffs in die gesellschaftlichen Beziehungen.

Die Erforschung dessen, was bei Übergriffen aller Art und auch in der Kriminalität die Position des Opfers ausmacht, ist seit etwa Mitte des letzten Jahrhunderts[242] in der Viktimologie betrieben worden. Sie unterscheidet beispielsweise zwischen primärer (direktes Opfer, auch hier eine Sichtweise, dass mittelbare Opfer wie die Familie des unmittelbaren Opfers hier einzuordnen sind[243]), sekundärer (Opferwerdung verstärkt durch die Umstände der Ermittlungen und weitere Reaktionen der Familienumgebung und sozialen Umwelt) und tertiärer (Version 1: Opfer übernimmt die Opferrolle als alltägliches Verhalten[244], Version 2: Personen im sozialen Umfeld werden durch Viktimisierung zu Co-Opfern, Version 3: Opfer werden der Agenda einer Hilfsorganisation unterworfen, die angeblich im Interesse des Opfer arbeitet[245]) Opferwerdung.[246] Hagemann benutzt auch ‚indirekte' für die tertiäre Viktimisierung der Version 2.[247] Eine andere Einteilung lautet: primäres Opfer ist eine natürliche Person, sekundäres Opfer ist eine juristische Person und tertiäres Opfer ist der Staat, die Regierung oder die Gesellschaft.[248] Diese Kategorisierung erscheint aber für unseren Zweck unbrauchbar oder zumindest unnötig.

Eine Definition umfasst möglichst viele Merkmale der Beschreibung und Unterscheidung des definierten Objekts. Damit ist dem einzelnen Opfer noch nicht geholfen. Ein Übergriff kann zahlreiche unterschiedliche Eindrücke und Reaktionen hervorrufen. Das hängt von der Schwere der Einwirkung ebenso ab wie von den psychischen und physischen ‚Rüstungen' der Beteiligten und der gesellschaftlichen Umgebung. Daher kann die Definition des Opferbegriffs eigentlich nur sicherstellen, dass alle Aspekte einfließen, unter denen die Staaten den Betroffenen den Rechtsstatus eines Opfers zusprechen. In der Wissenschaft dient die Definition der Reichweite und Nachprüfbarkeit der Untersuchungsergebnisse und der daraus gezogenen Schlüsse. Das kann sich von der Zuerkennung der Opferrolle durch die Gesellschaft und durch das Individuum für sich selbst sehr unterscheiden.

Ein Aspekt der Opferwerdung scheint noch wenig erforscht zu sein: Negative Reaktionen der umgebenden Gesellschaft. Opfer von Straftaten werden nicht von allen Mitmenschen als solche anerkannt. Ein extremes Beispiel dafür bilden in neuester Zeit die Opfer des Terroranschlags auf Charlie Hebdo in Paris. Die Schüler einiger Schulen in den Banlieus, aber auch in Deutschland, waren nicht zum Gedenken zu bewegen oder störten es, weil sie die Täter für Helden halten und ‚den Opfern recht geschehen sei'.[249] Das eindeutige Kriminalitätsopfer

Natascha Kampusch bekommt den Opferstatus in der öffentlich berichteten Diskussion abgesprochen, weil sie sich nach Ansicht mancher Mitmenschen nicht „opfergerecht" verhält.[250] Eine weitere Problematik ergibt sich, wenn sich Täter für Opfer halten[251] oder es in der Tat auch sind.[252]

Die Viktimologie hat auch versucht, Opfertypen zu konstruieren. Da lag die Frage zugrunde, wer warum zum Opfer wird. So hat z.B. Hentig angenommen, junge Menschen und alte Menschen, Frauen, Behinderte, Migranten, Minderheiten, Depressive, Gewinnsüchtige, Wollüstige, Einsame und Quäler seien besonders dafür prädisponiert, Opfer von Straftaten zu werden.[253] Moderner sind die Konzepte „Lebensstil" (das häufigere Aufsuchen risikoreicher Orte), „Karrieremodell" (Viktimisierung zieht Folgeviktimisierung nach sich) und die Theorie der erlernten Hilflosigkeit (‚man kann sich sowieso nicht schützen, man kann nichts machen', passive Haltung in Gefahrensituationen, besonders bei marginalisierten oder schwachen Gruppen in der Gesellschaft zu beobachten). Solche Typisierungen klingen eher danach, Opfer von Straftaten mitverantwortlich an ihrem Erleben zu machen, denn nach Wissenschaft. Deshalb wird die Präventionswirkung der Typisierungsversuche betont: Disponierte Personen oder Gruppen könnten durch Verhaltens- und Einstellungsänderung ihrer eigenen Viktimisierung vorbeugen oder die Gesellschaft kann entsprechend vorbeugen. Wenn Menschen ihre Zugehörigkeit zu besonders von Kriminalität bedrohten Gruppen nicht zur Vorbeugung nutzten, trügen sie zumindest Mitverantwortung für ihre Viktimisierung. Wenn man die Warum-Fragen der Opfer auf diese Weise beantworten würde, entstünde ein ganz neues Opferbild. Ob es tatsächlich hilfreiche Erkenntnisse aus der Viktimologie dieser Art gibt, ist umstritten.

Die neueren Erkenntnisse aus der sozialwissenschaftlich orientierten Befragung von Kriminalitätsopfern nach ihren Bedürfnissen und Bewältigungsversuchen erscheint wesentlich hilfreicher.

4.4 Erkenntnisse aus der neueren Opferforschung

Aus einer Opferbefragung von Otmar Hagenmann liegen folgende Ergebnisse vor:

- „Opfer wollen ihre Normalität zurück.
- Sie wollen den Status vorher wiedererlangen, einschließlich Schadensersatz oder sonstige Kompensation.
- Der Täter soll nachempfinden und realisieren, was er angerichtet hat.
- Opfer schätzen es, wenn der Täter oder die Täterin Verantwortung für ihre Handlungen übernehmen.
- Opfer möchten, dass das nicht wieder passiert.
- Opfer möchten wissen, warum sie zum Opfer wurden.
- Sie schätzen es, wenn der Täter sich entschuldigt.
- Sie möchten bestätigt bekommen, dass es sich um Unrecht handelte.
- Opfer möchten nicht bedauert werden, sie möchten sichergehen, dass es nicht ihr Fehler war.
- Einige wollen auch oder dennoch eine Bestrafung für den/die Täter/in.“[254]

Zusammenfassend referiert Heather Strang das Ergebnis weltweiter Opferforschung:

- “A less formal process where their views count,
- Participation in their case,
- More information about both the processing and outcome of their case,
- Respectful and fair treatment,
- material restoration,
- and most importantly off all, emotional restoration, including an apology.”[255]

Kriminalitätsopfer haben eine Vorstellung davon, wie die richtige „Behandlung” für sie aussehen könnte. Sie bekommen aber die Möglichkeit dieser Behandlung in der Strafgerichtsbarkeit nicht in ausreichendem Maß. Die Opferschilderungen beim Prozess gegen den NSU vor dem Münchener

Landgericht scheinen etwas anderes zu sagen. Aber: „Im Akkord sagen Überlebende des Kölner Nagelbombenanschlags im NSU-Prozess aus. So wenig Zeit für ihre Aussagen bleibt. ... Der Vorsitzende hat knapp terminiert. Den Verletzten des Nagelbomben-Anschlags in Köln, die am Mittwochvormittag als Zeugen geladen waren, hatte er jeweils nur 20 Minuten eingeräumt. 20 Minuten, in denen sie von ihren Verletzungen und Beschwerden berichten konnten. Es ging Schlag auf Schlag. Doch der NSU-Prozess soll ja vorankommen."[256] Die Opfer erzählten, wie die Bombenexplosion sich auf ihr persönliches Leben entscheidend ausgewirkt hat. Dazu kam, dass sie von der Polizei als Verdächtige behandelt wurden.[257] Bei dieser knappen Vernehmung als Zeugen ist zu bedenken, dass es sich hier um ein politisch und gesellschaftlich sehr schwergewichtiges, lange andauerndes Verfahren unter weltweitem Interesse handelt, das nicht dem Durchschnitt der Strafverfahren gleicht. Eines der Opfer wird mit folgender Aussage zitiert: "Ich habe gemerkt, dass ich nichts verarbeitet habe. Ich habe nur verdrängt. Ich will nicht Opfer sein! Und merke, ich bin doch eines."[258]

4.5 Restorative Justice für Opfer von Kriminalität

Erfahrungen und Erkenntnisse dieser Art führten dazu, dass Restorative Justice entwickelt wurde. „Viele finden, dass der Strafprozess gesellschaftliche Wunden und Konflikte vertieft, statt zu Heilung und Frieden beizutragen. Restaurative Gerechtigkeit befasst sich mit einigen dieser Bedürfnisse und Defizite."[259] Wie RJ das macht, ergibt sich aus definitionsartigen Zusammenfassungen wie der von Liebmann: „RJ arbeitet an Konfliktlösungen und Schadenswiedergutmachung. Es ermutigt die, die den Schaden verursacht habe, anzuerkennen, was sie getan haben und gibt ihnen die Gelegenheit zur Wiedergutmachung. Sie gibt denen, die Schaden erlitten haben, die Gelegenheit, ihren Schaden oder Verlust anerkannt und wieder gut gemacht zu bekommen."[260] Die Priorität liegt darauf, Opfer zu unterstützen und zu heilen.[261] Dazu gibt es verschiedene Formen und Angebote von der Konferenz über Gesprächsangebote bis zu Opfergruppen, mit denen dann weiterführende Möglichkeiten rechtlicher oder therapeutischer Art verknüpft werden können. Ein solcher Zugang wurde im Projekt in Schleswig-Holstein als Angebot einer Opfergruppe eröffnet.

4.5.1 Ergebnisse einer Gruppe von Opfern im Projekt „Restorative Justice at Post-Sentencing Level; Supporting and Protecting Victims“ in SH.

Das Angebot für Opfer von Straftaten war unter dem Stichwort Straf-Tat-Dialog öffentlich ausgeschrieben worden und wurde als Gruppenarbeit mit fünf Personen durchgeführt. Es umfasste ebenso wie das Opfer-Empathietraining für die Täter 7 Einheiten und wurde am Ende nach der Begegnung mit den Tätern um eine Einheit verlängert. Einige Ergebnisse der Vorher und Nachher-Befragung:

Generell: Es war sehr schwierig, durch öffentliche Bekanntmachung Opfer zu finden.

Wie die Betroffenen bisher ihre Opferwerdung bewältigt haben, zeigen folgende Antworten:

- Geholfen haben ihnen
- „Verständnis, aber keine Schonung oder Bedauern,
- Haustiere
- zum Reden gezwungen zu werden in der Therapie,
- Musik und Bücher
- Familie / Freunde
- Opferhilfe.

Den Umgang mit dem Geschehenen schwer gemacht hat ihnen:

- Die offene Warum – Frage,
- überhaupt die offenen Fragen wie z.B. die nach dem Täter,
- Mitleid,
- Sensationslüsterne Mitmenschen,
- Sorgen und Kontrolle durch Familienmitglieder,
- Zusätzliche Konflikte mit Familie/ Freunde,
- Missverständnisse durch Familie / Freunde,

- Fehlendes Bedauern des Täters,
- das Justizsystem: Vernehmungsart und Information,
- die Unfähigkeit zu reden und Schamgefühl."[262]

Das allgemeine Feedback nach Ende der Opfergruppe war:

- "Die Gruppenarbeit half, weiter zu gehen. Gut waren
- der Erfahrungsaustausch mit anderen Betroffenen,
- die vertrauensvolle Atmosphäre, die Offenheit in der Gruppe,
- die Anerkennung des Leidens.
- Es gab auch
- verbesserte Beziehung zum Partner / zur Familie,
- persönliche Entwicklung durch die Visualisierung der Gedanken,
- Situationen nicht (mehr) ausweichen,
- die Wahrnehmung, dass Schweigen ungesund ist,
- vielschichtiges Interesse gesellschaftlicher, persönlicher und wissenschaftlicher Art,
- die Wahrnehmung, dass es noch lange dauern wird.
- Es war eine gute Erfahrung, aber hat mein Leben nicht geändert."[263]

Nach dem Treffen mit den Tätern in der Jugendanstalt Schleswig gab es folgende Reaktionen:

- Das Täterbild hat sich geändert.
- Es entwickelte sich Solidarität mit den und Empathie für die Täter(n).
- Nervosität.
- Es gab einige Schwierigkeiten, sich mit den Tätern und ihren Taten zu identifizieren.
- Die Einzelgespräche waren am besten.[264]

Da die Gruppe aus fünf Personen bestand, können keine allgemeingültigen Aussagen, sondern nur Hinweise und Untersuchungsfragen gewonnen werden. Auffällig ist jedoch eine gewisse Ähnlichkeit mit den Ergebnissen der Befragungen, die oben zitiert wurden. Ein Hauptergebnis ist auch, dass Gruppenarbeit mit Opfern allein schon wirkt:

„Group work is an alternative for those victims for whom a dialogue with the direct offender is not possible: Victim group work appeared to be a good alternative for victims who's offender can either not be found, is abroad or does not show any remorse or responsibility."[265]

Es wird deutlich, dass alleine das Angebot zum gemeinsamen empathischen Gruppengespräch eine Wirkung hat. Eine Täterbegegnung mit vorbereiteten Tätern ist ebenso hilfreich, um das Täterbild weniger bedrohlich zu machen. Eine Begegnung mit dem direkten Täter sollte, wenn sie überhaupt möglich war, im Projekt einer anschließenden Mediation überlassen bleiben.[266] Wenn man dieses Projekt mit den Darstellungen des victim –service vergleicht, die am Anfang zitiert wurde, dann sind es kleinste Anfänge der Opferwahrnehmung und –verantwortung.

Liebmann hat aus viel mehr ‚Anschauungsmaterial' von RJ – Abläufen mit konkreten Täter-Opfer-Begegnungen zusammengetragen, welchen Nutzen Opfer von Straftaten aus den RJ Angeboten ziehen können. Sie können

- „etwas über den Täter zu erfahren,
- ein Bild (Einordnung) von der Tat entwickeln,
- den Täter befragen,
- Gefühle und Bedürfnisse nach der Tat zum Ausdruck bringen,
- Entschuldigung oder Ausgleich erhalten,
- Täter über die Wirkungen ihrer Tat aufklären,
- bestehende Konflikte besprechen,
- Teil des Prozesses werden,
- die Tat hinter sich bringen (damit abschließen)."[267]

Diese Zusammenstellung lässt sich nur in der direkten Begegnung des Opfers mit ‚seinem eigenen Täter' und bei ermittlungsseitig aufgeklärten Fällen verwirklichen. Die Erfahrungen im vorliegenden Projekt zeigen, dass das Gespräch mit Opfern ohne direkten Täter ebenso hilfreich sein kann. Das Ergebnis einer Untersuchung von Konferenzteilnehmern in Australien kann die Fragestellung noch vertiefen und einer Antwort näher bringen. Die Frage, die offen bleiben muss, ist die, ob man von einem inhaftierten Täter wirklich etwas über ihn erfahren kann, oder ob dieser Täter nicht am Ende zum großen Teil das Produkt seiner Gefängnisumstände ist. Dazu Abschnitt 4.

4.5.2 Ein Ergebnis aus Australien

Eine Untersuchung von Kathleen Daly in Australien muss ausführlich zitiert werden und sie spricht für sich selbst. Bei der Untersuchung wurde im Jahr 1999 im Bezug zu einem Opferereignis ein Jahr zuvor gefragt:

„Würden sie sagen, das alles liegt hinter Ihnen, Sie haben sich ganz davon erholt; oder es ist teilweise hinter Ihnen, es gibt noch manches was Sie beeinträchtigt, Sie sind nicht vollständig erholt."

Zwei Drittel gaben zur Antwort, sie haben sich von der Straftat erholt und alles liegt hinter ihnen. Folglich haben sich die meisten Opfer von ‚ihrer' Straftat erholt, aber welche Opfer? Und hat die Konferenz ihre Erholung unterstützt? Die Untersuchung der Opfererlebens 1998 verglichen mit der Opfererholung 1999 offenbart dramatische und auffallende Ergebnisse. Je mehr die Opfer von der Tat beeindruckt waren, desto weniger sprachen sie ein Jahr später von Erholung durch die Konferenz, die daraufhin stattgefunden hatte.

Tabelle 7: Opfernot 1998 und Opfererholung 1999 (% der vollständig Erholten, Daly)

	Alle	m	w		Alle	m	w
Kein Leid	95	92	100	low	90	83	100
Wenig Leid	78	67	100				
Mäßiges Leid	63	71	54	high	50	68	36
Großes Leid	29	60	17				

„Während 63 bis 95 Prozent der ‚Wenig-Leid-Opfer' sich 1999 erholt hatten, traf das auf 71 Prozent der Opfer mit großem Leid nicht zu. Für die letztere Gruppe ist wohl ein RJ – Prozess keine große Hilfe für Erholung. Die Beziehung zwischen dem Leid, das 1998 mitgeteilt wurde, und der Erholung 1999 war für die weiblichen Opfer eklatant. Die Mehrheit der weiblichen Opfer, die sehr großes Leid empfanden (64%) gaben an, sie haben sich nicht erholt, während die Mehrheit der Männer mit großem Leid (68%) sagten, sie haben sich erholt. …Dieser und andere Geschlechterunterschiede in der Opfererfahrung und Erholung von Straftaten laden zu weiterer Untersuchung ein. Teilweise liegen die Differenzen wohl in der verschiedenen Art der Straftaten gegen männliche und weibliche Opfer in der befragten Population, teilweise aber auch in der Art, wie Geschlecht und Kultur die Erfahrungen von Opferwerdung, Verletzlichkeit und Erholung strukturieren."[268]

„Das Ergebnis ist nicht eindeutig und unklar. Konferenzen können einigen Opfern nützen, aber es gibt Grenzen dafür, was der Prozess für alle Opfer erreichen kann. Gleichzeitig und von gleichem Gewicht zeigt der Gericht-Konferenz-Vergleich die Nachteile des kontradiktorischen Verfahrens aus Opferperspektive."[269]

Es könnte sein, dass Männer die Geschehnisse eher abhaken als Frauen, weil es einem immer noch verbreiteten Bild von Männlichkeit entspricht, nicht endlos unter einem Ereignis zu leiden, während Frauen eine solche Beeinträchtigung eher wahrzunehmen bereit und damit realistischer sind. In vielen Fällen – so könnte man das Ergebnis auch interpretieren – hilft weder eine Konferenz noch ein herkömmliches Verfahren. Da bleibt Verarbeitung und ‚Erholung' schwierig und der Einsatz einer Konferenz kann nicht eindeutig als besser nachgewiesen werden. Das Gegenteil kann aber auch nicht als nachgewiesen gelten. Man muss sich damit abfinden, dass manche Übergriffe das ganze Leben des Opfers leichter oder schwerer beeinträchtigen oder aber bereits leidende Menschen noch tiefer in ihr Leiden stürzen. Um so mehr müsste die Gesellschaft bereit sein, Unterstützung zum (selbstverständlichen) Recht der Opfer zu erheben. Wie die legendäre Fahrt zwischen Skylla und Charybdis schildert Daly schließlich das Problem eines Opfers von Sexualstraftaten, wobei eigentlich die Entscheidung des Opfers für RJ nahe gelegt wird:

„Stellen Sie sich vor, Sie sind das Opfer eines Sexualdelikts und Sie können wählen, dass Ihr Fall in die Diversion zu einer Konferenz geht oder vor Gericht. Wenn der Fall zu einer Konferenz geht, wissen Sie, dass der Täter schon etwas zugegeben hat, dass irgendeiner Strafe oder Ergebnis zugestimmt werden wird und Sie werden bei einer Strafe oder dem Ergebnis mitreden. Wenn der Fall vor Gericht kommt, können Sie nicht sicher sein, was geschehen wird, aber es ist eine 50prozentige Chance, dass der Fall abgewiesen wird und keine Strafe verhängt wird. … Wenn der sexuelle Übergriff zur Konferenz geht, laufen Sie als Opfer Gefahr, möglicher Weise während der Begegnung mit dem Täter reviktimisiert zu werden, aber wenigstens wissen Sie, dass der Täter die Tat zugegeben hat.“[270]

4.5.3 Fazit

Auch wenn die Ergebnisse nicht eindeutig sind: Die von RJ angeregte Beschäftigung mit dem plötzlichen und traumatischen Ereignis der Opferwerdung kann Opfern helfen, das Geschehen zu verstehen und es in die Ordnung des eigenen Lebenshorizonts einzubringen. Die beschriebene Dimension des gestörten Selbstverhältnisses kann so ‚geheilt‘ werden, auch wenn der Täter gar nicht gefunden / ermittelt sein sollte. Von Straftaten Betroffene sollten einen Anspruch auf Unterstützung bekommen. Das bedeutet, dass ihnen in jedem Fall unabhängig von Ermittlungen Begleitung, Betreuung und Unterstützung angeboten werden muss, wie die Gesellschaft das auch in anderen Fällen möglicher Traumatisierung als Notwendigkeit erkannt hat und zunehmend praktiziert.[271] Dieses Angebot kann, um wirksam zu sein, auch im Ermittlungserfolgsfall nicht vom Fortschritt eines Gerichtsverfahrens abhängen. Dazu dauern Verfahren vor Gericht in der Regel viel zu lange. Angebote auf dem post-sentencing-level sind nur so lange notwendig, wie es nicht in jedem Fall eines Übergriffs eine sofortige Unterstützung für die Opfer gibt. Das heißt, der Fall, der das eigentliche Ziel dieser Untersuchung ist - die Anwendung von RJ- Maßnahmen im Gefängnisumfeld – wäre bei einem voll entwickelten restorativen Rechtssystem kaum noch durchzuführen.

4.6 Restorative Justice und die Opfer

RJ erreicht mit seiner Perspektivumkehr in Fällen von kriminellen Übergriffen einen Perspektivwechsel hin zu den Opfern von Straftaten. Es wird nicht mehr zuerst gefragt: Wer hat welches Gesetz übertreten und wie ist das zu bestrafen?

Die erste Frage lautet viel mehr: Wer ist wie geschädigt worden und wie muss die Hilfe aussehen? Wer ist für die Schädigung verantwortlich und wie kann er diese Verantwortung wahrnehmen?

Durch diesen Perspektivwechsel wird auch die Verantwortung der Gesellschaft für die Opfer deutlicher, die jenseits von Verfahren und Angeboten der Wiedergutmachung oder des Ausgleichs besteht. Diese sind bis jetzt ausnahmslos täterorientiert verfasst wie auch die gesamte Wahrnehmung von Kriminalität und ihren Folgen. Zwar geht es letztlich auch bei RJ um Ausgleich und Wiedergutmachung, die der Täter zu erbringen hat. Da steht aber die Perspektive des Opfers im Vordergrund und nicht die staatliche Strafhoheit gegenüber dem Täter. Sie hat sozusagen den zweiten Platz, obwohl sie natürlich notwendig bleibt. Ohne den Druck des Verfahrens und der Hoheit im Hintergrund kann niemand einen Vorrang des Opfers garantieren, noch überhaupt ordentliche Ermittlungen. Wie viele Täter wären wohl bereit, ohne unabhängige, rechtlich abgesicherte Verfahren, für Verantwortung und Folgen freiwillig gerade zu stehen? Das geht nicht einmal im Zivilrecht.

„Mehr als alles andere ist restaurative Gerechtigkeit eine Einladung, ins Gespräch zu kommen, so dass wir einander unterstützen und voneinander lernen können. Es ist eine Erinnerung daran, dass wir alle definitiv miteinander verbunden sind.“[272]

Aus der Diskussion dessen, was Opfer-Werden bedeutet, geht klar hervor, dass Opfern damit am besten geholfen ist. Auch wenn noch keine wirklich entscheidenden Anteile der ‚Kriminalitätsaufkommens' durch RJ bearbeitet werden, so ist diese doch ein Weg, um den Opfern besser gerecht zu werden und dadurch auch Tätern zu helfen, zu verantwortlichen Menschen zu werden. Dass sich dabei auf Dauer die Entschädigung oder Unterstützung nicht an den Möglichkeiten des Täters orientieren kann, sondern zur unabhängigen Gemeinschaftsleistung ausgebaut werden muss, ist im Sinne der RJ – ‚philosophy', nach der auch die Gesellschaft / Gemeinschaft Teil des Kriminalgeschehens ist.[273]

Bei der Opferorientierung von RJ fragt sich, ob sie auch in Gefängnissen sinnvoll angewendet werden kann. Dazu gehört die Fragestellung, ob sich das RJ-Denken mit den Zielen des Gefängnisses vereinbaren lässt.

5. Restorative Justice im Gefängnis

„Herr ... ist inhaftiert wegen schwerer räuberischer Erpressung. In seelsorgerischen Gesprächen teilte er mit, dass ihn Schuldgefühle wegen seiner Tat belasten. Nachdem er von dem Seelsorger auf die Möglichkeit eines TOA hingewiesen wird, setzt er sich mit unserer Einrichtung in Verbindung. In Vorgesprächen stellt er dar, ihm sei erst in der Hauptverhandlung bewusst geworden, was er seinem Opfer damit angetan habe, als er sie mit einem Waffenimitat bedroht und die Herausgabe der Kasse gefordert habe. Er habe sie in der Hauptverhandlung als sehr verängstigt erlebt und sich große Vorwürfe gemacht, als er erfahren habe, dass sich Frau ... in psychologische Behandlung begeben musste und noch immer in Panik verfällt, wenn Kunden an der Kasse die Tasche öffnen.

Es wurde Kontakt zur Geschädigten aufgenommen, die grundsätzlich ihr Interesse an einem TOA mitteilte, aber keine persönliche Begegnung mit dem Täter wünschte. ... Die Geschädigte teilte mit, sie empfinde es als positiv, dass Herr... zu seiner Tat steht. Ihre Ängste, Herr ... könnte nach seiner Entlassung wieder an der Kasse stehen, konnte durch die schriftliche Zusage des Täters, nie wieder in dem Drogeriemarkt aufzutauchen, beruhigt werden. Da der Täter nur über sehr geringe finanzielle Möglichkeiten verfügt, konnte er als symbolische Wiedergutmachung nur monatliche Zahlungen in Höhe von 20,- € anbieten. Die Geschädigte teilte hierzu mit, dass sie auch eine geringe Zahlung zu würdigen wisse und sich hierüber freue. Beide Parteien äußerten sich positiv über den TOA und Frau ... teilte abschließend mit, Herr ... möge ebenso seinen Frieden finden wie sie.“[274]

5.1 Erster Einblick

Im Gegensatz zu diesem ersten Eindruck von Mediation im Strafvollzug findet das Opferempathietraining für Gefangene ohne deren Opfer statt. Im Interview vor und nach einem Opferempathietraining (OET) in der JVA[275] mit vielfach verurteilten Gefangenen äußert sich ein Teilnehmer (DI9) dazu, wie er sich in seiner Haftsituation fühlt. Vor dem Training, auf seine Erwartungen angesprochen, sagt er:

Also bisher immer nur in Schuldgefühlen. In der Verantwortung, indem ich vor der Gesellschaft geschützt worden bin, indem ich weggesperrt worden bin. Mehr ist das ja nicht und ich schreie irgendwie schon immer danach, ich habe bloß nie den Mut oder auch nicht gewusst, wie ich das tatsächlich direkt wiedergutmachen kann. Ihr kommt mir jetzt wirklich wie gerufen. Ich hab nichts zu erwarten also ich muss meine Bewährung absitzen, meine 141 Tage das ist definitiv, da gibt es keine Vorteile für die Entlassung welche ich mir da verspreche, oder so. Aber ich möchte da doch noch mit mir irgendwie ins Reine kommen, zumindest versuchen einen Ausgleich zu schaffen, wie gesagt auch finanziell. (PDI9: 171-178)

Interessant ist daran, dass er vor Beginn festhält, dass ihm ein OET keine der üblichen Gefängnis - „Vorteile" bringen kann. Nach dem Training ist ihm klar(er) geworden, was er sich da vorgenommen haben könnte. Allerdings schwingen auch depressive Töne mit, was die Sicht auf die Opfer seiner Taten betrifft.

Am Liebsten würd' ich ja bei all meinen Opfern, aber da, wie gesagt, das geht 20 Jahre zurück, ich bin seit 20 Jahren suchtkrank und seither ist immer wieder was passiert und das wird schon heftig werden. Kann auch ganz schön ausarten. (RDI9: 123-125)... Ja, die Reue, die hat sich nicht verändert. Das war vorher auch schon da, nur die Auseinandersetzung jetzt eben damit zeigt mir irgendwie auch, wie skrupellos ich da eben auch gewesen bin, dass ich mir im Vorwege null Gedanken gemacht hab, wen könnt ich jetzt eigentlich damit treffen. Also es ist eigentlich heftiger geworden, die Reue noch und das schlechte Gewissen eben. (RDI9: 135-139)

Es wurde DI9 angeboten, den begonnenen Weg – was die Opfer und eine eventuelle Wiedergutmachung betrifft -

mit einem Mediator fortzusetzen und zur psychischen Entlastung eine geeignete Betreuung zu suchen. Nach der Entlassung war es dann schwierig, die Kontakte im Flächenland aufrechtzuhalten.

Ein weiterer Teilnehmer (PUD9) schildert vor dem Training, wie seine Betrugstaten stattfanden:

...das ist also immer noch dieses schlechte Gewissen den Leuten gegenüber mit den man. Mit allen war persönlicher Kontakt, das war unabdingbar, das war nicht irgendwie so ein statischer Vertrag über Email oder so, das war immer bei Leuten da gewesen, auch zum Essen eingeladen worden, umgekehrt auch, die kamen auch zu mir und die haben ja auch mir Zahlungen geleistet auf blaue Augen und nette Gespräche und haben mir ein Vertrauensvorschuss (...) und diese ganzen Dinge. Es geht ja nicht nur um einen monetären Schaden sondern auch das Ideelle und das Beziehungstechnische ähm ist zerrüttet. (PUD9:)

Nach dem Training sagte er dazu:

Wohltuend, eine Abwechslung, eine gelungene Offenlegung der Gedanken, die sich auf Opferseite ergeben könnten und damit ne andere Identifikation mit den Taten. Das kann ich sagen. (...) Zumindest ne andere Sichtweise und ne andere Art und Qualität der Reflexion, nicht ganz so auf sich selbst bezogen, sondern tatsächlich aus Sicht der anderen ne andere Sichtweise gewonnen. (RUD9: 7-11)

Ein dritter Teilnehmer (PDA5) hat vor dem Training eine andere Schwerpunktsetzung:

Also für mich ähm, dass es gut in meinem Vollzugsplan mit eingearbeitet wird. Also, dass ich, weil ich hab ja auch schon bei Herrn ..., das ist der Suchtberater hier, da hab ich an so einer Gruppensitzung teilgenommen. Fünf Mal waren die Gruppensitzungen. Da hab ich so eine Urkunde bekommen, dass ich halt an so einer Alkoholaufklärungsgruppe teilgenommen hab, näh. (PDA5:50-54)

Nach dem Training sagt er dazu:

Ja, auch einer der Gründe und auch weil das gut für zwei Drittel gehandelt wird ne, also daher hab ich ja auch an der Gruppe teilgenommen. Weil Frau ... (Abteilungsleiterin) hat mir das ja so ans Herz gelegt und so schön geredet, da hab ich gesagt, ok, dann schreib ich n Antrag und nehm daran teil. (RDA5:16-19)

Dann allerdings folgte eine Erkenntnis aus dem Training, die etwas forsch klingt:

Also, ich fand das ganz interessant, dass man das selber auch machen kann, dieses Täter-Opfer-Ausgleich, dass man sich die Leute ranholt, zum Beispiel bei den Leuten, wo ich Tankbetrug gemacht hab, dass man mit den sprechen kann und sich dann persönlich entschuldigen kann, das, das ist eigentlich ne gute Nummer, also das fand ich interessant. Also das zu erfahren. (RDA5:53-57)

Diese verschiedenen Äußerungen geben einen ersten Einblick in das, was in einem OET in der ‚ganz eigenen Welt' Gefängnis passieren kann. Um das zu verstehen, müssen zunächst die Theorien der Strafe, die hinter der Freiheitsstrafe stehen, und dann die ‚Lebenswelt Gefängnis' betrachtet werden.

5.2 Straftheorien

5.2.1. Alltag

Was ist der Sinn und was der Zweck von Strafen? Was man im Alltag genannt bekommt, sind meist die Strafzwecke der Abschreckung und der Sicherung, bisweilen auch der Wiedergutmachung. Opfer spielen da keine Rolle. Eine Befragung von zufälligen BesucherInnen der Kieler Justizvollzugsanstalt kann dazu Aussagen liefern.

Befragt wurden 162 Personen zwischen 12 und 38 Jahren, welche die JVA Kiel zum Treffen mit der Seelsorge und mit (ausgewählten) Gefangenen besucht haben. Die Befragung erfolgte vor dem Gespräch. Die BesucherInnen kamen aus der Berufsschule, aus Gymnasien, vom 'freiwilligen sozialen Jahr' und aus Konfirmandengruppen. Der Altersschwerpunkt lag zwischen 17 und 22 Jahren (n=83). Die Gruppe der Konfirmanden war 12-14 Jahre alt (n=28). Nicht alle gaben auf dem Fragebogen ihr Alter an (n=30). Von den Befragten waren 34% männlich und 53% weiblich. Rund 13% versäumten es, ihr Geschlecht anzugeben. Die Befragung umfasst einen Zeitraum von 2004 – 2008. Sie ist für niemand repräsentativ, sondern allenfalls als hinweisende oder vorbereitende Befragung zu sehen. Allerdings ist sie insofern valide, als sie jederzeit wiederholbar ist.[276]

Die Fragestellung ergab sich aus der Behauptung oder der These, in Deutschland habe eine neue Straflust Einzug gehalten.[277] Diese Umfrage kann die These nicht unterstützen. Im Gegenteil sind schon beim ersten Überblick über die Antworten klare Tendenzen abzulesen:

1. Zwar wird Strafe für notwendig gehalten (Aussage 6 „Strafe muss sein!“, Zustimmung von drei Viertel).
2. Resozialisierung als gesellschaftliche Aufgabe wird aber ebenso für notwendig erachtet (Aussage 15: „Jeder Mensch sollte helfen, die Straffälligen wieder ins normale Leben einzugliedern!“, über 72% Zustimmung).
3. Bei der Abschreckungswirkung gibt es mit der üblichen Vermutung ein Übergewicht auf Seiten der Zustimmung (Aussage 7: „Harte Strafen schrecken die Leute ab, Verbrechen zu begehen!“). Bei Frage 4 allerdings („Man muss Verbrecher durch möglichst harten Strafvollzug von weiteren Taten abhalten!“) gibt es eine deutlichere Zustimmung, wenn man die Abschreckung auf den Vollzug bezieht. Die Ablehnung der liegt hier bei 27%, die Zustimmung bei 49,5%.
4. Andererseits wird von 50 % eine möglichst lange Haft abgelehnt und nur von knapp 20 % befürwortet (Aussage 16: „Straffällige sollten möglichst lange eingesperrt werden, weil sie eine Gefahr für alle darstellen!“). Immerhin 30 % können oder wollen sich nicht entscheiden.
5. Die Haft jedoch sollte mit Sorgfalt durchgeführt werden (nur 9% Ablehnung!). Härte im Vollzug scheint nicht gegen sorgfältigen Umgang zu sprechen. Zusammenge-

nommen ergibt sich eine Vorstellung, die einen strikten, nicht zu langen Vollzug mit großer Sorgfalt für die Verurteilten beschreibt. (Aussage 13: „Ein Mensch, der Anderen geschadet hat, und deshalb im Gefängnis sitzt, bedarf der größten Sorgfalt, damit er dort lernt, wie er leben kann, ohne die Anderen zu bedrohen oder ihnen etwas wegzunehmen!“)

6. Dass der Strafvollzug das gegenwärtig gewährleisten kann, erscheint nicht sehr sicher – über 54% entscheiden sich weder dafür noch dagegen (Aussage 12: „Moderner Strafvollzug ist zu teuer!“). Das wird durch die Aussage 1 („Der "moderne Strafvollzug" ist zu human!“) bestätigt, die neben 45 % Unentschiedenheit 26,5% Ablehnung erfährt. Nur 23,5% bezeichnen den modernen Strafvollzug als zu human.
7. Als ‚Strafersatz' könnte man sich die Wiedergutmachung vorstellen. Zustimmung und Ablehnung halten sich bei Frage 18 fast die Waage (28% gegenüber 29,5%), relative Mehrheit erhält mit 42% die Unentschiedenheit. Ähnlich ist das bei der Alternative Wiedergutmachung oder Gefängnis (Aussage 19: „Es ist besser, jemand macht seine Fehler wieder gut, als dass er ins Gefängnis kommt.“). 28,5% stimmen dem Vorrang der Wiedergutmachung zu, 32% lehnen ihn ab, aber die Mehrheit ist unentschieden (39,5%).
8. Ob eine Behandlung eine Veränderung der Lebensführung herbeiführen könne, wird positiv beantwortet: Die Aussage der Nichtveränderbarkeit wird von 57% abgelehnt und nur von 20 % akzeptiert (Aussage 23: „Menschen kann man nicht ändern. Man muss sie nehmen, wie sie sind.“). Bei Sexualstraftätern ist das nahezu umgekehrt. Hier glauben 55%, dass man ihnen nicht helfen kann. 29% lehnen diese Ansicht ab (Aussage 20: „Sexualstraftätern kann man nicht helfen.“).

Aus der Umfrage ergibt sich ein differenziertes Rohbild über Strafe, Punitivität und Strafvollzug. Besorgt machen muss das Ergebnis zu Sexualstraftätern, das durch eine offene Frage in der Fragenabteilung B) verdeutlich wird. Hier lautete die Antwort auf die offene Frage, wen man für immer einsperren müsste, bei 69 von 83 weiblichen Befragten: Sexualstraftäter, Mörder und in wenigen Fällen Psychisch Kranke. 38 von 55 männliche Antworten ergeben dasselbe mit der zweimaligen Nennung von Präsident Bush und Osama Bin Laden. Die Toleranz gegenüber schweren oder gefährlichen Straftaten, die auch noch unkontrollierbar erscheinen, ist gering. Das entspricht den allgemeinen Erfahrungen in der Gesellschaft, was die Validität der Ergebnisse belegen kann.

Die Umfrage erbringt also die Mischung von Sicherung, Behandlung und Wiedergutmachung als Zweck von (vorausgesetzter) Strafe und so keine absolute, sondern eine relative, auf Zwecke bezogene Strafvorstellung. Die Opfer haben bei dieser Befragung keine Rolle gespielt. Eine absolute Ablehnung von RJ kann man daraus sicher nicht ablesen.

5.2.2 Absolute Straftheorie

Die in der deutschen juristischen Tradition so genannten Straftheorien gehen ausschließlich vom Täter oder möglichen Täter einer Straftat aus. Opfer spielen auch da keine Rolle. In der absoluten Straftheorie soll die Strafe um der Gerechtigkeit willen verhängt werden: *„Richterliche Strafe (poena forensis),* die von der *natürlichen (poena naturalis)*, dadurch das Laster sich selbst bestraft und auf welche der Gesetzgeber gar nicht Rücksicht nimmt, verschieden, kann niemals bloß als Mittel, ein anderes Gute zu befördern, für den Verbrecher selbst oder für die bürgerliche Gesellschaft, sondern muss jederzeit nur darum wider ihn verhängt werden, *weil er verbrochen* hat.“[278] Gerechtigkeit ist verstanden als kategorischer Imperativ der „Widervergeltung“: „Nur das *Wiedervergeltungsrecht* (ius talionis), aber wohl zu verstehen vor den Schranken des Gerichts (nicht in deinem Privaturteil), kann die Qualität und Quantität der Strafe bestimmt angeben; alle anderen sind hin und her schwankend und können, anderer sich einmischenden Rücksichten wegen, keine Angemessenheit mit dem Spruch der reinen und strengen Gerechtigkeit enthalten.“[279] Wo der Maßstab solcher Gerechtigkeit zu finden sein soll, ist heute nicht mehr zugänglich. Es finden sich darin auch keine Anhaltspunkte für Form, Dauer oder Ausgestaltung von Strafe. Allerdings nennt Kant ein Beispiel: „So hat z.B. Geldstrafe wegen einer Verbalinjurie gar kein Verhältnis zur Beleidigung, denn der des Geldes viel hat, kann diese sich wohl einmal zur Lust erlauben; aber die Kränkung der Ehrliebe des einen kann doch dem Wehtun des Hochmuts des anderen sehr gleich kommen: wenn dieser nicht allein öffentlich abzubitten, sondern jenem, ob er zwar niedriger ist, etwa zugleich die Hand zu küssen, durch Urteil und Recht genötigt würde.“[280] Damit ist eigentlich erwiesen, dass Kant in den Kategorien des ius talionis denkt, wenn er von Gerechtigkeit spricht. Und zudem die soziale Dimension von Gerechtigkeit einbezieht. Damit wäre die Freiheitsstrafe nicht die einzige Möglichkeit. Im Gegenteil wäre für „gerechte Strafe“ alles denkbar, was einen gerechten Ausgleich darstellen könnte und den Täter nicht als Objekt behandelt. Dabei stellt sich dann die Frage, wo und warum gerade da die Widervergeltung z.B. bei Tötungsdelikten endet. Zudem hängt es von den Umständen ab, in denen das Opfer der Tat lebt.

Das Gefängnis erscheint unter diesen Gesichtpunkten kaum als die für alles angemessene Form der Gerechtigkeit. Zwischen RJ und absoluter Straftheorie könnten dagegen durchaus Verknüpfungen hergestellt werden, weil dort der für alle Seiten (Opfer, Täter und Gesellschaft) akzeptable (gerechte) Ausgleich gesucht wird. Dabei könnte sich der Maßstab der Gerechtigkeit allerdings von Situation zu Situation erheblich verändern, indem er den Wandlungen des mehrheitlich als gerecht empfundenen Ausgleichs anheim gegeben wird. Außerdem würde er von der angewandten Methode stark beeinflusst. Der Gerechtigkeitsdiskurs würde aus der Philosophie in die Gruppendynamik oder das persönliche Belieben eines Opfers verlegt, mit neuen Gefahren für die Objektivität des Begriffes bis hin zur machtmissbräuchlichen Verwendung ohne juristische Kontrollmöglichkeit.[281]

5.2.3 Relative Straftheorien

Als heute angewandte und gültige Straftheorien werden im juristischen Bereich die relativen Theorien angesehen.[282] Da das deutsche Strafrecht aber am Schuldgedanken als strafmaßbegründend orientiert ist, gilt in der Rechtswissenschaft hierzulande eine Vereinigungstheorie. Im Strafvollzugsalltag aber herrschen die relativen Theorien. Relativ sind diese Theorien insofern, als sie sich auf einen Zweck beziehen, der durch die Strafe erreicht werden soll. Sie werden in zumindest vier zu erreichende Strafzwecke unterteilt: die negative und die positive Generalprävention und die negative und die positive Spezialprävention. Generalprävention bezieht sich auf die Gesellschaft, Spezialprävention auf den Täter. Negativ heißt jeweils ‚Abschreckung', also im Sinne des gesellschaftsbezogenen Verständnisses Abschreckung der anderen, dieselbe Tat wie der Straftäter zu begehen, im Sinne des Täters, weitere Taten zu unternehmen. Positiv ist im Bezug auf die Gesellschaft, die Rechtstreue zu bestätigen und zu stärken. Dabei können „drei Aspekte unterschieden werden:

- Der sozialpädagogisch motivierte Lerneffekt, die „***Einübung in Rechtstreue***"
- Der **Vertrauenseffekt:** Der Bürger sieht, dass die Rechtsordnung sich durchsetzt
- Der ‚***Befriedungseffekt****, der sich einstellt, wenn das allgemeine Rechtsbewusstsein sich aufgrund der Sanktion über den Rechtsbruch beruhigt und den Konflikt mit dem Täter als erledigt ansieht.* (*Roxin* § 3 Rn. 27[283])'"[284]

Wie man sehen kann, ist diese positive Generalprävention sehr schwer beschreib- und in ihren Auswirkungen fassbar. Passend sind in dieser Hinsicht die entsprechenden Forschungsergebnisse. „Die *moralische Verbindlichkeit der Norm* und die *informellen Reaktionen* (insbesondere im sozialen Nahraum) weisen generalpräventiv das größte Gewicht auf, und zwar sowohl im Hinblick auf die Abschreckungswirkung als auch bzgl. der positiven Generalprävention, d.h. der Rechtstreue und Normbekräftigung."[285] Die generalpräventiven Wirkungen sind nicht plan-, sondern allenfalls erschließbar. Ihr messbarer Effekt bleibt eine Glaubenssache. Normtreue und moralische Verbindlichkeit sind die eigentlichen ‚Eckpunkte' der ‚Wirkung von Strafe'. Damit aber tritt die Diskussion in die Sphäre der Sozialisationstheorien über.

Beim Täter wird als positiv angesehen, durch Behandlung, Therapie oder andere Maßnahmen die Fähigkeit zum rechtstreuen Leben zu bessern. Strafe ist also durchaus nicht um der Gerechtigkeit willen da, sondern um einen Zweck zu erreichen. Gerechtigkeit ist hier in der Weise vorausgesetzt, dass die Dauer des Freiheitsentzugs oder andere Maßnahmen verhältnismäßig oder tatproportional sein müssen: Die Dauer einer Freiheitsstrafe müsste sich beim wiederholten Diebstahl von der bei einem Tötungsdelikt unterscheiden. Dafür werden im Strafgesetzbuch unterschiedliche Strafrahmen vorgeschrieben. Durch das Aussprechen einer ‚gerechten' Freiheitsstrafe kann die Gesellschaft nachvollziehen, dass die Norm, das oder jenes nicht zu tun, gilt, und wozu die zu verurteilende Handlung führt, womit beide generalpräventiven Zwecke erreicht sind. Durch den Vollzug einer Freiheitsstrafe wird dem Täter mitgeteilt, dass seine Handlung auf das äußerste missbilligt wird. Ihm werden zudem Maßnahmen angeboten, die seine Fähigkeit zur Rechtstreue in Zukunft stärken sollen. Dazu gehören therapeutische Angebote in der Regel bei Suchtverläufen, Trainingsangebote in Sozialverhalten und Aggressionsbewältigung, sozialtherapeutische Langzeiteinheiten vor allem bei Sexual- und schwereren Gewaltstraftaten und in Deutschland vor allem den Tag strukturierende Arbeitsmöglichkeiten mit anstaltsüblicher Entlohnung und Freizeitaktivitäten. Nicht vergessen werden dürfen auch die religiösen Aktivitäten (Gefängnisseelsorge). Die Arbeit mit Opfern ihrer Taten gehörte bisher nicht dazu. Die Ergebnisse der positiven und negativen Spezialprävention werden vor allem als Zahl der Rückfälle untersucht.

Mit dem kleinen Problem, dass RJ ihre Ziele der Wiedergutmachung und des opferorientierten Ausgleichs nicht unter dem Stichwort Strafe subsumieren könnte, wäre bei der relativen Straftheorie eine RJ-Maßnahme anstelle oder als Form der Strafe ebenso vorstellbar wie der Umweg über die Freiheitsstrafe. Die Entziehung der Freiheit hat als Mittel zum Zweck der Befriedung und zur „Besserung“ einen eher schlechten Ruf und nur magere Ergebnisse hervorgebracht, da die übliche anstaltsförmige Durchführung eine ganze Reihe neuer Probleme erzeugt, die als unvermeidliche Nebenfolgen betrachtet werden. Die mageren Ergebnisse werden oft als Folgen der Probleme des Anstaltslebens verstanden. Das brachte mit sich, dass Formen von RJ vor allem als Opferempathietraining in Gefängnissen eingesetzt wurden und werden, so wie auch andere Ansätze von RJ dort probiert wurden, um die Ergebnisse des Gefängnisaufenthalts durch ‚geeignetere Methoden' zu verbessern. Dadurch wird Opferempathietraining zu einem Gefängnisbehandlungsprogramm. Wer diese Versuche unternimmt, muss sich jedoch die Probleme oder sogar Gefahren des Gefängnisdaseins vor Augen führen.

5.2.4 Strafe und ihr Ziel aus rechtlicher Sicht (Lebach-Urteil)

Das „Lebach Urteil“[286] stammt aus einer Zeit, in der in Deutschland Strafrecht und Strafvollzug in Politik und Gesellschaft breit diskutiert wurden. Es umreißt die verfassungsrechtliche Grundlage des Resozialisierungsziels im Vollzug der Strafe.

5.2.4.1 Strafvollzugsziel

Zunächst beschäftigt sich das Urteil mit dem Ziel eines Gefängnisaufenthalts zu einer Zeit, als in Deutschland der Strafvollzug noch als besonderes Gewaltverhältnis[287] galt und nach Verwaltungsanordnungen vollzogen wurde.

„IV. … Dem Gefangenen sollen Fähigkeit und Willen zu verantwortlicher Lebensführung vermittelt werden, er soll es lernen, sich unter den Bedingungen einer freien Gesellschaft ohne Rechtsbruch zu behaupten, ihre Chancen wahrzunehmen und ihre Risiken zu bestehen.

Ein so verstandener Strafvollzug kann jedoch nur die Grundlage für die Resozialisierung schaffen; das entscheidende

Stadium beginnt mit der Entlassung. Nicht nur der Straffällige muß auf die Rückkehr in die freie menschliche Gesellschaft vorbereitet werden; diese muß ihrerseits bereit sein, ihn wieder aufzunehmen."

5.2.4.2 Der Raum des Lernens

Das Gericht führt in seiner Definition für Resozialisierung nicht nur das auf, was der Gefangene zu lernen hat, sondern bestimmt auch den Raum des Lernens und der Anwendung des Gelernten richtig. Resozialisierung ist nicht im Gefängnis, sondern bei der Rückkehr in die Gesellschaft mit der Entlassung notwendig und angebracht und hängt von der Aufnahmebereitschaft der Gesellschaft ebenso ab wie von den Lernergebnissen des Entlassenen. Eine derart weit reichende Dimension kann schon fast als Vision gelten, wenn man die heutigen Auseinandersetzungen um entlassene Straftäter als Maßstab nimmt.[288]

5.2.4.3 Verfassungsrechtliche Begründung

5.2.4.3.1 Menschenwürde und Sozialstaatsprinzip

erfordern, dass der Verurteilte die Chance erhält, sich in die Gemeinschaft wieder einzugliedern. Das beruht auf Art. 2 I, 1 I GG als Interesse an der und Anspruch auf Resozialisierung. Die Gemeinschaft ist aus dem Sozialstaatsprinzip Art. 20 I und 28 I 1 GG heraus verpflichtet, Menschen mit Hilfebedarf zu unterstützen, egal worin die Hilfsbedürftigkeit begründet ist.

5.2.4.3.2 Interesse und Mitwirkung der Gesellschaft

Zudem hat die Gesellschaft auch ein Interesse, dass Straftäter nicht erneut Schaden in der Gesellschaft und bei Einzelnen anrichten. „Gerade deren Resozialisierung kann jedoch erst gelingen, wenn auch die äußeren Bedingungen dafür geschaffen werden, daß der Straffällige sich nach seiner Entlassung in die normale freie Gesellschaft eingliedert. Neben einer angemessenen Hilfe von seiten des Staates (...) kommt es namentlich in diesem Stadium auf die Mitwirkung der Gesellschaft an. Dabei genügt es allein noch nicht, daß der Entlassene Unterkunft und Arbeit findet. Nach den Erfahrungen der Praxis scheitert die Resozialisierung selbst bei insoweit günstigen Vorbedingungen und gelungener kriminaltherapeutischer Behandlung in vielen Fällen an der Mißachtung und Ablehnung, mit denen die Umwelt den Entlassenen begegnet.“ (unter IV. c)

Das Gericht legt den Schwerpunkt auf die Aufnahmebereitschaft der Gesellschaft und erklärt damit, dass die beste Behandlung im Strafvollzug noch keine Resozialisierung darstellt, wenn die insoweit entscheidende Aufnahmebereitschaft in der Bevölkerung fehlt. Resozialisierung ist nach höchstrichterlicher Ansicht die Wiederaufnahme des verurteilten Straftäters in die Gesellschaft und nicht die Behandlung im Gefängnis.

In diese verfassungsrechtliche Grundlegung der Resozialisierung als Ziel des ganzen Stafunternehmens lässt sich ein Opferempathietraining im Gefängnis ohne weitere Probleme hineindenken, zumal es bei Einbeziehung von tatsächlichen Opfern auch die Chancen zur echten Wiedereingliederung zu fördern verspricht.

5.3 Schilderung der Gefahren des Gefangenseins

Ein Gefangener zu sein ist schwieriger als man denkt.[289] Der Gefangene kommt in ein Gefängnis, das er sich nicht selbst ausgesucht hat. Wenn er eintritt, muss er sich vor Bediensteten und Mitgefangenen nackt ausziehen und Gefängniskleidung anlegen. Er lebt unter Nachbarn, die er nicht gewählt hat, die auch zwangsweise in diesem Haus leben. Dann wird er einem für alle Insassen geltenden Regime unterworfen. Dieser Abschnitt handelt von männlichen Gefangenen, sie stellen 95% aller Gefangenen. Weibliche Gefangene wären in einer eigenen Abhandlung zu bearbeiten.

Der Gefangene kann innerhalb dieses meist großen Hauses seine Zellentür nicht öffnen, wann er will. Nachts zumindest wird er in diesen Raum eingeschlossen. Ob er Platzangst hat oder nicht, spielt keine Rolle. Die Kommunikation mit den anderen Gefangenen ist nicht einfach. Die Insassen selbst entwickeln unter diesem Regime ein eigenes Regime, das als Subkultur bezeichnet wird. Sie erzählen von ihren Taten, als wären es Heldentaten und geben ihm ungebetene Ratschläge, wie man am besten durchkommt im Gefängnis. Wenn er sich etwas ausleiht, darf er nicht zu lange für die Rückgabe brauchen, sonst setzt es Schläge. Sie werden zumindest angedroht. Dadurch kommt er unter erheblichen Druck. Womit soll er seine „Schulden" ausgleichen? Gibt es Menschen in diesem Haus, die man darauf ansprechen könnte?

5.3.1 U-Haft

In U-Haft ist er, weil ein Gericht ihm Flucht- oder Wiederholungsgefahr unterstellte. Die Post wird kontrolliert. Der Richter liest die Briefe, die er an seine Frau, Freundin, Bruder oder seine Eltern schreibt. Er darf in U-Haft seine eigene Kleidung tragen. Seine Familie sieht er ein bis zwei Stunden im Monat unter Aufsicht. Er kann meistens nicht essen, was er will. In der U-Haft sind noch zwei Dinge maßgeblich: Die Tat liegt noch nicht lange zurück. Der Eindruck ist noch lebendig und manchmal beängstigend. Vielleicht kann er auf Freispruch hoffen. Vielleicht wird ihm auch ein Angebot in restorative justice gemacht.

5.3.2 Strafhaft

In Strafhaft gerät der Täter durch ein Urteil, das andere über ihn gesprochen haben. Er konnte sich zwar durch einen Anwalt verteidigen lassen, verstand aber nur wenig von dem, was da über ihn verhandelt wurde. Er verstand, dass das Gericht mit seinem Tun oder Lassen nicht zufrieden war, so wie er es aus seiner Lebensgeschichte schon kannte. Die meisten Gefangenen kommen aus einer so genannten Multiproblemfamilie. Die Eltern, Erzieher und Lehrer waren mit ihnen nicht zufrieden. Alkohol oder Drogen bestimmten häufig ihr Leben und häufig waren die Suchtmittel auch eine der Ursachen, warum sie Straftaten begingen. Die meisten sind im „bürgerlichen" Leben nicht angekommen. „Eine Entschuldigung vor Gericht oder fürs Gericht wäre ganz gut für das Strafmaß", hat der Anwalt erklärt, wenn es aufgrund der Ermittlungen nicht besser war, die Tat(en) ganz und gar zu bestreiten.

Der Gefangene aus den besseren Gesellschaftsschichten ist immer noch die Ausnahme. Das Gefangensein ist für ihn vor allem ein Problem des gesellschaftlichen Rufes. Er kann sich besser organisieren als die Mehrheit und handelt auch in dieser Situation überlegt. Die Einschränkungen treffen ihn aber noch härter, weil sein vorheriges Leben dadurch gekennzeichnet war, dass er sich aus Abhängigkeiten herausgearbeitet oder sie gar nicht gekannt hat.

Im Gefängnis kann der durchschnittliche Gefangene nicht tun und lassen, was er will. Für alles, was er besprechen möchte oder wonach er nur fragen möchte, muss er einen Antrag stellen. Der Tag wird eingeteilt durch die Arbeitszeit, wenn er eine Arbeit bekommt. Wenn er keine Arbeit hat, kann er die Zelle für eine Freistunde verlassen oder für Gespräche mit Sozialarbeit, Psychologie oder Seelsorge. Ansonsten verbringt er die Zeit in seiner Zelle. Am Abend gibt es Gruppen- oder Sportangebote. Telefonate müssen außerhalb der Arbeitszeit erledigt werden. Dann sind nur wenige Ämter oder Büros noch erreichbar. Ein Computer oder Internetzugang steht in der Regel nicht zu Verfügung. Dagegen werden vielfach Computerbedienungskurse oder ein computergestütztes Profiling als Arbeitsplatz angeboten.

5.3.3 Gefangene und ihre Beziehungen

Familienkontakte sind durch Besuchszeiten eingeschränkt auf wenige Stunden im Monat. Beziehungen unter Partnern und Familien sind schon im Normalfall zerbrechlich und bedürfen der Pflege. Diese Pflege hat bei vielen der Gefangenen mit Familie schon vor der Haft ziemlich gelitten und bräuchte daher besonders viel Zeit und Aufmerksamkeit. Hier und da beginnt der Vollzug in Deutschland, die Familienkontakte als wesentlichen Teil der Resozialisierung zu verstehen. Die Umsetzung dieses Verstehens liegt noch in weiter Ferne.

Die vorherrschende Umgangsweise in Gefängnissen ist die Kontrolle der Gefangenen durch die Bediensteten. In eigener

Verantwortung kann der Gefangene ohne Genehmigung nichts unternehmen. Die Ausübung von Kontrolle durch die Bediensteten kennzeichnet das gesamte Gefängnissystem und generiert auch oft dessen Probleme.

5.3.4 Problemverstärkung

An dieser Schilderung wird sichtbar, dass mit dem Dasein im Strafvollzug erhebliche Beeinträchtigungen des Gefangenen verbunden sind. Man könnte von Infantilisierung sprechen. Viele Rollen bzw. Aufgaben eines erwachsenen verantwortlichen Individuums und Staatsbürgers sind verboten. Konflikte und / oder Fehlverhalten werden in der Regel nicht durch die Beteiligten gelöst, sondern durch Disziplinarverfahren einer von der Gefängnisleitung festzusetzenden Regelung zugeführt. Das betrifft den Gebrauch von Rauschmitteln ebenso wie Gewalt unter Gefangenen oder Ungehorsam / Respektlosigkeit / Drohung gegenüber den Bediensteten. Das Vorgehen gleicht einer Sondergerichtsbarkeit mit Anhörung und Beschluss. Der Gefangene hat ein Einspruchsrecht, das aber sehr schwer zu handhaben ist und sehr lange Verfahrenszeiten beansprucht.[290] Bei strafbarem Fehlverhalten tritt zusätzlich der normale Rechtsweg ein.

Selbst die Zelle, die der Gefangene bewohnt, fungiert nicht in jeder Hinsicht als Rückzugsraum. Die Bediensteten können jederzeit eine Durchsuchung nach verbotenen Gegenständen ansetzen. Das bedeutet, die Zelle wird durchwühlt. Der Gefangene darf dann alles wieder aufräumen. Manchmal wird etwas gefunden, manchmal nicht.

Gleichzeitig aber lebt der Gefangene als Staatsbürger in Haft mit den Grundrechten weiter. Er ist verantwortlich, wenn er Fristen versäumt oder ein Abonnement nicht kündigt, er muss als Sorgeberechtigter unterschreiben, wenn ein Kind operiert werden muss, bleibt Mieter mit Kündigungsfristen und Vertragspartner bei einmal abgeschlossenen Versicherungen oder anderen Verträgen. Auf dieser Ebene fühlt er sich hilflos, da er von den normalen Kommunikationswegen abgeschnitten ist.

Psychisch ist der Mensch als Gefangener auf sich selbst zurückgeworfen. Die einzige Ablenkung ist der stets laufende Fernsehapparat. Die jüngeren Gefangenen sind ihrer elektronischen Kommunikationsmittel und der sozialen Medien beraubt. Um sich das wirklich klarzumachen, was das bedeutet, hilft vielleicht die Frage: ‚Was würde ich tun, wenn ich in einen Raum eingeschlossen wäre und jemand anders den Schlüssel hat?'

Schließlich ist er einem Vollzugsplan unterworfen, auf den er wenig Einfluss hat, gegen den Einspruch zu erheben, nicht aussichtsreich ist. Dort wird halbjährlich fortgeschrieben, wie der Vollzug ablaufen soll: Welche Aussichten auf Arbeit bestehen, ob Lockerungen vorgesehen sind, ob eine Verlegung in den offenen Vollzug ansteht. Darin wird auch festgehalten, welche Neigungen sportlicher Art der Gefangene vorbringt. Zudem stehen darin Anregungen für Antiaggressionstraining, Schuldner- und Suchtberatung sowie schulische Ausbildung. Häufig sind Gefangene mit diesem Plan nicht einverstanden. Er sei entstanden, ohne auf sie einzugehen. Sie empfinden auch die Vollzugsplanung als Verfügung über ihre Person.

5.3.5 Subkultur

Unter diesen Umständen lebt der Gefangene individuell. Gruppendynamisch trifft er auf das gefürchtete Vollzugsklima mit der so genannten Subkultur. Die Subkultur betrifft vor allem den (Versuch) des Handels mit Rauschmitteln, die Beschaffung von Tabak sowie Funktelefonen. Da können sich Gang-Strukturen bilden, die Beschaffungen organisieren und unter Kontrolle halten wollen. Der Grund kann wirtschaftlicher Art sein (Schwarzgeld) oder einfach nur die Ausübung von Gewalt oder Macht. Damit entsteht auch eine Verschärfung des Gegensatzes zu den Bediensteten. Subkultur ist der Versuch, sich der übermächtigen Kontrolle durch das System zu entziehen. Die Subkultur betrifft aber auch die Rangordnung untereinander. Sie hängt von der Art des Vergehens/Verbrechens ab. Vor einem gewalttätigen Mörder haben auch viele Mitgefangene Angst. Der Sexualstraftäter wird bedroht und schikaniert. Dem kann man sich als Mitgefangener schlecht entziehen. Gegen Mitgefangene, die die anderen nicht einschätzen können, wird auch mal das Gerücht in die Welt gesetzt, sie seien Sexualstraftäter. Wenn irgendwo Rauschmittel oder verbotene Gegenstände gefunden werden, ‚muss es einen Verräter auf der Abteilung geben'. Der wird herausgesucht und ohne Nachweis schlecht behandelt und bedroht. Mitgefangene, die Ausgang gewährt bekommen, werden der Zusammenarbeit mit der Belegschaft verdächtigt oder aufgefordert, Suchmittel mitzubringen. Tun sie das nicht, haben sie mit hinterhältigem Druck oder gar mit falschen Anschuldigungen zu rechnen. Wie das aussieht, kann man in einer Zeitung lesen: „Die Häftlinge werden schikaniert, erpresst, von gemeinsamen Aktivitäten ausgeschlossen, mit Müll oder Exkrementen beworfen oder durch Lügen und Gerüchte verächtlich gemacht."[291] Diese Beschreibung beruht auf einem Forschungsbericht aus Deutschland.[292] Besonders negativ beeindruckend ist es aber, wenn das jemand passiert, der nur schwach aussieht oder sich nicht wehren kann.

Man kann also damit rechnen, dass Menschen im Gefängnis vor allem das Ziel haben, diese Zeit physisch und psychisch möglichst unbeschadet zu überstehen. Der Täter möchte möglichst wenig zum Opfer werden. Das hat mit dem offiziellen Ziel des Strafvollzugs (Resozialisierung) nichts zu tun. Genau besehen ist es sogar das Gegenteil.

5.3.6 Effekte oder Gefahren der Haft

Die Effekte / Gefahren der Haft sind:

- Depersonalisierung,
- Infantilisierung
- Desozialisierung,
- Depression[293],
- Gewöhnung an gewaltförmige Kommunikation,
- Verlernen verantwortlicher Lebensführung,
- Gewöhnung an einen direkten Zugriff der öffentlichen Gewalt,
- Durchsetzung von eigenen Interessen mit manipulativ verdeckten Mitteln,

- Subkultur als Versuch, der Kontrolle des Systems zu entgehen, und selbst Kontrolle auszuüben,
- das Erleben der Gesellschaft als Dschungel, aus dem jederzeit Unvorhergesehenes und Gefährliches aus dem Unterholz auftauchen kann,
- das Erleben von Ordnung als rigide und gewalttätige Macht-Struktur, die keine Schutzfunktion ausübt.
- Diese Gefahren wiegen umso schwerer, als sie Menschen treffen, die in diese Institution bereits mit multiplen Problemkonstellationen eintreten.[294]

5.3.7 Totale Institution

Das Personal der Gefängnisse zielt individuell nicht mit Absicht auf diese Effekte und Umgangsweisen. Sie entstehen mit dem streng hierarchischen institutionellen Gefängnis, häufig beschrieben als ‚totale Institution'.[295] Die totale Institution ist durch mehrere Merkmale gekennzeichnet:

- Allumfassende einzige Lebenswelt der Insassen, die hier arbeiten, leben und wohnen.
- Beschränkung des sozialen Verkehrs mit der Welt außerhalb, reglementierter Umgang mit Nahestehenden.
- Klare Trennung von der übrigen Gesellschaft durch bauliche Vorrichtungen.
- Zentrale Kontrolle der Insassen durch die hierarchisch gegliederte Belegschaft.
- Offiziell definierte Ziele der Institution.
- Schicksalsgemeinschaft der Insassen mit eigenem Verhaltenskodex. (Subkultur)

5.4 Straftäter und Gesellschaft

Aber das ist noch nicht alles. Man kann es auch so beschreiben: „Und dann schließen sich hinter dem Täter die Gefängnistore, und augenblicklich erlischt das Interesse. Der Verurteilte tritt in eine Schattenwelt, aus der so gut wie nichts nach draußen dringt, außer wenn einer zu Tode gefoltert wird. Als hätte die Gesellschaft kollektiv entschieden, die Augen vor der Tatsache zu verschließen, dass 99 Prozent der Häftlinge eines Tages wieder in die Freiheit entlassen werden und dass es niemandem egal sein kann, in welcher Verfassung diese Menschen sind, wenn sie wieder Mitglied der Gesellschaft werden.“ Diese Beschreibung führt zu dem Ergebnis: „Deutsche Gefängnisse sind ein rechtsfreier Raum: Dort wird misshandelt, vergewaltigt, getötet. Erstmals beschreibt eine Studie die Zustände in den Haftanstalten. Der Staat hat sein Ziel der Resozialisierung aufgegeben.“[296]

Das offizielle Ziel der Institution Gefängnis ist für die Gefangenen die Rehabilitation[297], im deutschen Sprachraum Resozialisierung[298]. Viele Kräfte sind aber damit gebunden, die Menschen, die dort eingesperrt sind, zu schützen, die negativen Folgen der Inhaftierung in Schach zu halten und die Ordnung und Beschäftigung aufrechtzuerhalten. Wie schwierig das Ergebnis sein kann, zeigt der Fall eines nur fünf Monate inhaftierten Gefangenen. In dieser Zeit bekam er psychologische und seelsorgerliche Betreuung, um schwere Krisen aufgrund einer schon vorhandenen Borderline-Störung durchzustehen. Dann wurde er ‚aufgrund der kurzen Haftdauer' ohne Wohnung und ohne Geld entlassen. Seine Freundin hatte sich auch verabschiedet. (Auch die diakonischen Anlaufstellen haben ein Wochenende.) Er musste sich bei einem noch verbliebenen „Kumpel“ einquartieren.

Niemand – außer den Amtspersonen und einigen freiwilligen MitarbeiterInnen - will mit entlassenen Straftätern etwas zu tun haben.[299] Das steht der geltenden Rechtsprechung genau entgegen. Schon in einem Urteil von 1975 hat das oberste deutsche Gericht die Resozialisierung als Wiederaufnahme in die Gesellschaft beschrieben und zur bis heute geltenden Maxime erhoben.[300] Der Gefangene lernt, dass Recht haben und Recht bekommen zwei verschiedene Sachen sind.

5.5 Coping der Täter nach dem Urteil

Die Täter müssen mit der Verurteilung umgehen. Nach dem Urteil legen sich die meisten eine Rechtfertigung für ihre Taten zurecht. Bei Körperverletzungen kommt darin das Opfer als Aggressor vor: ‚Man darf sich ja wohl noch wehren.'

‚Warum hat er sich nicht an seine Verpflichtungen gehalten?' (Gemeint sind Schulden aus dem Drogenhandel.) Diebstahl und Einbruch sind „notwendig", um an das zum Leben oder für Genüsse notwendige Geld zu kommen. Auch das Fahren ohne Führerschein geschieht „aus Zwang", z.B. um zur Arbeit zu kommen. Alle sind sich darüber einig, dass alle Menschen Gesetze übertreten, sie selbst aber das Pech hatten, erwischt zu werden.[301] Diese Rechtfertigungen haben keinerlei Interesse an den Geschädigten. Sie sind wie im Gerichtsverfahren schemenhafte Elemente, die sich nicht so anstellen sollen. Die meisten seien ohnehin versichert. „Beim Schmerzensgeld sind sie auch noch unverschämt. Sie wissen doch, dass ich das nie bezahlen kann." Wenn der Staat geschädigt ist, verstehen viele nicht, wo das Opfer sein soll. Wer ausschließlich Ladendiebstahl begeht, hat seiner Meinung nach keine Opfer produziert: ‚Diebstähle im Laden sind schon eingepreist.' Die Haftstrafe erscheint ihnen unter den geschilderten Bedingungen mehr als ein gerechter Ausgleich. Nach einigen Haftstrafen ist ein geregeltes bürgerliches Leben ohnehin nicht mehr möglich. „Außerdem habe ich während der Verhandlung sogar einen Entschuldigungsbrief geschrieben, der gar nichts bewirkt hat."

Worte wie Reue und Bedauern fallen in der Massenkriminalität selten, Schuld kommt im rechtstechnischen Sinne vor als Zurechnungsfähigkeit[302]. Bei Tötungsdelikten kommt der Täter selbst in Schwierigkeiten mit seinem Dasein (Suizidgefahr infolge von Gefühlschaos nach nicht wieder gut zu machenden Handlungen). Bei Sexualstraftaten gibt es eher Scham als Reue. Das Bedauern empfindet zunächst der Täter für sich selbst, da er sich durch diese Handlung aus der Gesellschaft ausgeschlossen hat und es weiß. Bei allen dominiert häufig die Beschäftigung mit den eigenen Rechten und – siehe oben – der Versuch, unbeschadet durch die Haft zu kommen. Von selbst entwickelt ein Täter im Gefängnis selten die Idee, einen Ausgleich mit dem Opfer seiner Handlungen zu suchen, damit dieses und auch er selbst (wieder) ‚in Ordnung kommt'[303] und so für beide die Voraussetzungen für den Wiedereintritt in die Gesellschaft psychisch und sozial zu verbessern. Bei der völlig anderen Ausrichtung und Zielsetzung des Kriminal – Justiz – Systems fragt ihn auch selten jemand danach. Nur bei der vorzeitigen Entlassung taucht die Frage auf, ob die Entlassung angesichts der Sicherheitsbedürfnisse der Bevölkerung zumutbar ist.

5.5.1 Zielsetzung des Gefängnisses und Restorative Justice

Das Gefängnissystem macht aus dem Gesetzesbrecher einen Delinquenten. „Der Delinquent unterscheidet sich vom Rechtsbrecher dadurch, daß weniger seine Tat als vielmehr sein Leben für seine Charakterisierung entscheidend ist….Hinter dem Rechtsbrecher, dem durch die Ermittlung der Tatsachen die Verantwortung für ein Vergehen zugeschrieben werden kann, zeichnet sich der Charakter des Delinquenten ab, dessen allmähliche Formierung durch die biographische Nachforschung aufgezeigt wird. … (es) bildet sich der Begriff des ‚gefährlichen' Individuums, der es erlaubt, über die gesamte Biographie ein Kausalitätsnetz zu ziehen und ein Besserungs-Straf-Urteil zu fällen.“[304]

Es geht im Gefängnis in der Tat um die Person des Delinquenten und nicht um seine Tat. Der Delinquent ist ein „Repräsentant eines Typs von Anomalie“.[305] Im modernen Gefängnis steht die Beschreibung und sozial - therapeutische Behandlung dieser ‚Anomalie' im Zentrum, die mit dem ‚zufälligen' Opfer nichts zu tun hat.

Wenn sich herausstellen sollte, dass ein Ausgleich mit dem Opfer in der Behandlung des Delinquenten etwas bewirkt oder gar die bessere Therapieform sein könnte, ändert sich die Täterorientierung der Gefängnisbehandlung nicht. An dieser Stelle setzt das Opferempathietraining in Gefängnissen an.

Im englischen Sprachraum wird – wie bereits erwähnt - in vielen Gefängnissen das sycamore - tree - programme ausdrücklich mit dem Ziel der Rückfallreduzierung eingesetzt.[306] Die Täter sollen durch dieses victim-awareness-programme für Opfer sensibilisiert werden. Wer sich in seine Opfer einfühlen kann, wird sich vielleicht scheuen, Menschen zu schaden und so neue Opfer zu produzieren. Dazu liegt eine Auswertung der Wirkungen vor:

„An evaluation of Prison Fellowship's Sycamore Tree Programme was undertaken by Sheffield Hallam University in 2009. The study took psychometric evaluations from 5,000 prisoners taking the course between 2005 and 2009. 13% of the overall sample were women and 17% were young offenders. The evaluation found that:

Across the whole sample (5,000 prisoners) there were significant positive attitudinal changes that were statistically associated with completion of the programme

The positive attitudinal changes were associated with all groups of prisoners and all institutional categories.

Both adults and young offenders demonstrated an increased awareness of the impact of their actions as well as a reduced anticipation of reoffending."[307]

Nichtsdestoweniger bleibt die Frage der Effektivität aus wissenschaftlicher Sicht offen. Es gab – methodisch – bei der Erhebung der Daten keine Kontrollgruppen, die untersucht wurden, ohne das Trainingsprogramm absolviert zu haben. Es könnte also ein Effekt der Präselektion gemessen worden sein, in dem Täter, die ohnehin schon zur Reue oder Einfühlung neigen, an dem Projekt teilnahmen. Auf der Seite von Prison Fellowship besteht ohnehin das starke Interesse, mit dem Programm auch - und vielleicht vor allem - den Nachweis der Wirkung des christlichen Glaubens zu erbringen.[308]

Ein weiterer Punkt ist die kriminologische Frage, ob es wirklich nachzuweisen ist, dass Kriminalität mit einem Fehlen von Empathie verknüpft ist.[309] Diese Annahme passt jedenfalls genau in die Zielsetzungen des Gefängnisses, indem es den Grund für Straftaten in mangelnder Empathie der Täter begründet sieht. Ihnen wird z.B. Gefühlskälte unterstellt. Außer in der conferecing –Variante wird auf diese Weise kein konkretes Opfer entschädigt oder von seiner Angst befreit, noch in die Lage versetzt, mit dem Geschehen umzugehen.

Restorative Justice hat aber, wie oben ausgeführt, die Zielsetzung:

"Restorative justice is a process to involve, to the extent possible, those who have a stake in a specific offense and to collectively identify and address harms, needs, and obligations in order to heal and put things as right as possible."[310]

Diese ist schwer zu verwirklichen, wenn die Schädigungshandlungen Jahre zurückliegen, wie es in Gefängnissen vielfach der Fall ist. Man könnte so auf die Idee kommen, im Strafvollzug sei die Chance auf restorative justice Maßnahmen bereits vertan. Darüber wurde in einem Europa-Projekt zur RJ mit verurteilten Straftätern nachgedacht.

6. Projekterfahrungen

6.1 Das Opferempathietraining (OET)

Das Projekt "Restorative Justice at Post-Sentencing Level; Supporting and Protecting Victims" entwickelte einen Leitfaden für ein Opferempathietraining.[311] Dieses Konzept nimmt frühere Entwicklungen auf, so ‚Opfer im Blickpunkt' von Otmar Hagemann[312], Sycamore Tree Project von Prison Fellowship[313], „Supporting Offenders through Restoration Inside" (SORI) von Marian Liebmann[314] und das Projekt ‚Empathie' der Ev. Gefängnisseelsorge[315]. Die Inhalte sind:

- Thematisierung der Opferperspektive
- Reflektieren des eigenen Verhaltens / Opferwerdung
- Aufarbeitung
- Empathie Entwicklung
- Auseinandersetzung mit dem Selbstbild, Schuldgefühlen und Reue
- Verantwortungsübernahme
- Wiedergutmachung

Die Bearbeitung fand in sieben Modulen zu jeweils 3 Stunden statt. Im sechsten Modul sollte eine Begegnung mit Opfern stattfinden, die nicht direkte Opfer der Täter im Training sind. Die Opferarbeit „Straf-Tat-Dialog" wurde bereits dargestellt. Die 31 Teilnehmer wurden vor und nach dem Training interviewt, eine kleinere Gruppe (n=9) nach Ende des gesamten Projektes. Die Gruppenleitung im Standort Kiel mit insgesamt 19 Teilnehmern erfolgte durch zwei Projektpartner, eine Mitarbeiterin der FH und den Autor. Um ein Zertifikat zu erhalten, mussten die Teilnehmer eine begleitende Arbeitsmappe bearbeitet und regelmäßig teilgenommen haben. Der erste Durchgang des OET blieb ohne Opferbegegnung und sah sich stattdessen einen Film an. Der zweite Durchgang des OET erhielt im sechsten Modul Anschauung durch ein Kriminalitätsopfer und zwei Opfervertreter. Der dritte Durchgang des OET verbrachte die sechste Sitzung mit internationalen Projektgästen. Alle Durchgänge schlossen das Training mit einem gemeinsamen Barbecue ab. Zu Beginn unterschrieben alle Teilnehmer eine Einverständniserklärung für die Forschung durch die FH und für die Teilnahme – besonders die Freiwilligkeit.

Methodisch gab es keine Besonderheiten. Es wird in dem Konzept ein abwechslungsreiches Herangehen vorgeschlagen, das z.B. Rollenspiele, Arbeiten mit verschiedenen Materialien und das Malen eines Bildes zur Thematik enthält. Auffallend war, dass bei den Jugendlichen mehr nonverbale Interaktionen für nötig gehalten wurden als bei den Erwachsenengruppen.[316] Die Ergebnisse sind auf der Seite rjustice.eu dargestellt.

6.2 Opferempathietraining – Ergebnisse

6.2.1 Motivation

- Die Motivationen, am OET teilzunehmen, waren u.a. die folgenden:
- Sonst nichts zu tun/ Zeit im Gefängnis sinnvoll nutzen
- Verstehen, wie Opfer denken und fühlen
- Wirkliche Opfer treffen
- Vorteile durch ein Zertifikat
- Das eigene Verhalten ändern
- Alles versuchen könnte helfen, sich weiterzuentwickeln
- Hören, wie andere Täter denken
- Schuldgefühl zeigen
- Vorbereitung einer Opfer-Täter-Begegnung

6.2.2 Zusätzliche Wahrnehmungen bei der Motivation

- Aus der teilnehmenden Beobachtung der Anmeldevorgänge ergaben sich weitere Eindrücke:
- Die mehrfach inhaftierten Täter nehmen an der Maßnahme nicht in Massen teil. Sie sind scheu, was neue Maßnahmen betrifft, und lesen nicht freiwillig Aushänge. Das Angebot

muss sich über längere Zeit im direkten Kontakt etablieren.

- Die Gefangenen waren motiviert durch Anweisung der Abteilungsleitung, durch Mitgefangene oder durch Nähe zur Gefängnisseelsorge.
- Die Frage, was das OET einem Gefangenen bringt, ist nicht geklärt. Ob es eine Rolle bei Vollzugsentscheidungen wie der vorzeitigen Entlassung spielen kann oder bei der Verlegung in den offenen Vollzug, das muss für die Zukunft geklärt werden.

6.2.3 Allgemeines Feedback

- Allgemein war es eine positive Erfahrung.
- Enttäuschung, wenn kein Treffen mit Opfern zustande kam.
- Klare Unterschiede zwischen der Gruppe aus der Sozialtherapie (Jugend) und der aus dem Jugendgefängnis:
  - Täter verstanden ihre eigene Situation besser, waren weniger ängstlich,
  - verstanden ihre Opfer von Anfang an,
  - hatten Gruppenerfahrung.
- „Ja, das hat mir aber eigentlich gut gefallen, das intensive. Ja, ja ich wurde ja gar nicht losgelassen in der Zeit, also auch gedanklich. Mir gefällt so was. … Da kann ich schon reichlich sagen, also seither eigentlich kann ich kaum sagen, dass ein Tag vergeht, wo ich nicht dran denk. Meine Ängste sind einfach viel größer geworden (keine Opfer beteiligt).“[317]

Nicht alle konnten den Ausschreibungstext verstehen:

„Es waren schon zwei drei Leute, die mich gefragt haben, was da, also wie das da vor sich geht, was es ist, wie Opfer, die konnten Opferempathie gar nicht verstehen irgendwie. Die haben gedacht: Ja, hier, ich bin das Opfer und musste da hin.“ (A3:92-95)

6.3 Opferempathietraining: Weitere Erkenntnisse

- Das Konzept muss zwischen Jugendlichen und Erwachsenen differenziert werden, hinsichtlich Konzentration, Interessen und Gruppendynamik. Das Konzept für Jugendliche sollte weniger verbale Übungen enthalten als das Konzept für Erwachsene.
- Das Treffen mit Opfern ist ein zentraler Punkt und hat die größten Auswirkungen auf der emotionalen Ebene. Für die, die ein Treffen mit Opfern oder –vertretern erlebt haben, ist das ein zentraler Punkt gewesen.[318]
- Die Motivation zur Teilnahme ist unabhängig von Auswirkungen auf den individuellen Fortschritt im Gefängnisalltag.
- Sich am OET zu beteiligen, kann einen Einfluss auf die persönliche Entwicklung des Täters haben.
- Persönliche Betroffenheit könnte eine Auswirkung auf die Empathieerfahrung haben: Wenn Täter weniger individuelle Schwierigkeiten haben, die ihr Wohlbefinden betreffen, sind sie offener für die Erfahrungen ihrer Opfer.
- Das OET sollte von externen Personen durchgeführt werden. Die Offenheit und das Vertrauen der Teilnehmer sind dann größer und wirken sich auf die Atmosphäre in der Arbeitsgruppe und deren Organisation aus.
- Das Gefängnis ist keine restorative Einrichtung. Es ist problematisch, dass im OET ein Umgang gelernt werden soll, der sonst in der Institution nicht ausgeübt wird. Um einen größeren Effekt zu erzielen, müssten auch Konfliktregelungen zwischen Gefangenen und Gefangenen und zwischen Belegschaft und Gefangenen restorativ angegangen werden. (siehe ‚restorative Prison', 6.8.2)

6.4 Adaption im Gefängnis

Einer Justizvollzugsanstalt fällt es nicht schwer, das Opferempathietraining in ihr Behandlungsprogramm aufzunehmen. Nicht wenige MitarbeiterInnen sind der Meinung, dass der Verurteilte mal richtig mit dem konfrontiert werden soll, was er angerichtet hat. Urteil und Vollzug reichen dazu nicht aus(!). Das bedeutet, dass nach Möglichkeit auch das gesamte Personal in die Arbeit mit RJ einbezogen werden sollte – zumindest durch regelmäßige Information.

Wenn aber das Opfer zur Begegnung mit dem Täter ins Gefängnis kommen soll, treten zunächst die üblichen Bedenken ein: Wer begleitet die Opfer, wer sorgt für ihre Sicherheit und die Nachbetreuung, wie geht man mit den zu erwartenden Gefühlen bei Opfern und Tätern um? Zu welcher Mehrarbeit führt das im Personalbereich? Falls es gelingen sollte, diese Fragen durch die Darlegung der Professionalität der Begleitung abzuarbeiten, tritt die Frage der Räumlichkeiten auf. Die sind meist für Gefangene gedacht und nicht unbedingt für emotionale Begegnungen hergerichtet. Dann kommt das alles entscheidende Problem des Datenschutzes auf: Dürfen nicht mit dem Gefangenen verwandte Personen überhaupt unterrichtet werden, wo sich dieser aufhält? In der Regel wird der Datenschutz als Argument genutzt, Auskünfte gegenüber Dritten zu verweigern. Wahrscheinlich stehen all diese Fragestellungen der Durchführung zuletzt nicht im Wege. Gefängnisse können bei entsprechender Professionalität des Angebots sicherstellen, dass ‚restorative justice means' auch mit Opferorientierung eingeführt werden. Wahrscheinlich wäre es möglich, auch die Opferinteressen und –bedürfnisse zu berücksichtigen. Da die Opfer auf die Begegnung mit jedem Täter vorbereitet werden müssen, ist das ohnehin gefängnisunabhängig zu gestalten. Die Vorbreitung auf das Gefängnis gehört zum Arbeitsprogramm in der Opfergruppe oder im einzelnen Opfergespräch. (siehe vorherigen Abschnitt.)

Auch wenn das OET gut in die Behandlungsidee des Gefängnisses integrierbar ist, so sind doch im Vorfeld aufgrund der Institution Strafvollzug sorgfältige Schritte der Information und Vorbereitung notwendig. Man kann in ein Gefängnis nicht einfach hineingehen, weil man meint, eine gute Idee zu haben. Zunächst muss die Gefängnisleitung überzeugt werden. Die anderen Mitarbeitenden bedürfen ebenfalls der Überzeugung und Information. Am besten scheint es, Teile des geplanten Programms mit ihnen durchzugehen oder gar durchzuarbeiten und jederzeit greifbare Informationen über die Hintergründe bereit zu halten. Die Mitarbeitenden sind schließlich die, die die Gefangenen zum Training – evtl. mit Kommentaren - aufschließen und hinbringen.

Bei der Durchführung ist auf höchste Datentreue zu achten. Die einzige Kritik an dem Kieler Projektablauf war, dass eine Gruppe mehrmals in einem Durchgang zu unterschiedlichen Zeiten stattfand. Das passe nicht zu dem, was man den Gefangenen beibringen wolle: Die Absprachefähigkeit sei eine der zentralen Anforderungen an die Resozialisierung. Wer ein Training anbiete, müsse sich daran halten. Dieses rigorose Missverständnis von Absprachefähigkeit als bedingungslose Termintreue muss man in Gefängnissen erwarten, da keine anderen Kriterien für Verbindlichkeit in der formal ausgerichteten Verwaltungsinstitution zur Verfügung stehen.

6.5 Problem Instrumentalisierung

Die Täterinteressen und –bedürfnisse machen auch viele Probleme. Ist es möglich, sie aus den Gefängniszielen und -verhaltensweisen herauszufiltern und trotz Gefängnisinteressen – möglichst unbeschadet durchzukommen, den Mitgefangenen keine Angriffsflächen zu bieten sowie möglichst schnell gelockert zu werden – zu einer wirklichen Begegnung mit den Nöten der Opfer zu kommen? Ja, ist es möglich, die Opfer davor zu bewahren, dass sie von den Tätern in manipulativer Weise zur Hafterleichterung instrumentalisiert werden? Diese Fragen müssen das Opferempathietraining in der Justizvollzugsanstalt begleiten. Organisatorisch sollte sichergestellt werden, dass keine Verknüpfung von Vollzugslockerungen und Opferempathie entsteht. Die Teilnahme von Seiten der Täter darf nicht mit möglichen Vergünstigungen ‚erleichtert' werden. Eine Berücksichtigung bei Vollzugsentscheidungen kann erfolgen, wenn das Programm abgeschlossen ist und der Täter bei Entscheidern den Eindruck hervorruft, eine ernsthafte Beschäftigung mit dem Opfer sei eingetreten und zeige Wirkung. Die beste Wirkung aber wird das Programm haben, wenn die Täter auf Opferwunsch zum Mitmachen eingeladen werden und sich bei freier Entscheidung einladen lassen, möglichst zunächst ohne Vorinformation des Vollzuges. Die kann erfolgen, wenn der Täter teilnehmen möchte. Die Konsequenz wäre dann, dass ein RJ-Verfahren nach dem Urteil in der Tat beim Opfer beginnen sollte.

6.6 Empowerment für das Gefängnisleben

Wenn so ein Opferempathietraining mit dem Bewusstsein für die Instrumentalisierungsprobleme zustande kommt, folgt die Frage, wie der Täter vor möglichen negativen Folgen innerhalb der Vollzugsanstalt geschützt werden kann. Hier ist an Herabsetzung oder Mobbing wegen des ‚Frontwechsels' zu denken. Das muss Inhalt im Opferempathietraining sein, damit der Teilnehmer sich vorbereitend dagegen wappnen kann (empowerment). Eine Gruppenarbeit im Gefängnis ist bereits Teil dieses empowerments. Der Häftling hat Mitgefangene mit ähnlichen Erfahrungen. Die sind allerdings am Anfang wenig Hilfe, weil der selbständige Zusammenschluss von Gruppen im Gefängnis außerhalb der angesetzten Gruppenzeit gemäß seiner Zielsetzung nicht gern gesehen ist.

Auch nach den ‚RJ means' und ihrem Abschluss sollte es deshalb eine Möglichkeit der Begleitung geben, damit der Häftling sich nicht wieder nahtlos zum Eigenschutz den Vollzugsbedingungen anzupassen gezwungen fühlt. Das bedeutet: Die RJ-Aufgabe ist mit der Opferbegegnung und Vereinbarung nicht abgeschlossen. Bei der Berücksichtigung der Bedürfnisse beider Seiten könnte es sonst so scheinen, als ob im Interesse der Opferbedürfnisse der verurteilte Täter instrumentalisiert wird. Eine Fortführung der Trainingsgruppe in größeren Zeitabständen erscheint sinnvoll und zweckmäßig. Zudem gäbe es beim Übergang ebenso Bedarf der Betreuung.

6.7 Die Sicht der Gefangenen

Bei der Recherche ein Jahr nach dem Training war ein Teilnehmer bei einem erneuten rätselhaften Versuch des KFZ-Diebstahls vor der Firma, bei der er stehlen wollte, tot aufgefunden worden. Er hatte den Schlüssel eines am Tage vorher gestohlenen Fahrzeugs in der Tasche. Ein zweiter war bereits wieder in Untersuchungshaft. Ein Dritter war nach der vierten Haftlockerung nicht in die JVA zurückgekommen. Eine Nachrecherche per Interview bei zehn von neunzehn noch oder wieder in der JVA Kiel anwesenden Teilnehmern des Projekts, von denen sich zumindest einer nach einem Therapieversuch erneut in Haft befand (A5), ergab u.a. die nachfolgenden Aussagen. Ein weiteres Interview wird unten unter 6.4 wiedergegeben.

- Der Unterschied zu anderen Gruppen.

...die Gruppe hat Spaß gemacht, ne. Man denkt ja eigentlich über so 'ne Gruppen so, dass es genau so nervend ist wie 'n AGT oder so. Aber eher nicht, weil es hat Spaß gemacht, zu kommen.(A1:10-12) Ja weil man da (im AGT) genervt wird. So: man möchte über Sachen nicht reden, und dann wird man dazu gedrängt, weil sonst gibt's 'n Brief an die Abteilung und ja... (A1:59,60)

- Neuer Blick auf die eigenen Taten.

Vorher, gut, man hat vorher auch schon teilweise ... über seine Fehler nachgedacht, wieso, weshalb, warum man jetzt wieder im Knast ist oder so was. Und im Nachhinein, wenn man sich auch andere Stories von anderen so anhört oder so was, ja was manchmal passiert ist oder so was, ja, da denkt man sich das doch schon ein bisschen anders, finde ich.

I: Ist das anders, als wenn man so auf der Zelle oder auf'm Flur mitnander spricht. Man spricht ja auch über solche Sachen.

Ja, natürlich, das ist ganz anders. Weil wenn man mit anderen spricht oder so was, zeigt man keine Reue. (A9:28-38)

- Zweifel an der Motivation und Wirkung bei anderen Teilnehmern.

Bei Mitgefangenen mangelt es mir teilweise an Glaubwürdigkeit. ... Ja ich hab' das Gefühl, gerade wo ich gesehen hab', wer da in dem zweiten Turnus mitmacht, hab' ich das Gefühl, dass dort andere Sachen im Vordergrund standen, um sich 'ne positive Prognose zu verschaffen. ... So, denn waren da auch Leute bei, die das inhaltlich wenig verstehen konnten. Da hab' ich, ja S... und L...und M...., wie hieß er, M..., so da hab' ich den Eindruck gehabt, das war mehr oder weniger Zeitvertreib. So und ja... (A5:aus 111-126)

- Die Teilnahme war gut und sinnvoll, auch wenn sie ihnen keine Erleichterungen in Form von Lockerungen bescherte.

Ich weiß nicht, ob einige darauf gespielt haben, 'vielleicht komm ich dadurch früher raus', mag ich mal da so hinstellen, vielleicht manche ja, manche nicht. Wenn man vielleicht gleich von Anfang an sagt, vielleicht wird die Gruppe dadurch weniger, weiß ich nicht, da sieht man dann vielleicht die Motivation von den anderen. Also mir war's klar, dass es mir nichts bringt, das ich dadurch jetzt weniger sitz. Das war ja was, was ich für mich gemacht hab'.(A6:146-151)

- Die Teilnahme hat Beachtung gefunden.

Also empfehlen würd' ich's auf jeden Fall. Vor Gericht kam das auch gut an. Ich hab' die Urkunde mit zu Gericht genommen und der Richter war sehr beeindruckt. Und dann hat er's an Staatsanwalt gereicht und die haben alle den Kopf geschü... haben so gemacht, dass Sie's gut finden.(A1:144-147)

Meine Abteilungsleiterin, die fand's sehr gut, dass ich das gemacht hab', dass ich nicht nur was gegen meine Sucht tue, sondern auch was mach auch gegen meine Gewalt, fand sie sehr gut, hat sie auch jedesmal wieder im Vollzugsplan gesagt, dass es nicht schlecht ist, dass es, ...mein Bewährungshelfer hat das auch immer wieder gesagt. Sonst an den anderen Beamten, die haben sich halt immer gewundert: wo sol-

len Sie denn wieder hin, Herr ...? Ich sag', zur Gruppe. (A6:161-166)

...dass das ganze positiv von der Abteilungsleitung aufgenommen wurde und auch während der Zwei-Drittel-Anhörung kurz angesprochen wurde und, aber nicht detailliert. So, es wurde mir praktisch von Seiten der Richterin zugute gehalten. Gut, das hab ich so wahrgenommen. (A5:107-110)

- Sie können sich jetzt vorstellen, dass das Opfersein ein Problem sein könnte, was vorher nicht der Fall war. Als sie selbst Opfer waren, war das nach zwei Tagen „weggekifft“ oder anders verdrängt („…so etwas hat ein Mann nicht…“).

Also dieses Training hat mir diesen Weg gezeigt, wie halt die Leute damit umgehen. Das hatt ich ja vorher so gar nicht gehabt. Ich hab' gedacht, alles klar, ich bin auch schon Opfer geworden von 'ner Schlägerei z.B. und ich bin damit so ganz gut klar gekommen, also...

I: Sie haben nichts gemerkt, was Sie beeinträchtigt, nachdem Sie Opfer geworden sind.

Nee, eigentlich nicht. Weil, man ist da rein gegangen, man hat sich gehauen, ich hab' n' paar abgekriegt, so und ich hab mir dabei, so, gut ich hab' n' paar abgekriegt, so und halt jungen Kopp, sag ich jetzt mal, bin ich damit ziemlich gut umgegangen, eigentlich, aber was jetzt so ältere Leute, die halt nicht mehr so fit sind und die halt nicht mehr das Potential haben, gewisse Sachen zu machen wie ich das noch machen kann, Sachen machen kann, die ich noch machen kann: das hat mir auf jeden Fall die Augen geöffnet.(A3:44-57)

- Besonders positiv erlebten die Teilnehmer eines Kurses die Anwesenheit eines Kriminalitätsopfers und zweier Opfervertreter in einem der Kurse. Auch wenn das nichts mit ihren Taten zu tun hatte, half es ihnen, Opfererfahrungen ernst zu nehmen.

Was ich schade fand, dass wir eben beim ersten Mal keine Opfer hatten. Leider. Aber ähm, ja, kann man ja auch nicht erwarten, dass sie sich alle freiwillig dafür hingeben... (A4:11-13)

„Insbesondere das Modul 6 – Treffen mit der „Opfergruppe“ und Opfervertretern war für mich interessant.“[319]

„...wo der Herr da war, dem sein Auto geklaut wurde... Ja, das war hart, weil er dieses Buch vermisst, wo er alles über sein Kind reingeschrieben hat. ... Aber 'n emotionaler Wert, ne. Das waren die ersten Schritte seines Kindes, sag ich mal!“(A1:aus 175-190)

Da ist mir's erst richtig auch klar geworden und jetzt kann ich damit aber auch besser umgehen, auf jeden Fall, weil wir ja auch Opfer hier gesprochen haben, von verschiedenen Tatszenarien, die da Opfer gewesen sind oder waren und die das Ganze mal aus ihrer Sicht geschildert haben. Und es ist natürlich verständlich, dass Ängste aufkommen, wenn irgendwie ein kleines Delikt passiert, z.B. Auto geklaut oder Einbruch, dass da schon extreme Ängste entstehen oder irgendwie, dass man sich nicht mehr wohl fühlt und dass das dann halt zu 'ner gewissen Persönlichkeitsstörung bzw. dazu führen kann, dass man halt in diesem Umfeld nicht mehr leben kann, nicht mehr wohnen kann, einfach, weil man sich in seiner Privatsphäre missbraucht fühlt. (A3:30-38)

- Angst vor einer möglichen Opferbegegnung:

Also, es kann ja auch sein, dass er, ähm, mich abwertend behandelt, weil er Angst hat oder gar kein Kontakt zu mir haben möchte oder so. Das wäre eine große Angst einfach, nä. Also, dass er mich verachtet einfach. Und mich als den bösen Mann oder bösen Jungen sieht und, ähm, das ist ein Kapitel das immer offen stehen würde für mich. So, und ähm, das würde mich ein bisschen nerven und das wäre meine Angst, also dass das, ja, dass er das nicht an sich heran lässt einfach.(PB2:505-511)

- Erfahrung, dass nicht einfach einzelne Opfer getroffen werden, sondern dass der ‚Schaden' weit über den Einzelnen hinausgeht.

Ich denke da dran, was ich für Kreise geschmissen habe. Ich vergleich das – das hatten wir auch in der Gruppe – ich vergleich das, wie so'n Stein, den man ins Wasser wirft, der immer größere Kreise zieht. Es sind ja nicht nur die Opfer, die geschädigt sind, sondern auch – wie Sie schon sagten – das Kind hat das Geld von ihrem Vater bei, soll dafür was kaufen. Ich schädige ja nicht nur das Kind, ich schädige den Vater. Der glaubt dem Kind eventuell nicht ... Dann schädige ich noch die Sportgruppe an sich, die das Vertrauen verliert. (RMI7:122-128)

- Interessant und lehrreich war die Arbeit als Gruppe. Da hörten sie zum ersten Mal bewusst, dass es ganz verschiedene Folgen und Erfahrungen bei verschiedenen Straftaten gibt. Der Betrüger hört, was mit einer Körperverletzung einhergeht und umgekehrt und alle hören, dass der Ladendieb behauptet, er habe gar keine Opfer. Das ist einer der Effekte, die von Gruppenarbeit erhofft werden.

...da ich z.B. kein Einbrecher bin oder so, hab' ich auch mal so die andere Sicht gesehen, so, was meine Kunden für den Stoff gemacht haben, so eingebrochen, dies, das, was da alles hinterhängt so...... und davor hat man sich darüber gar keine Gedanken gemacht. Aber wo das dann zur Sprache kam, was sie eben für Drogen auch und so Brüche gemacht haben, da hat man dann auf jeden Fall nachgedacht dadrüber, so... (A4:aus 58-66)

A6: Also ich hab' vorher noch nicht so gesehen, wie die, was die gemacht haben. Ich hab' früher gedacht, ach Betrugsopfer, das ist ja nichts. Aber ich hab' früher gedacht, das ist keine wirkliche Straftat, das ist Lappalie... ich hab auch ne andere Seite kennen gelernt, nicht nur meine Sachen, die ich gemacht habe, sondern auch von anderen Leuten was gelernt. Also es ist, ich habe nicht nur aus der, von den Leitern der Gruppe was gelernt, sondern auch von den anderen Gefangenen hab ich da was gelernt. (A6:78-87)

- Es gab allerdings auch eine Art der Defiziterfahrung, dass nämlich die eigene Straftat nicht in die Gruppe passt oder dass man die Gruppe anders organisieren müsste.

Aber ich denk einfach mal, dass meine Straftat ähm in diese Gruppe nicht wirklich hingepasst hat. Weil, man hatte ja viel mitgekriegt, das war viel Betrug ähm das kann man nicht so ganz so vergleichen. Ähm und es wär denk ich mal schön gewesen, wenn man bei der nächsten Gruppe jetzt mal als Beispiel, wir sagen einfach mal, ihr seid sechs Gefangene, zwei Körperverletzungen, zwei Drogen, zwei was anderes, also ich denk, das wär ein wichtiger Punkt wo man vielleicht mal ein bisschen gucken kann, ob es hier überhaupt möglich ist ähm weil dann können die, die Gedanken noch mal voneinander austauschen. Ich konnte mich ja jetzt nicht mit einem hinsetzen, ähm wie hast du dich gefühlt bei deinen Betrugsgeschichten. (RPH6:79-87)

- Den Tätern wird bewusst, was sie ihren Angehörigen antun, wie bedrohlich die Bewältigung der Tatfolgen für deren gesellschaftliche Position und Anerkennung sein kann.

I: Sie hatten damals die Sorge, dass...

: ..., dass das auf meine Familie zurückkommt.

I: ... Ihre Familie dann in Schwierigkeiten kommt oder zumindest jeder weiß, das sind Sie, und damit wollen wir nichts mehr zu tun haben. So ähnlich haben Sie sich geäußert. Ich kann mich nicht mehr ganz genau erinnern.

Ja, ja genau, so ist das.

I: Wenn Sie sagen, wenn Sie mit ihm sprechen, dass der dann sozusagen mit Ihnen, ja, sozusagen interessiert spricht oder nett oder so und dann macht er hinterher ...

...Genau so ist das...

I: ...Gequatsche über die Familie.

...Genau, das muss ja nicht sein.

I: Haben Sie die Sorge nicht mehr?

Nee, nicht mehr.

I: Wie kommt das?

Ja ich will einfach, für mich ist das, ne, es ist gut, meine Familie hat wirklich nichts mit zu tun, sondern es hat ja was mit mir zu tun. Das werd ich demjenigen ja auch sagen...(A2:18-46)

- Mehrere Teilnehmer fragten im Laufe der zwei Jahre dauernden Projektphase danach, ob sie an einer weiteren Gruppe teilnehmen können. (*Inzwischen entlassen*)
- Schädlich ist der Zwang zur Teilnahme. Er verschließt. (*A8*)

Ein Teilnehmer *(A8)* erklärte auf Nachfrage, dass die Gruppe ihm persönlich die Möglichkeit gebracht hat, sich mit seinen Taten noch mal zu beschäftigen. Wenn möglich, werde er in Zukunft Einbrüche vermeiden. Mit Opfern einen Ausgleich zu suchen, sei ihm allerdings nach vielen Taten und entsprechend 17 Jahren Haft in 40 Lebensjahren nicht vorstellbar. Er müsse wohl seine Konsequenzen ziehen und mit der Hilfe der Gesellschaft leben und auskommen.

- Nach dem OET wurde eine Mediation mit den direkten Opfern eingeleitet:

A6: Ja, also mir hat das einiges gebracht. Ich hab mich ja mit R., habe mich ja bei insgesamt acht oder neun Opfern, habe ich mich ja in Verbindung gesetzt, mit der Hilfe von R. Einige Opfer waren schon verstorben. Einige Opfer haben sich gar nicht gemeldet. Mit einer Opferfamilie, das ist die Tat, die am längsten zurückliegt, stehen wir noch im Kontakt. Die haben jetzt aber 'nen anderen Zwischenfall in der Familie. Da ist der Bruder erkrankt, hatte 'en Herzinfarkt, und die konnten den Brief noch nicht lesen und da hat R. gesagt, die sollen sich die Zeit lassen und erst Mal um das andere Familienmitglied kümmern. (A6:28-35)

- Das OET wird weiterempfohlen.

Hab' ich in Kiel auch. Nach der ersten Sitzung hab' ich auch noch zwei Leute mit dazugeholt (A1:139f.).

A6: Ja. Ich hatte ja auch Mundpropaganda betrieben, also ich hatte ja einige Leute, mit denen ich guten Kontakt hab, wo ich gemeint hab , die könnten's auch gut gebrauchen, hab ich gemeint, die sollen's auch mal versuchen, nicht weil es da jetzt Kaffee und Kuchen gibt und weil es einfach mal schön ist, ne Stunde außerhalb zu sein, sondern weil es für mich sinnvoll war, hatt' ich auch gehofft, dass es für andere Leute sinnvoll ist, hatte ich gehofft, dass mir soviel geholfen hat, dass es den anderen Leuten auch hilft, weil ich find's traurig, dass es nicht in anderen Anstalten so viel angeboten worden ist, wie's hier ist. Also es sollte mehr angeboten werden. (A6:52-59)

- Mancher empfiehlt, mit dem OET früher in der „Karriere“ zu beginnen.

Also ich finde, man sollte das wirklich bei Ersttätern machen, die wirklich noch frisch sind, und denen das vor Augen halten einfach, damit die einfach noch, weil die am Anfang ihrer Karriere stehen, ihrer kriminellen Karriere, dass die einfach den Weg finden da raus einfach. So jetzt bei einem Schlägertypen, der jetzt irgendwie schon sieben, acht Mal im Knast war und seine fünfzehn Jahre weg hat, und was weiß ich wie viele Opfer zu beklagen hat, glaube ich, wird das nicht fruchten. (A3:179-185)

- Es gibt auch den Wunsch, das OET auszudehnen[320]:

Für mich persönlich war das zu kurz, also das hätte ruhig auch über mehrere Wochen gehen können (RMI7:20-21)

A5: Ich bin der Meinung, man hätt' es noch länger machen können. ... Man hätt' es vielleicht noch einige Stunden benutzen müssen, um wirklich intensiv ... über manche Themen zu sprechen. Manche haben ja, es sind ja verschiedene Straftaten, die ja sind, weil manche machen ja Diebstähle, Einbrüche, Körperverletzung, keine Ahnung, alles Mögliche. Ja. Und dass man sich mit jedem Thema mal einzeln beschäftigt, so. Ja? Wie so was zustande kommen kann. Wieso Beschaffungskriminalität z.B. all solche Sachen mal. Das wär vielleicht noch 'n bisschen besser gewesen. (A5:63-73)

A3: Also ich meine, wenn man das so zusammenrechnet, das war einmal die Woche plus minus 'ne Woche Verspätung etc., aber wenn man das mal hochrechnet auf drei Monate, dann sind das auch nur zehn bis zwölf Male, die wir da waren, jeweils zwei Stunden. Und ich finde, dass das wenig ist. Ich finde schon, dass Täter mehr Zeit kriegen sollen oder sollten um ihre Taten zu reflektieren einfach, um darin die Probleme zu sehen.(A3:105-110)

I: Also lieber verlängern statt noch kürzer machen?

Man hätte das um fünf, sechs Sitzungen nochmal länger machen können, also wenn man's mal so hochrechnet, ich finde Opferempathiekurs, also ich finde das ist ja so'n bisschen auch 'ne Therapie, (dazwischenreden kommt nicht an, löst aber die Bekräftigung aus:) es hat therapeutische Einwirkung auf den Täter oder auf das Opfer auch. So und eine therapeutische Einwirkung - wie gesagt, da ist das Wort Therapie mit drin - und Therapie bedeutet, dass das ein langwieriger Weg ist, einfach, eine Therapie zu machen oder durchzustehen. Ich finde, das hätte noch 'n bisschen länger dauern können, aber es hat gereicht, um jemandem die Augen zu öffnen: Wie andere Leute darüber denken.(A3:114-122)

- Die Aussichten auf ein straffreies Leben sind in manchem Kopf nicht so sehr groß.

A4: Das Problem ist, bin ich ehrlich, mit dem Gedanken, dass ich das (die Straftaten) nicht mehr machen will, ist auf jeden Fall da, aber wenn ich so überlege: Was bleibt mir denn anderes übrig? Werd' hier mit sechzehnhundert Euro Ü-Geld entlassen, ohne Wohnung. Dann wird gesagt, Sie können vierzehn Tage in Hand- und Fußfessel vorher zur Wohnungsbesichtigung. Welcher Vermieter nimmt ein denn? (A4:105-109)

6.8 Ergebnis

Das sind nicht die Ergebnisse einer Wirkungsforschung, sondern einzelne Bemerkungen aus Interviews. Hier wird deutlich, was ein qualitativer Forschungsansatz bedeutet: Es gibt keine direkten Kausal-Verknüpfungen, sondern nur die Wiedergabe von einzelnen Erfahrungen, die wegen ähnlich klingender Aussagen gebündelt werden können und dadurch Gewicht erhalten. Daraus kann vielleicht ein Trend abgeleitet werden, der besagt: Wenn Inhaftierte am OET teilnehmen, dann bereuen sie die Teilnahme nicht, sie empfehlen das OET Mitgefangenen weiter und sammeln Erkenntnisse über die Vielfalt von Täter- und Opfererfahrungen. Einige sind bereit, eine konkret auf ihre einstigen Opfer bezogene Meditation zu beginnen (und durchzuhalten). Sie sehen auch die Chance, durch RJ bereits von der ersten Straftat an besser zu erfahren, worum es bei Straftaten überhaupt geht. Diese Aussagen sagen eigentlich mehr über den jeweils Interviewten und seine „Ordnung der Welt", also über seine Identität[321], als über die Sache, nach der gefragt wird. Es wäre also nicht sinnvoll, aus solchen Ergebnissen den Schluss zu ziehen, dass OET eine bessere Anwendung sei als andere. Vielmehr kann der Schluss gezogen werden: Wenn OET angeboten wird, werden Gefangene mehr oder weniger in die Lage versetzt, ihre eigenen Wahrnehmungen von Kriminalität und deren Folgen – und damit sich selbst - anders zu begreifen und zu beschreiben als im üblichen Gefängnisalltag. Es kann also nicht behauptet werden, OET sei die einzige Methode, um Inhaftierten die Auswirkung ihrer Taten nahe zu bringen, sondern allenfalls, dass es eine geeignete Methode ist. Dieser Nachweis wurde wohl auch mit dem beschriebenen Projekt geführt. Ob so ein Training zum Pflichtprogramm gemacht werden kann[322], ist fraglich, besonders, wenn man den zentralen Wert der „Freiwilligkeit" von RJ –Maßnahmen in Betracht zieht.

6.8.1 Folgerungen

- Bei der Anwendung von RJ in Gefängnissen sind die Bedingungen und Ziele dieser Institution zu beachten. Diese schaffen eigene Probleme und Möglichkeiten.
- Besonders wichtig ist die Wahrnehmung von Instrumentalisierungstendenzen bei den Tätern gegenüber den Opfern und bei dem Angebot von RJ-Maßnahmen.
- Am besten werden diese Tendenzen durch strenge Orientierung an den Bedürfnissen der Opfer beim Einsatz von RJ nach der Verurteilung bearbeitet.
- Wenn eine Vereinbarung zwischen Opfern und Tätern erreicht wird, muss den Tätern, die weiter im Gefängnis blei-

ben, eine Fortsetzung der Arbeit zur Bewältigung ihres Gefängnisaufenthalts angeboten werden.

- Ein bloßes Opferempathietraining ist ein sinnvolles Angebot für verurteilte Straftäter, falls die Opferarbeit noch nicht entwickelt ist. Am besten erscheint es, das von externen Personen durchführen zu lassen[323], um die Verquickung von Kontrolle und Empathie zu vermeiden.

- Wenn das Gefängnispersonal das Opferempathietraining durchführen soll, wird dieses zu einem rein internen Behandlungsangebot. Dagegen ist nichts einzuwenden. Jedoch würde damit die Opferorientierung wegfallen und das Training allenfalls noch an RJ erinnern. Alles in allem hat Liebmann die Hoffnungen 2007 bereits zum Ausdruck gebracht:

„Victim awareness courses help offenders to realise the harm they have done, and motivates them to avoid re-offending. Victim-offender groups provide opportunities for victims and offenders (not from the same crime) to share experiences and dialogue. Victim-offender mediation and conferencing allow victims to meet their actual offenders, tell their story and ask their questions; and offenders to do the same."[324]

6.8.2 Restorative Prison

Das bisherige Ergebnis beschreibt noch kein restoratives Gefängnisprogramm. In ferner Zukunft könnte die Institution Gefängnis in ihrer Zielsetzung durch den Einsatz von restorativen Mitteln umgestaltet werden. Beschreibungen liegen aus dem englischen Sprachraum vor:

„We believe that restorative justice has great potential to humanise Prisons, improve safety, enhance social order, and make the experience less hostile and damaging for all concerned. We believe that a completely transformed prison, centered on restorative values, would:

- begin to address society's obligations to victims of crime;
- serve as a place of safety in mediating between people who have been deeply harmed and those who have caused the harm; and

- occupy a crucial positioning the reintegration of offenders to society."[325]

Mit dieser Idee des restorative prison wäre der dritte Faktor von RJ, die Gesellschaft, in das restorative Handeln eingebracht. Das wird aber auch im Kontext der RJ – Bewegung als die dritte Instrumentalisierungsproblematik sichtbar, dass nämlich RJ für Opfer und Täter zur Umformung der Gefängnisse ge- (miss-) braucht wird. Es ist daran zu erinnern, dass RJ Opfer, Täter und Gesellschaft zum fairen Ausgleich von Schäden, die bei Opfern und bei der Gesellschaft durch Täter entstehen, führen und so eine neue Grundlage für das Miteinander-Leben erreichen möchte. Dadurch würden weitere Schädigungen vermieden, die durch vermeidbare Strafe und Inhaftierung entstehen und nur wenige Opfer wirklich zufrieden stellen können.

Das würde Gefängnisse und ihre Umgestaltung nicht überflüssig machen, aber ihren Einsatz auf wirklich ernste Fälle beschränken. RJ ist ein Anfangen Schritt für Schritt keine fertige Methode zur Lösung aller Probleme der Kriminalität einschließlich des Gefängnisses. Es gibt tausend Lösungen für tausend Probleme der Kriminalität. Jedes Opfer und jeder Täter muss seiner eigenen Lösung zustimmen können. Die Agenten von RJ sind in diesem Vorgang nur Assistenten. Der Ort, wo das geschieht, kann das Gefängnis sein oder jeder andere Ort. Aber Gefängnisse sollten offen sein für diese Möglichkeit und dadurch eine bessere Zukunft gewinnen im Interesse der Sicherheit von Gefangenen und Bediensteten und der ganzen Gesellschaft. Wenn dann eine restorative Umgestaltung von Gefängnissen angestrebt wird, sollte das auch als eigener Programmpunkt bezeichnet werden. Dann geht es nicht mehr um Opfer und Täter, sondern um die Institution, die Strafe vollzieht. Die Grundzüge einer solchen Umgestaltung wurden schon vor Jahren formuliert.

„Opferempathiekurse sind einerseits Bestandteil eines neuen, auf RJ basierten Gefängniskonzepts, andererseits ein erster Schritt zur Einbeziehung von Opfern und Bürgern und damit zur Normalisierung des Gefängnisses. An Stelle der Fremd-

bestimmung durch den Primat von Disziplin und Ordnung, ist Eigenverantwortung und Beteiligung an der Gestaltung des Lebensalltags gefordert. Inwieweit diese Neuerung unter Beibehaltung der bekannten Strukturen, ..., umsetzbar ist, kann durchaus skeptisch gesehen werden.“[326]

Seit dieser Aussage sind ein paar Jahre vergangen. Der Autor dieser Sätze hat daran mitgearbeitet, dass in **Schleswig Holstein** im Entwurf des Strafvollzugsgesetzes einige Punkte dieser Vorstellungen eingearbeitet wurden. So enthält der § 3 Strafvollzugsgesetz (SH) die Bestimmungen:

„(1) Der Vollzug ist auf die Auseinandersetzung der Gefangenen mit ihren Straftaten auszurichten. … (3) …Selbständigkeit in der Lebensgestaltung ist zu fördern. … (7) Der Bezug der Gefangenen zum gesellschaftlichen Leben ist zu wahren und zu fördern.“ Der § 5 formuliert: „Die Sicherheit in den Anstalten soll ein gewaltfreies Klima fördern und die Gefangenen vor Übergriffen Mitgefangener schützen. Ihre Fähigkeit zu gewaltfreier Konfliktlösung ist zu entwickeln und zu stärken.“ § 9 I Nr. 13 bringt die tatausgleichenden Maßnahmen in den Vollzugsplan ein. In § 21 schließlich werden die tatausgleichenden Maßnahmen vor allem als Täter-Opfer-Ausgleich näher bestimmt.[327]

Das Strafvollzugsgesetz von **Nordrhein-Westfalen** formuliert in § 7 die Opferorientierung des Vollzuges, die sich in folgenden Punkten ausdrückt: Schutz vor Gefährdung Dritter (§ 7 I), Opferempathie und Ausgleich (II), beides im Einklang mit der Eingliederung des Verurteilten. Des weiteren sind Ansprechpartner für diese Opferorientierung zu organisieren (IV) und die Informationsmöglichkeiten für Opfer von Straftaten vorzusehen. Das Opferthema erscheint auch in § 10 I Nr. 12 und 13 (Vollzugsplan). [328]

In **Belgien** hat jedes Gefängnis einen ‚RJ –adviser‘ oder ‚-consultant‘.[329] Dazu führte unter anderem die Erschütterung des ganzen belgischen Staates einschließlich der Justiz durch den ‚Fall Dutroux‘ im Jahre 1996.[330] Zunächst wurden sechs flämische Gefängnisse mit der Einführung von RJ betraut, im Jahre 2000 wurden schließlich 30 RJ – consultants für alle

Gefängnisse bereitgestellt. Der Focus richtete sich von Anfang an darauf, a) Opfern und Tätern einen Umgang mit dem durch die Tat entstandenen Konflikt zu ermöglichen und b) die „Gefängniskultur und –mentalität“[331] zu verändern. Dazu gehört u.a. das Vorhaben, den Gefangenen zu veranlassen, seine passive Rolle zu überwinden.[332] Die Consultants haben die Aufgabe, für einen respektvollen Umgang untereinander zu sorgen und das Gefängnis zu einer Annäherung an die restorativen Prinzipien zu ermutigen. Dazu werden vier konkrete Aufgaben beschrieben:

a) Beratungsstrukturen zwischen den Diensten im Gefängnis entwickeln;
b) Aufmerksamkeit und Bewusstsein der Belegschaft für Restorative Justice wecken;
c) Beratungsstrukturen zwischen internen und externen Diensten entwickeln;
d) Die Aufmerksamkeit der Verurteilten für die Opfer und RJ wecken und
e) umgekehrt die Wahrnehmung von Opfern und Kommune für das Gefängnis und RJ stärken oder wecken.[333]

Hier treten auch alle Fragen auf, die sich in jedem Gefängnis stellen. So die Fragen,

a) wie sich Sicherheitsorientierung und Offenheit vertragen können,
b) ob RJ unter diesen Umständen zur Verpflichtung gemacht werden kann,
c) was der Zugang von Opfern ins Gefängnis und zu den Verurteilten erfordert,
d) was es bedeute, dass die Präsenz angesichts der verschiedenen Gefängnisgröße ungleich verteilt ist und
e) dass die Verwandlung einer ganzen Gefängniskultur wohl nicht durch Mediation zu erreichen ist. Zumal sich nur eine kleine Zahl von Fällen für Mediation eignet.[334]

Es ist somit auch aus der belgischen Darstellung sichtbar, dass es ein weiter Weg ist, bis aus einer Justizvollzugsanstalt ein „restorative prison“ werden kann[335], besonders wenn die Form der Justizinstitution als Verwaltungseinheit wie in Deutschland bestehen bleibt. Das hängt nicht nur daran, dass Gesetze erst einmal in die Tat umgesetzt werden müssen. Man muss nur an das Strafvollzugsgesetz des Bundes erinnern, das durch die neuen Strafvollzugsgesetze der Länder ersetzt wird. Es ist in bisher in 37 Jahr nicht umgesetzt worden, was z.B. den Vorrang des offenen Vollzuges betrifft, die zeitige Gewährung von Lockerungen oder den Behandlungsgedanken. Durchgesetzt haben sich lediglich die Bestimmungen über Sicherheit und Ordnung, mit denen sich alles andere konterkarieren lässt. Zudem bewirkt jeder außergewöhnliche Vorfall, und sei es einer in zehn Jahren, auf der Personalseite und in der Politik den Vorwurf, der amtierende Minister sei nicht an der Sicherheit des Gefängnispersonals, sondern an den ‚Freiheiten' der Gefangenen orientiert.[336] In diesem Geist hat die Idee von Leben im gegenseitigen Respekt und von der Beteiligung der Gefangenen an ihrem Vollzug kaum eine Möglichkeit, sich durchzusetzen. Das gilt, obwohl eine Umfrage in deutschen Gefängnissen gegenteilige Ergebnisse erbrachte: Der TOA ist allgemein unter den Mitarbeitenden bekannt. Sonstige RJ-Programme eher nicht. 80 Prozent der Befragten halten Kontakte mit Opfern oder Bemühungen um Wiedergutmachung für sinnvoll. Skepsis besteht jedoch vor allem über die Realisierbarkeit im Strafvollzug. Daher wäre eine breit gefächerte Fortbildung die Voraussetzung für den sinnvollen Einsatz von RJ in den Gefängnissen.[337] Zu einem ähnlichen Ergebnis kommt auch ein Überblicksartikel von Dahmi, Mantle und Fox von 2009.

“Obwohl RJ das Potential hat, einen positiven Einfluss auf die Arbeit der Gefängnisse und die Erfahrung der Gefangenschaft auszuüben, hat sie keine große Akzeptanz gefunden und ist gegenwärtig auf eine relativ kleine Zahl von Gefängnissen beschränkt und dann oft nur in einer Teilform übertragen. Wir glauben, dass RJ eine realistische Zukunft in der

Gefängnisumgebung haben kann und dass die Widersprüche, die auftauchen mögen, diese nicht schwächen.“[338]

Was eigentlich gemeint ist, wurde nicht durch das deutsche Forschungsprojekt untersucht. Beim restorative prison geht es nicht um Täter und Opfer, sondern um das Gefängnis selbst mit seinen inneren Abläufen. Anstelle der in Gefängnissen üblichen und geregelten Disziplinarverfahren könnten das Personal und die Gefangenen durch RJ – Mittel - also Konferenzen oder Mediation unter gegenseitigem Respekt – Konflikte und Probleme der Respektlosigkeit zwischen Personal und Gefangenen und unter Gefangenen zu lösen versuchen. Selbst Vollzugspläne oder die Gefängnisleitung könnte mit derartigen Mitteln bewältigt werden. Damit wären Gefängnisse Vorbilder für die Gesellschaft im Umgang mit schwierigsten zwischenmenschlichen Situationen, in denen sich ungleiche Partner gegenüber stehen. Gefangene könnten konkreten Unterricht im Umgang mit ihren Mitmenschen bekommen und wären nicht auf die komplizierte selbständige Umsetzung von therapeutischen Verfahren in die Realität angewiesen. Das Anti-Aggressionstraining würde in der Realität unter den Insassen stattfinden und hätte damit eine andere Wirksamkeit. Vom Umgang im Gefängnis unter diesen Voraussetzungen wäre zu erwarten, dass Gefangene anders aus dem Gefängnis kommen, als sie hineingegangen sind. Diese Umgangsformen brauchten nicht unbedingt die Bezeichnung ‚restorative'. Es könnte auch gewaltfreie Kommunikation oder einfach kompetenter respektvoller demokratischer Umgang untereinander genannt werden. Um es noch mal klar zu sagen: Jedenfalls ist das das Gegenteil zu dem, was heute in Gefängnissen normaler Weise passiert, wo klare Über- Unterordnung und klare Trennung von Gefangenen und Mitarbeitern herrscht, wo Gefangene ihren Vollzugsplan „eröffnet“ bekommen, und wenn sie etwas einwenden wollen, müssen sie langwierig klagen. Heute müssen alle Aktionen von Mitarbeitenden eigens genehmigt werden, auch wenn sie jährlich oder häufiger in gleicher Form passieren. Jederzeit muss jemand, der im Gefängnis arbeitet, damit rechnen, dass ein Gefangener oder ein Kollege ihn mit einem Verfahren überzieht. Vertrauen und Respekt sind nicht am Platz in einem deutschen Gefängnis. (siehe oben 4.1). Liebmann berichtet über derartige Versuche und Projekte mit restorative prisons. Ihr/e Fazit/Hoffnung lautet:

"Many prisons are now experimenting with replacing prison adjudication! (for prison offences) with restorative approaches, also using these in anti-bullying procedures. Peer mediation training has been undertaken in a Young Offender Institution and staff in a Serbian Young Offender Institution mediate conflicts. This leads on to building relationships in prison and the idea of a 'restorative prison' and what that could involve. Examples are given from Belgium, the country with restorative justice advisor, in every prison. Prison managers and staff are beginning to see that restorative approaches can also meet prison needs too."[339]

Für das ‚heilende Gefängnis' haben Edgar und Newell ihren 'Führer' verfasst. Dort wird eine Umwandlung des Gefängnislebens durch das Personal als möglich angesehen, wenn das Personal sich nach den RJ Prinzipien richtet:

- „Sich auf den Schaden oder die Nöte, die der Heilung bedürfen, fokussiert,
- Freiwilligkeit, Vertrauen und Respekt praktiziert,
- Gefangene stark macht und emotionale Sicherheit durch Vertrauen schafft mit offenem Umgang,
- gegenseitige Verantwortlichkeit fördert und Inklusivität bei den Lösungstechniken von Problemen."[340] (Einschließen bisher ausgeschlossener Akteure bei der Problemlösung[341])

Allerdings sei es nicht der Stil von RJ, Schritte zur Entwicklung eines solchen Konzeptes vorzuschreiben, vielmehr sei es nur die Anregung einer Richtung, in der es möglich wäre, sich auf die Bedürfnisse und Nöte von Opfern, Tätern und Gefängnispersonal auszurichten. Dass diese Arbeitsformen in deutschen Gefängnissen möglich wären, das anzunehmen gleicht einer Utopie. Es wäre eine völlige Umkehrung der gegenwärtigen Gefängniskultur und zugleich doch die beste Umgebung für die Umsetzung des Bemühens um Ausgleich mit den Opfern und Vorbereitung auf die Rückkehr in die Gesellschaft. Klarer wird dadurch auch noch, dass RJ tatsächlich immer noch die Form einer Bewegung hat, die nicht administrativ oder wegen eindeutiger wissenschaftlicher Nachweise durchgesetzt werden kann. Sie ist auf überzeugte ‚Mittäter' angewiesen, die an restorative justice ‚glauben' und deshalb daran weiterarbeiten, auch wenn die Evidenz des Einsatzes sich nur im Tun der Sache zeigt und nicht schon vor dem Einsatz als bewiesen betrachtet werden kann. So wird es wie bei den Opfer-Täter-Ausgleichsverfahren immer nur eine „Vor-Ort-Lösung" für jedes Gefängnis geben können. Das heißt in Deutschland, es könnte 186 verschiedene Lösungen für 186 Gefängnisse[342] geben, wenn sich überall genug überzeugte Agenten von Restorative Justice finden.

6.8.3 The Restorative Justice Living Unit at Grande Cache Institution (Kanada)

In der Grande Cache Institution in Alberta wurde von 2001-2005 eine Restorative Justice Living Unit (RJU) eingerichtet und bis 2005 wissenschaftlich begleitet. Es handelte sich um eine drogenfreie Abteilung, welche insgesamt nach RJ – Vorgaben geführt wurde. Die Forschungsergebnisse beruhen auf der Befragung per Fragebogen von 110 Gefangenen, die diese Einheit durchlaufen haben, und 17 ihrer Bewährungshelfer. Als Kontrollgruppe wurden 28 bzw. 102 Gefangene aus anderen Gefängnissen befragt. An ausführlichen Interviews nahmen von 17 der 110 Probanden teil. Auf Fragebogen und Interviews beruhen die Ergebnisse. Die Untersuchung ging von drei Annahmen aus: 1) RJU wird das Verständnis der Täter für Ihre Taten, die Reue dafür und den Wunsch nach Wiedergutmachung wachsen lassen; 2) wird ihre Problemlösungs- und Kommunikationsfähigkeiten verbessern und wird 3) ihren „Entlassungserfolg" verbessern.[343] Das Hauptergebnis lautet:

„Die qualitativen Daten stützen viel von dem, was ‚anekdotisch' berichtet wurde, und bestätigen die hypothetischen

Annahmen. Wenn man auf die quantitativen Daten schaut, gibt es praktisch keine Unterschiede zwischen den drei befragten Populationen.“ [344] Die Unterbringung in der RJU verbesserte die Chancen auf vorzeitige Entlassung im Vergleich zu den anderen Institutionen nicht.[345]

Die Autorin erwägt ebenso wie die oben (2.4.6.1) berichteten Forschungsergebnisse einen Effekt der Selbstselektion, welcher bei den Teilnehmern des Projekts in Erscheinung tritt. Sie sieht auch Defizite bei den kommunalen Kontakten: Die Kommune bildet keine restorative Umgebung, wie das in der RJU gegeben ist. Daher müsste man über restorativen Support nach der Entlassung nachdenken.[346] Die verurteilten Täter müssten mehr Gelegenheit erhalten, ‚die Dinge in Ordnung zu bringen‘. Dem würde am besten ein ‚Verbindungsbeamter‘ dienen, der die nötigen Kontakte zur Kommune herstellt und stärkt, um die Möglichkeiten der Insassen zur Wiedergutmachung zu verbessern und schließlich den Übergang in die Gemeinde auch durch einen zu schaffenden Unterstützungskreis der Bürgerinnen und Bürger zu ermöglichen.[347]

Diese Folgerungen gleichen den Bemühungen um Normalisierung, ehrenamtliche Arbeit und Übergangsmanagement in Deutschland. Die Studie zeigt, dass eine RJU ähnliche Probleme erzeugt wie ein Gefängnis ohnehin, so lange die Einbindung in die Gesellschaft nicht „funktioniert“.

6.8.4 Restorative Justice - Fazit

Es handelt sich bei Restorative Justice nicht um Wunschdenken, auch nicht um eine Gesellschaftstheorie, sondern um eine durch viele Erfahrungen gestärkte realistische Glaubensrichtung säkularer, in manchen Bereichen auch religiöser Art, die es für möglich hält, in zivilgesellschaftlicher Weise die Probleme der Kriminalität (einschließlich der Gefängnisse) zu bewältigen: Das Leid, das Kriminalität auslöst, soll unter Verzicht auf Strafe einer Lösung durch Wiedergutmachung zugeführt werden. Dadurch wird die Welt besser gemacht, zumindest werden neue Verletzungen durch die Verfahren selbst eher vermieden. Die Hoffnung scheint berechtigt, wenn man auf die Möglichkeiten blickt, welche in Ruanda, Südafrika und an anderer Stelle **nach** schwersten Auseinandersetzungen, Missachtungs- und Gewaltorgien geschaffen wurden. Sie scheint berechtigt, so lange Menschen daran arbeiten, die von den Werten wie Freiwilligkeit, Respekt, Demut, Ehrlichkeit, Verbundenheit oder Partizipation ausgehen und sie in die Tat umsetzen wollen, sowie sich von Fehlschlägen nicht entmutigen lassen. Sie scheint widerlegt, wenn man auf die Hilflosigkeit blickt, die im Bezug auf Terrorismus, Nationalismus und organisierten Menschenhandel, aber auch Datenklau und Betrugsmentalität herrscht, deren offene, bisweilen brutale Gewalttätigkeit und Menschenverachtung alles, nur keine „Versöhnung", im Sinn hat. Das ist mit den Mitteln der vergeltenden Strafjustiz aber ebenso schwer zu bekämpfen.

Schließlich ist beim Vorhaben der Weltverbesserung stets Vorsicht angebracht. Es ist wesentlich, wo die Schwerpunkte der Erwartungen gesetzt werden. Wenn es um Gefängnisreform geht, sei daran erinnert, dass die Gefängniskritik und die Reformen, die das kritisch Vorgebrachte ändern sollen, das Gefängnis von Anfang an begleiten.[348] Wenn es um die Reduzierung der Kriminalität geht, muss es sich um ein gesamtgesellschaftliches Reformprogramm mit ungewissem Ausgang handeln.

7. Opferempathietraining im Gefängnisalltag

7.1 Was ist Empathie?

Empathie wird gewöhnlich mit Einfühlung-(svermögen) übersetzt. Die Geschichte des definierten Begriffs ist kurz. Er existiert seit wenig über hundert Jahren. Entstanden ist der Begriff in Deutschland, zum ersten Mal ausführlich als Theorie der ästhetischen Betrachtung von dem Psychologen Theodor Lipps entwickelt.[349] Durch eine Übersetzung ins Englische von E.B. Titchener kam es zu dem Begriff empathy.[350] Auch hier ging es noch um theoretische Psychologie. Im Englischen machte das Wort dann wissenschaftliche und später alltagsgebräuchliche Karriere, zu dem auch ein Bedeutungswandel gehört: „Mit seinem meteoritenhaften Aufstieg nahm das Wort *Empathie* auch eine neue Bedeutung an, die jetzt verstärkt der von ‚Mitgefühl' oder ‚Mitleid' ähnelt." Damit sei eine volkstümliche Psychotheorie verbunden, die annimmt, Hilfeverhalten gegenüber anderen sei nur möglich, wenn man sich in sie hineinversetzen kann.[351] Heute ist es so weit, dass das Wort Empathie im Alltag nahezu einen Imperativ des Umgangs mit den Mitmenschen enthält: Sei empathisch, sei einfühlsam, sonst kannst du nicht erfolgreich sein. Das gilt dann für PolitikerInnen wie auch für VerkäuferInnen, für Eltern, LehrerInnen und Ehemänner. Nur ein menschliches Wesen wird für nicht empathiefähig gehalten, der Psychopath. Dazu gibt es jetzt auch eine Version, die das bestreitet und erklärt, das liege nicht an der Fähigkeit, sondern am Umgang damit.[352]

Man könnte also die deutschen Worte ‚Einfühlung', ‚einfühlsam' und ‚Einfühlungsvermögen' gebrauchen. Wer aber würde mit verurteilten Straftätern eine Übung des Opfer-Einfühlungs-Vermögens veranstalten? Da hört sich Opfer-Empathie-Training einfach besser an. Aber die eigentliche Frage heißt. Kann man Empathie üben? Diese Frage zu klären, hilft eine Entdeckung, die jetzt kapp über 20 Jahre alt ist. Damals entdeckte Giacomo Rizzolatti die ‚biologische Basis des Mitgefühls'. Die bewegt sich seither als Spiegelneuron (Mehrzahl: Neurone oder Neuronen) durch die Literatur[353] und geistert durch die Presse. In einer ziemlich komplizierten Funktionsweise des menschlichen Gehirns liegt die Fähigkeit, Verhalten von anderen, die man wahrnimmt, zu repräsentieren, zu simulieren oder zu spiegeln, ohne selbst das gleiche tun zu müssen. Die Spiegelneuronen lassen es zu, dass man von einem intuitiven Verständnis von Menschen füreinander sprechen kann, dessen biologisches Instrument vor jedem bewussten ‚Denken' intuitiv in Gang kommt. Die Beschreibung dieser Funktionen endet bisweilen in einer Art Utopie von empathischer Weiterentwicklung der Welt. *„Unser Wissen um die machtvollen neurobiologischen Mechanismen, die menschlichem Sozialverhalten zugrunde liegen, liefert uns eine unschätzbare Quelle, wenn es darum geht Mittel zu finden, um Gewaltverhalten einzudämmen, Mitgefühl zu verstärken und uns anderen Kulturen zu öffnen, ohne die eigene zu vergessen. Wir sind durch die Evolution zu Wesen geworden, die aufs Engste mit anderen Wesen ihrer Art verknüpft sind."*[354] Da erhebt sich die Frage, ob allein das Wissen um die biologische bzw. hirnorganische Funktionsweise menschlichen Verständnisses füreinander irgendetwas daran ändern kann, dass Menschen Gewalt ausüben oder kriminelle Handlungen begehen. Das Instrumentarium hatten sie bereits seit Jahrtausenden, sie wussten es jedoch nicht zu lokalisieren. Sie wussten, dass sie alle Menschen sind und gingen stets davon aus, dass alle Menschen relativ gleich funktionieren. Das hat sie nicht zur Beendigung der negativen Akte und Verhältnisse im sozialen Leben geführt. Soll jetzt das bloße Wissen um die Funktionsweise der Spiegelneuronen, die uns in die Lage versetzen, Tun oder Mimik und das dazugehörige Gefühl des anderen in uns abzubilden, die Konflikte auf dieser Welt beseitigen? Diese Frage beantwortet man als Optimist oder als Pessimist völlig verschieden. Auch eine weitere Schlussfolgerung aus dieser Forschung ist wohl kaum zu bestreiten. *„'Survival of the fittest' ist möglicherweise nicht das einzige Leitprinzip der Evolution, sondern wäre zu ergänzen durch ein weiteres, eigenständiges biologisches Kernmotiv: die Suche nach Passung, Spiegelung und Ab-*

stimmung zwischen biologischen Systemen. ... Nicht dass wir um jeden Preis überleben, sondern dass wir andere finden, die unsere Gefühle und Sehnsüchte binden und spiegelnd erwidern können, ist das Geheimnis des Lebens.“[355] Das klingt extrem einleuchtend.

So wurde also die Funktionsweise der Möglichkeit, empathisch zu sein, in gehirnphysiologischer Sprache und sogar als Evolutionsprinzip beschrieben. Sie wird als intuitive Leistung im menschlichen Gehirn erkannt und es bleibt die Frage, warum die Spiegelung des anderen Menschen im Gehirn, die einfach ohne Willen abläuft, die Menschen nicht in jedem Fall empathisch im Sinne von mitfühlend und mitleidend macht. Die Fähigkeit, den anderen zu verstehen, führt offenbar nicht immer zu einem positiven Sozialverhalten. Giacamo Rizolatti sagt dazu:

„Das unmittelbare Verstehen in erster Person der Emotionen der anderen, das vom Spiegelneuronenmechanismus ermöglicht wird, ist außerdem die notwendige Voraussetzung für das empathische Verhalten, das einem Großteil unserer interindividuellen Beziehungen zugrunde liegt. Auf viszeromotorischer Ebene den emotionalen Zustand eines anderen nachzuempfinden ist jedoch etwas anderes, als ihm gegenüber eine empathische Beziehung zu empfinden. Wenn wir zum Beispiel ein schmerzverzerrtes Gesicht sehen, veranlaßt uns das nicht automatisch, Mitgefühl zu empfinden. Dies geschieht oft, aber dennoch handelt es sich um zwei verschiedene Prozesse in dem Sinne, daß der zweite den ersten impliziert, aber nicht umgekehrt. Das Mitleid hängt außer vom Erkennen des Schmerzes noch von anderen Faktoren ab, zum Beispiel davon, wer der andere ist, welche Beziehungen wir zu ihm haben, ob wir uns in seine Lage versetzen können, ob wir die Absicht haben, uns mit seiner emotionalen Situation zu belasten, von seinen Wünschen, seinen Erwartungen usw. Wenn es jemand ist, den wir kennen oder gegen den wir nichts haben, kann die durch den Anblick seines Leids verursachte emotionale Resonanz uns zu Mitgefühl oder Mitleid bewegen; die Dinge können jedoch einen anderen Verlauf nehmen,

wenn der andere ein Feind ist oder etwas tut, das in der gegebenen Lage eine potentielle Bedrohung für uns darstellt, oder wenn wir unverbesserliche Sadisten sind, wenn wir keine Gelegenheit auslassen, uns am Leid anderer zu weiden usw. In all diesen Fällen nehmen wir den Schmerz des anderen wahr, aber nicht in allen löst diese Wahrnehmung dieselbe Art von empathischer Teilnahme aus."[356]

Das bedeutet, dass die grundsätzliche Fähigkeit zur Empathie, die jedem Menschen gegeben ist und ohne sein Zutun abläuft, durch andere Schaltungen im Gehirn zur positiven sozialen Handlung führt oder auch nicht. Kevin Dutton spricht ausdrücklich davon, das manche Menschen (hier: Psychopathen[357]) sehr gut ‚kalte' und ‚warme' Empathie voneinander trennen können und daher andere Menschen besser zu manipulieren im Stande sind als der Durchschnitt. Es könnte sogar sein, dass sie durch diese Fähigkeiten die Gefühle anderer besonders gut und neutral verstehen – und das nutzen.[358] Die Schaltungen im Gehirn, die aber auch in Normalfall Empathie ‚kalt' (kognitiv) oder ‚warm' (emotional) machen, sind unsere gesellschaftliche Position, unsere bestehenden sozialen Beziehungen und damit zusammenhängend unsere Bewertung anderer Menschen sowie unser selbst. Das heißt, wir sind wieder an dem Punkt angelangt, von dem wir ausgegangen sind. Die Einfühlung in andere Menschen ist nicht nur möglich und in vielen Situationen notwendig, sondern läuft auch von selbst ab. Einige haben aber Probleme mit der mitfühlenden Empathie, weil andere Bewegungen der Psyche (des Gehirns) sie dazu bringen, die sich automatisch anbahnenden Spiegelungen ihrer Mitmenschen abzuwehren. Diese Bewegungen der Psyche sind diejenigen, die als Gründe für kriminelle Handlungen oder abweichendes Verhalten seit langer Zeit vermutet und auch zusammengetragen wurden. Dazu gehört, die Mitmenschen als feindlich zu erleben, sich zurückgesetzt fühlen, sich nicht zugehörig zu fühlen, Ungerechtigkeit ausgleichen zu wollen oder einfach haben zu wollen, was andere scheinbar wie von selbst haben. Daher ist mit dem neuen Wissen Empathie als Lernziel möglich, indem der Versuch gemacht wird, ein paar der Hinderungsgründe zu bearbeiten.

Bei der Behandlung von Straftätern stellt sich nun auch noch mal die Frage, ob ein Zusammenhang zwischen Kriminalität und (mangelnder) Empathie besteht. Dabei steht die oben als volkstümliche Psychologie vorgestellte Idee Pate, dass man anderen nur helfen kann, wenn man sich in sie hineinversetzen kann. Im Umkehrschluss wird man niemandem schaden, wenn man sich in ihn hineinversetzen kann. Dass das für manchen Menschen nicht zutrifft, hat mit der ‚kalten' und ‚warmen' Empathie zu tun. Für die meisten dürfte es mit Einschränkung gelten, es sei denn, andere Motive verdrängen das Mitgefühl. Vor diesem Hintergrund müssen nun die Beschreibungen von Opferempathiebemühungen angesehen werden.

In der Kriminologie finden sich für den Zusammenhang zwischen Empathie und Kriminalität eher weniger Belege.[359] Dennoch ist diese Vermutung nicht aus der Welt zu schaffen. Daher gehört zu vielen Programmen der Straftäterbehandlung die Verbesserung der Opferempathie.

- Aus der kognitiven Therapie mit Sexualstraftätern gibt es folgende Beschreibung:

„Drei Bestandteile kennzeichnen kognitiv – behavioral ausgerichtete Therapien: die Bearbeitung des Deliktszenarios, die Entwicklung von Opferempathie und die Ausbildung sozialer Fertigkeiten.

Die Fähigkeit, den Standpunkt des anderen zu verstehen, oder sich in die Gefühlslage anderer Menschen hineinversetzen zu können, ist eine Voraussetzung für soziales und selbstloses Verhalten. Andererseits steht ein Defizit in diesem Bereich in einem engen Zusammenhang mit aggressiven oder strafrechtlich relevanten Handlungen. Das Verfassen von Opfer- bzw. Entschuldigungsbriefen (die allerdings nicht wirklich dem Opfer zukommen) sowie entsprechende Rollenspiele finden eine häufige Anwendung, um Opferempathie zu entwickeln.“[360] Diese Beschreibung geht von einem Defizit an Empathie bei den Tätern aus, das für Kriminalität verantwortlich ist. Nach dem Modell der Spiegelneuronen ist diese Sichtweise eigentlich nicht mehr vertretbar. Ob (mangelnde) Empathie und Kriminalität zusammenhängen, wird auch – wie gezeigt - verschieden beurteilt.

- Eine weitere Beschreibung des Effekts der Gruppentherapie beim Training von Empathie sagt Folgendes: „Die Gruppe ist ein Übungsfeld, soziale Ängste, Misstrauen und Selbstbezogenheit – alles Empathie behindernde Eigenschaften – zu überwinden. Zuhören und sich in die Erlebniswelt eines anderen hineinversetzen zu können, setzt u.a. die Selbstsicherheit voraus, sich zurücknehmen zu können und die eigene Perspektive zeitweise zu verlassen. Konfliktlösungen, die Intention der Kontrahenten zu berücksichtigen und zu Perspektivübernahme anzuregen, sind ebenfalls geeignet, Empathie zu fördern.“[361] Hier wird der Schwerpunkt auf die Gruppensituation als Übungsfeld für Empathie gelegt. Die aufgezählten Punkte von der Selbstsicherheit bis zur Perspektivübernahme können für alle Menschen hilfreich sein, auch für alle Straftäter. Die Punkte, die als empathiehinderlich bezeichnet werden, können auch mit den Ergebnissen der Spiegelneuronenforschung überein gebracht werden. Vor allem Misstrauen und soziale Angst sind vielleicht Schalter, mit denen die Empathie abgeschaltet wird. Die Gruppenarbeit sollte also auf die Verringerung dieser Hindernisse setzen.

- Eine weitere Beschreibung des Versuchs, Opferempathie mit Sexualstraftätern zu üben, kommt aus der Bewährungshilfe. Sie schildert die Arbeitsziele einer problemorientierten Gruppenarbeit mit Sexualstraftätern. *„Hier erarbeitet der Straftäter, dass er sich bisher in egozentrischer Weise nur um die Befriedigung seiner Bedürfnisse kümmerte. Er hat nicht wahrgenommen, wie das Opfer fühlte bzw. deutete das Verhalten in seinem Sinn um. Der Täter soll lernen, sich in die tatsächlichen Gefühle des Opfers einzufühlen, damit er das ganze Ausmaß seiner Tat begreifen kann. Unsere bisherige Erfahrung zeigt, dass dies allerdings keinen effektiven Opferschutz darzustellen scheint. Die Auswirkungen auf die eigene Person des Täters erscheinen hier Erfolg verspre-*

chender.“ Die Opferempathie kommt dabei nicht gut weg: *„Opferempathie…inzwischen nur sehr begrenzt, da wir durch die Arbeit die Rückmeldung erhalten haben, dass die Täter hiermit ‚nichts anfangen können'.“*[362] Die Zielsetzung des Opferschutzes kann nach diesem Programm besser durch Arbeit an den Problemen der Täter selbst erreicht werden, als durch den Versuch, sich in das Opfer hineinzuversetzen. Das würde auch den Erkenntnissen aus der Spiegelneuronenforschung entsprechen, nach denen die Ursache für mangelnde Empathie nicht in einem Fehlen der Fähigkeit zur Empathie liegt, sondern in der Wahrnehmung der Umwelt und der Mitmenschen. Andererseits hört es sich merkwürdig an, dass Täter mit der Gefühlswelt ihrer Opfer nichts anfangen können. Sie werden es müssen, wenn auch über den Umweg über ihre eigene Weltsicht.

Empathie ist also Einfühlung in andere Menschen. Jeder hat dazu die Fähigkeit. Verschiedene Umstände in der Weltwahrnehmung des einzelnen Menschen können die Empathie abschalten.

7.2 OET im Gefängnisalltag

Das Opferempathietraining, über das jetzt zu berichten ist, hat wie alle anderen die Erkenntnisse der Spiegelneuronenforschung noch nicht berücksichtigt. Das würde bedeuten, auch bei Empathiefragen eher täterorientiert zu arbeiten. Daher wird einfach über das berichtet, was sich zugetragen hat. Bei diesen beiden Durchgängen des OET war der Effekt des Europaprojektes nicht mehr spürbar. Die drei OETs im Projekt lebten davon, dass ‚das ganz oben aufgehängt war' – eben auf europäischer Ebene einschließlich der Kontakte zu den Partnerländern.

Zwei OET – Gruppen in der JVA hatten je fünf Teilnehmer, die sich auf einen Aushang hin gemeldet hatten. Ihre Motivation war sehr heterogen. Sie reichte von: ‚Ich möchte etwas über die Wirkung meiner Straftaten auf die Opfer lernen' (einer), bis zu: ‚Die Abteilungsleitung hat mich geschickt, damit ich beweise, dass ich an mir arbeite' (Mehrheit). Auffällig war besonders, dass alle Abteilungsleitungen, die die Gefangenen zur Teilnahme aufgefordert hatten, weiblichen Geschlechts waren. Der einzige Gefangene, der sich weigerte, war von einem männlichen Abteilungsleiter angesprochen worden.

Es handelte sich bei den Teilnehmern um Männer mit Straftaten, wie sie im Regelvollzug vorkommen mit immer auch vorhandenen Ausnahmen. Die Mehrheit stellten die Körperverletzungen, was nicht der Zusammensetzung der seinerzeit Inhaftierten entsprach. Die Mehrheit der Inhaftierten stellen nach wie vor die wegen Diebstahls, Betrugs, Raubs und Einbruchs verurteilten Männer.

Der Ablauf richtete sich grob nach dem Opferempathietraining, das bereits in Kapitel 4.6 vorgestellt wurde. Er bestand aus sieben dreistündigen Arbeitseinheiten, die hier etwas anders akzentuiert werden:

1 Befürchtungen, Erwartungen, Motivation; Opferbegriff anhand prominenter Opfersituationen (mit: Verschwiegenheitserklärung, Vereinbarung über die zu erbringenden Leistungen, Aushändigung des Arbeitshefts etc.)

2 Vertiefung der Begriffe Straftat und Opfer, auch im Hinblick auf die eigene Opfererfahrung der Täter. Malen eines Bildes zum Thema und Besprechung der Bilder in der Gruppe.

3 Versuche der Einschätzung von ‚Opferschwere': Welches Opfer leidet wie und welche Bedürfnisse sind daraus erkennbar? Die Sitzung wird nach einer Übung zu eigenen Bedürfnissen mit der Bedürfnispyramide von Maslow abgeschlossen.

4 Zwei Sitzungen nahm die Darstellung und Besprechung der eigenen Straftat und die Frage nach deren Opfer(n) ein. (Das kann auch ausgeweitet werden, so dass jeder Teilnehmer eine eigene Sitzung zur Verfügung hat.) Themen, die vorkommen sollen: Verantwortung, Wiedergutmachung, evtl. Entschuldigung und Vergebung. Diese Sitzungen enden jeweils mit einem Rollenspiel: „Ich treffe mein Opfer…". Eigentlich dienen diese Sitzungen der

Vorbereitung der Treffen mit den konkreten Opfern. Da diese nicht möglich waren, ging es um die Opfervertreter bzw. ‚abstrakte Opfer' (Opfer von anderen Tätern). Bei diesen Einheiten gibt es die Überlegung, sie vielleicht im Einzelmodus durchzuführen, um die gruppendynamischen Verwicklungen nicht übermächtig werden zu lassen. Dann würden jedoch auch die positiven Wirkungen der Gruppenarbeit verloren gehen.

5 Das Treffen mit (je nachdem konkreten oder abstrakten) Opfern bzw. OpfervertrerInnen wird mit einem gemeinsamen Essen abgeschlossen. Danach folgen in einer weiteren Sitzung die Nacharbeit des Treffens sowie die Information über Möglichkeiten der Mediation. Die Arbeitshefte werden auf Vollständigkeit (der zu erledigenden Aufgaben) überprüft. Das OET endet mit Aushändigung der Teilnahmebescheinigungen. Es folgt noch das Feed back und ein Abgleich mit den Erwartungen und Befürchtungen vom Anfang.

Alle Sitzungen haben einen gemeinsamen Beginn (wie geht es mir gerade?) und ebenso einen gemeinsamen Abschluss mit einer einfachen Feedback-Runde.

Hier über die einzelnen Stundenabläufe zu berichten, hat wenig Sinn. Die Teilnehmer arbeiteten die einzelnen Schritte interessiert mit. Besonders intensiv wurden die Gruppentreffen bei den Themen „eigenes Verhalten und dessen Wirkung auf die Opfer" sowie „Selbstbild, Schuld und Reue". Das Malen der oder einer ‚kriminellen Handlung' mit Täter und Opfer brachte nach dem üblichen Sträuben der teilnehmenden Männer recht gute Gesprächsansätze zum Täter- und Opferbild. Malen als Visualisierungstechnik wird erfahrungsgemäß in vielen gruppendynamischen Konzepten als Türöffner für Prozesse in der Gruppe genutzt und hat hier nichts mit Kunsttherapie zu tun. Manchmal gelingt damit die Eröffnung solcher Prozesse. Im Opferempathietraining dient das Bildermalen ausschließlich der Annäherung an die Begriffe Täter und Opfer, verfolgt aber keine gruppendynamische oder therapeutische Absicht. Das ist der Erfahrung geschuldet, dass viele

Gefangene über bildhaftes Darstellen eher zu erreichen sind, als über das Gespräch allein.

Die Begegnung mit den konkreten Opfern gelang hier nicht, weil noch keine Opferarbeit aufgebaut ist. Für die eine Gruppe wurde ein Opfervertreter des ‚Weißen Ringes' als Gesprächspartner gefunden, der über eine lange Opferbetreuungspraxis verfügt und den Teilnehmern noch einmal realistisch die Opferperspektive vermitteln konnte. Für die andere Gruppe stand ein Einbruchsopfer zur Verfügung, bei dem allerdings der Einbruch in ihr Haus schon lange zurücklag. Dennoch beeindruckte der Bericht die Teilnehmer nachdrücklich, besonders die Schilderung der entstandenen Sorgen, weil kleine Kinder in dem Hause lebten. Die Vorstellung, dass nun fremde Menschen, die sie nicht kennt, das Haus genau kennen, ließ dieses Einbruchsopfer im Hinblick auf die mögliche Gefahr für ihre Kinder jahrelang nicht los. Sie sagte jedoch, sie habe keinerlei Bedürfnis, mit den Tätern in ihrem Fall etwas aufzuarbeiten. Warum sollte sie sich mit den Motiven oder gar Bedürfnissen der Täter befassen? Viel lieber sorgte sie dafür, dass beim nächsten Versuch ein Einbruch fast unmöglich wurde. Das heißt nicht, dass sie nicht für einen Opfer-Täter-Ausgleich bereit gewesen wäre, wenn sie dadurch beispielsweise die teure Lederjacke ihres Mannes hätte wieder bekommen können. Diese Aussage war für die Kursteilnehmer fast bestürzend, wo sie sich doch nach ihrer Ansicht so viel Mühe machten, die Gefühlswelt der Opfer kennen zu lernen. Sie empfanden es nahezu als Zurückweisung. An diesem Beispiel mussten sie lernen, dass durchaus nicht jedes Opfer sich mit ihnen – mit Tätern - beschäftigen möchte, um seine Situation nach der Erfahrung eines aggressiven Übergriffs zu bearbeiten. Wie Tätersein, so ist auch Opferwerden etwas ganz und gar Individuelles. Im OET geht es darum, sich auf konkrete Menschen als Opfer vorzubereiten, nicht auf durchschnittliche Opfer, wie sie die Forschung erheben kann.

7.3 Die Teilnehmer und ihre Geschichten

Die folgenden Schilderungen entfalten die Motivation, die jeweilige Tat und die Reaktion der Opfer, wie der Verurteilte beides sieht und in Erinnerung hat. Als zweites folgt jeweils die Reaktion der Gruppe und eine Einschätzung, was sie bewirkt und wie angemessen sie ist. Drittens wird die Bereitschaft zu einer eventuellen Mediation beschrieben. Schließlich folgt eine Einschätzung, wie geeignet das OET für das künftige Leben des Teilnehmers sein könnte. Es handelt sich lediglich um neun Beschreibungen. Der zehnte Teilnehmer fiel im Laufe der Sitzungen wegen seiner Entlassung aus.

7.3.1 „Schwere" Körperverletzung[363]

Sabi[364], Alter Mitte 20, schwere Körperverletzung, dritte Verurteilung, motiviert durch die Abteilungsleiterin mit Hoffnung auf Lockerungen, Antiagressionstraining, verheiratet, zwei kleine Kinder, regelmäßig Besuch.

Sein erstes Opfer, eine ältere Dame, die er beim Einbruch extrem schlecht behandelt hat, hat sich nach der Tat sehr um ihn gekümmert. Er war dort wie ein Sohn im Haus. So gab es schon einmal einen (einseitigen) Tat - Ausgleich in seinem europäischen Leben. Die Jugendstrafe war entsprechend gnädig.

Er kommt aus einem Land, in dem die Blutrache herrscht. Dort bestimmt der Clan-Älteste darüber, wer Blutrache ausüben muss. Das wird aber nicht einfach festgelegt, sondern in einer Konferenz besprochen. Ausgleich unterhalb der Blutrache vereinbaren ansonsten die beteiligten Parteien (Familien) untereinander. Es gibt kein Vertrauen zu Fremden. Jeder könnte z.B. ein Bluträcher sein. Deshalb nennt man, wenn man jemand zum ersten Mal sieht, nie seinen richtigen Namen. Das tut man erst nach einem Ritual, in dem das Gegenüber Vertrauen anbietet und man selber dieses Vertrauen annimmt. Nach diesem Ritual ist es gegen die Ehre, das Vertrauen zu missbrauchen.

Sabi wurde schon in seiner Heimat vor den Folgen einer Bluttat durch die Form der Konferenz geschützt, musste aber als Konsequenz ins Ausland gehen. Er war noch jugendlichen Alters. Jugendliche werden bevorzugt mit Bluttaten beauftragt, weil sie auch im dortigen Lebensmodell leichter vor den Folgen der Tat – in diesem Falle der Blutrache - zu bewahren sind als erwachsene Täter.

Seine aktuelle Tat war eine schwere Körperverletzung an einem Mann, der seiner Ansicht nach einen seiner jungen männlichen Verwandten zu einem homosexuellen Leben verführt / gezwungen hat. Eine solche Handlung muss bestraft werden. Seine Bewertung heute: Es war im Verlauf des OET sichtbar, dass Sabi immer noch dieser Auffassung ist. Natürlich sei es sehr unangenehm, was er als Täter seinem Opfer angetan habe. Solches sollte niemand tun. Die Homosexualität sei aber auch eine schwere Verfehlung. Derjenige sollte nicht folgenlos damit leben können. Ein Ausgleich mit dem Opfer würde ihm sehr schwer fallen, ein Versuch wäre aber denkbar. Dass zu den Opfern seiner Tat auch seine eigene Familie gehört, wird ihm stets schmerzhaft bewusst, wenn er Besuch bekommt.

Die Gruppe reagierte auf diese Fallvignette merkwürdig. Einerseits waren die Teilnehmer beeindruckt vom „arabischen Vorleben" des Sabi. Sie waren sich nicht schlüssig, ob der von dort geschilderte Umgang mit kriminellen Handlungen ihnen zusagen sollte, obwohl der eine oder andere durchaus gut daran fand, dass Polizei und Gefängnis keine Rolle spielen. Es wurde ihnen klar, dass in dem Fall viel an der Sympathie eines Täters hängt, was mit ihm passiert. Auch die Blutrache war ihnen nicht ganz geheuer. Zudem aber ist hier die Nähe der gesellschaftlichen Verfasstheit dieses arabischen Modells mit den Grundgedanken von RJ ein Problem. Im Sippenverband gemanagte Blutrache wird von RJ sicher nicht angestrebt. Auch im Hinblick auf ‚Gerechtigkeit' ist die Verhandlung zwischen den Familien von Tätern und Geschädigten nach ihrer wirklichen rechtlichen Bedeutung und auf ihre Ergebnisse zu hinterfragen. Alles klingt eher nach Interessenjustiz als nach ‚heilender Gerechtigkeit'. Der Täter zumindest wird nicht nach seiner Zustimmung zu einem Ausgleich gefragt, sondern muss die Vereinbarung annehmen. Auch über das Opfer wird verfügt. Nicht alles, was so ähnlich aussieht wie RJ ist auch RJ.

Bei den Teilnehmern der Gruppe war auch ein wenig Sympathie für die Misshandlung des homosexuellen Opfers zu spüren, was aufgearbeitet werden musste. Der Täter könnte sich sonst der insgeheimen, wenn nicht der offenen Zustimmung der Gruppenteilnehmer sicher sein. So schwebte in diesem Fall eine Art Rechtfertigung für bösartige Gewalt bei ‚besonderen Fällen' im Raum, die auch Ansätze von Empathie zerstören oder aufheben kann. Hier muss korrigierend eingegriffen werden, besonders in der Hinsicht, dass niemand Gewaltexzesse ‚verdient' hat, und keine Gewalthandlung eine Rechtfertigung haben kann. Die Gruppenteilnehmer sind davor zu schützen, sich durch gemeinsame Überzeugungen Rechtfertigungen für ihr kriminelles Handeln zu schaffen. Das wäre im Gefängnis nur die Fortsetzung der üblichen ‚Kumpanei' mit anderen und sogar noch mit wirksameren Mitteln. Empathie mit Opfern kann niemals durch Rechtfertigung von Gewalt ersetzt werden.

Die Lockerungen standen nach dem OET noch aus. Sabi wurde während des OET einer Disziplinarmaßnahme unterzogen, weil er ein Telefon auf seiner Zelle hatte und benutzte. Das OET hat ihm einen weiteren Anstoß zum Nachdenken über seine Handlungen gegeben, der aber noch nicht spezifisch genug auf die Opfer bezogen ist.

7.3.2 „Schwere" Körperverletzung

Xavi, Alter knapp 30, schwere Körperverletzung, dritte Verurteilung, selbst motiviert, Anti - Agressionstraining, Drogenmissbrauch. Der von der Aggression Betroffene hatte eine Freundin bedrängt. Das wollte Xavi beenden und hat wohl etwas überreagiert. Er suchte ihn in dessen Wohnung auf und bedrohte ihn mit einer Machete, mit der er ihn dann auch verletzte. „Das wäre gar nicht nötig gewesen." Aber es war wirksam. „Der hat heute noch Angst." Eine weitere Eskalation verschlimmerte die Körperverletzung noch: „Ich habe ihm einige wertvolle Sachen weggenommen." (Fernseher etc.) Xavi würde sich gerne auf ein Gespräch über die Sache einlassen, vor allem, damit der andere keine Angst mehr vor ihm hat. Er kann sich die Schmerzen, die Ängste, aber auch die Wut vorstellen, die jemand überkommen muss, wenn er so massiv misshandelt wird. Aber in seiner damaligen Verfassung sah er keine andere Möglichkeit.

Xavi ist sich nicht bewusst, dass er selbst jemals Opfer war. Auf seine Kindheit angesprochen, erkennt er, dass er dauernd Opfer war, von prügelnden Freunden seiner Mutter. Manchmal musste er seine Mutter vor diesen Kerlen schützen. Das eigene Opfersein zu erkennen, hilft dem Opfer, das man selbst dazu gemacht hat, nicht weiter. Aber es kann ein Verständnis wachsen lassen, das hilft, einen Ausgleich zu finden, und vielleicht in Zukunft auf solche Maßnahmen zu verzichten. Xavi hatte einen Versuch der Resozialisierung in die Arbeitswelt konkret vor sich und wartete auf die Entlassung. Im Vollzug erfuhr er einige Probleme wegen des Verdachts auf Betäubungsmittelmissbrauch und – schmuggel, die mit Besuchkontrollen und Zelleneinschluss geahndet wurden. Er war aktiv in einer Musikgruppe.

Die Gruppe reagierte auf seine Geschichte wenig emotional. Zwar machte die Machete Eindruck. Die anderen Gruppenmitglieder glaubten aber, dass Xavi es nicht nötig habe, so etwas noch mal zu machen. Sie nahmen ihm auch den Wunsch ab, sich mit dem Opfer auszugleichen und ihm die Angst zu nehmen. Die Tat wieder gut zu machen, erschien ihnen unmöglich. Es bleibe zu hoffen, dass seine ‚damalige Verfassung' nicht wieder zurückkehrt. Deshalb sei es besser, nicht noch mal auf Rauschgift zurückzukommen.

Xavi kam in der Gruppe zu gut weg. Auch hier war für die anderen Teilnehmer die Gefahr, sich aufgrund der Aggressionshandlung unter Männern, die hier vorlag, selbst eine Rechtfertigung für Gewalt zu schaffen. ‚So ein Mann muss sich doch wohl wehren ….' Diese ‚Zustimmungsstruktur' muss in der Gruppe erkannt und angesprochen werden. Mit ihr bleibt Opferempathie schwierig.

7.3.3 Einbruch

Mahmud, Alter um die 40, Einbruch, mehrfach, 1. Urteil, motiviert durch Abteilungsleiterin mit Aussicht auf Lockerung. Mahmud ist sehr vorsichtig mit Äußerungen über sich und andere. Er wirkt im täglichen Umgang und in der Gruppe äußerst misstrauisch, seine Ehefrau bei einem Familiengespräch und im ‚Vorbeigehen' ebenso. Er hat viele Einbrüche begangen, ist aber zum ersten Mal in Strafhaft. Hafterfahrungen bringt er aus der Untersuchungshaft mit. Das Misstrauen stammt aus den Verfahren, in denen er gesehen hat, dass irgendetwas zu sagen, zu schwereren Folgen führt. Es sei ihm sehr peinlich gewesen, als Opfer seiner Einbrüche vor Gericht ausgesagt haben. Am liebsten wäre er im Boden versunken, als eines der Opfer den Tränen nahe die psychischen Auswirkungen des Einbruchs schilderte. Wie die Menschen darunter litten, dass geerbter Schmuck nicht mehr da sei, habe er sich nicht vorstellen können. Es sei ihm immer sehr wichtig gewesen, niemanden zu erschrecken. Deshalb habe er sich stets vor den Einbrüchen überzeugt, dass in den ausgewählten Häusern niemand zu Hause sei. Er hat diese ‚Vorsicht' nahezu als Kümmern um die Opfer verstanden.

Das Motiv zu den Einbrüchen sei Geldmangel gewesen. Er wollte als ordentlicher Mann seiner Frau und seinem Kind ein Leben bieten, wie es sich gehört. Und er fand einfach keine Arbeit, um das nötige Geld zu verdienen. Am schlimmsten aber sei für ihn, dass seine Frau auch eine Geldstrafe bekommen habe, weil sie mit einer erbeuteten Kontokarte zur Bank gefahren sei, um Geld abzuholen.

In der Gruppe wirkte Mahmud etwas zu zurückhaltend, so dass die anderen Teilnehmer zunächst zwischen Mitleid und Verachtung hin- und hergerissen waren. Das Mitleid galt dem unter seinen Taten Leidenden und sich Schämenden, die Verachtung dem Mann, der nicht hinter dem steht, was er gemacht hat. Im Grunde sind hier Mitleid und Verachtung zwei Seiten derselben Sache. Es kam nicht dazu, dass die Gruppe Mahmud unterstellte, die Scham sei ein Versuch, der Verantwortung zu entgehen. Seine Erklärungen halfen ihm nicht über sein Gefühl hinweg, ein schlechter Mensch zu sein und damit leben zu müssen. Er konnte sich dennoch vorstellen, sich mit Opfern zu treffen und auch einiges wieder gut zu machen. Aber diese Vorstellung war verbunden mit dem ungeheuren Schamgefühl, sich dann noch mal zu seinen Taten bekennen zu müssen, obwohl es doch alle Beteiligten wissen. Hier zeigte sich, dass Scham etwas anderes ist als Reue. Die Scham könnte in diesem Fall sogar Reue verhindern, da sie eine offene Auseinandersetzung mit den Opfern und sich selbst zu verhindern in der Lage ist.[365]

Mahmud musste sich in der OET – Gruppe seiner Scham stellen, indem er wiederholt das Geschehen schilderte, für das er sich so schämte. Die Scham wirkte in seinem Falle weder reintegrativ, zumal die Gruppe von Gefangenen nicht die Gruppe ist, in die er reintegriert werden soll, noch weiter stigmatisierend.[366] Sie wirkte als Gefühl, mit dem Mahmud verhindern wollte, sich selbst und anderen die Möglichkeit der vertieften Wahrnehmung zu gewähren. Die Gruppe aber und ihre Ratlosigkeit erlaubte Mahmud eine vorsichtige nähere Wahrnehmung seines Schamgefühls auf dem Weg, es zu akzeptieren.[367] Der nächste Schritt wäre dann die Wahrnehmung dessen, was die Opfer seiner Einbrüche ihm wirklich zu sagen haben.

7.3.3.1 Reue und Scham

Hier müssen noch zwei Absätze über Scham und Reue angefügt werden. Scham ist als reintegrierende Größe von John Braithwaite in die Kriminologie eingeführt worden. Die Beschämung im Zirkel der umgebenden Gemeinschaft wirkt reintegrierend durch die Bestätigung der gemeinsamen Werte. Der Betroffene sieht, dass er sich durch sein Verhalten neben die Gemeinschaft stellt, in der er lebt. Das wirkt für die Zukunft abschreckend gegen einen erneuten Verstoß gegen die Gemeinschaftswerte, die den (erneuten) Verlust der Gemeinschaft mit sich brächte. Die Beschämung im Gerichtsverfahren dient allein der Feststellung der schuldhaften Verfehlung von gemeinsamen Werten und wirkt dadurch exkludierend. Damit ist die Abschreckungswirkung reduziert, weil eine Inklusionswirkung in diesem Geschehen nicht enthalten ist. Die Gemeinschaft stößt den Betroffenen zunächst nur aus ihrer Mitte aus. Der Ausgestoßene kann das Gefühl entwickeln, an die Gemeinschaftswerte nicht mehr gebunden zu sein. Also hat er ‚nichts mehr zu verlieren'. Es ist unschwer zu erkennen, dass die Resozialisierungsidee in der Theorie die Inklusionswirkung ersetzen soll.

Die Reue bezeichnet eine Gemütsbewegung, dass man etwas lieber nicht getan oder anders gemacht hätte. Diese tritt dann ein, wenn man die (unerwarteten) Folgen sieht, oder wenn eine Bestrafung droht. Insoweit ist sie auch der Scham nachgelagert. Die Reue wird so verstanden, dass sie den Vorsatz enthält, Ähnliches nicht wieder zu tun. Mahmud ist bis in die Gruppensituation nicht unbedingt von Reue geplagt, sondern von der Scham, die versucht, sich vor sich und anderen zu verstecken. Reue kann erst auftreten, wenn diese Form der Scham überwunden ist.

7.3.4 Fahren ohne Führerschein

Fritz, um die 40 Jahre alt, Fahren ohne Führerschein, motiviert durch Abteilungsleiterin, ohne Aussicht auf Lockerung, bereits Erfahrung mit Täter-Opfer-Ausgleich nach Körperverletzung in der Jugend, Zuhältermilieu, jetzt bürgerlich verheiratet, bekommt regelmäßig Besuch. Da Fritz von der Abteilungsleiterin gesagt bekommen hatte, er könne keine Lockerung erwarten, wenn er nicht die im Haus laufenden Angebote, wahrnehme, war seine Motivation als schwierig einzustufen. Ohnehin betrachtete er sich als jemand, der gar kein Opfer hatte. Denn das Fahren ohne Führerschein ist ein abstraktes Gefährdungsdelikt, das auch ohne Unfallfolgen geahndet wird und stets die weitere Straftat des Betrugs nach sich zieht. Die Betrogene ist in diesem Falle die Kraftfahrzeug-Haftpflicht-Versicherung, die einen Vertrag nur gewährt, wenn eine Fahrerlaubnis vorhanden ist. Der unerlaubt Fahrende ist nur in seltenen Ausnahmefällen in der Lage, einen Schaden aus eigener Tasche zu bezahlen und stellt insofern nicht nur ein Gefährdung für das Leben anderer Menschen dar, sondern auch eine wirtschaftliche Bedrohung. Genau betrachtet wird also vom Strafrecht eingegriffen, weil Rechtsgüter anderer bedroht sind und nicht, weil sie verletzt wurden. Damit unterscheiden sich in der Tat die möglichen Opfer des Fahrens ohne Führerschein vom dem tatsächlichen Opfer einer konkreten Straftat. Fritz erzählt, dass er natürlich nicht nur einmal beim Fahren erwischt wurde, sondern schon mehrere Verfahren deswegen hinter sich hat. Da er auch sonst in der Justiz von früheren Fällen der Körperverletzung bekannt ist, vermutet er, dass mit ihm besonders hart umgegangen wurde. Es sieht also aus seiner Sicht danach aus, dass er jetzt auch wegen früherer Delikte einen Strafvollzug durchlaufen muss, der ihn mehr am Leben hindert als notwendig. Um das zu ändern, nimmt er am OET teil, bleibt aber hartnäckig ablehnend gegen ein Antiagressionstraining.

Die Gruppensituation ist schwierig, wenn sich ein Gruppenmitglied als im Grunde gar nicht dazugehörig definiert. Dennoch reagierten die Gruppenmitglieder auf Fritz nicht ablehnend, sondern gaben ihm zu verstehen, dass auch sie der Meinung seien, er solle durchaus über die Opfer seiner früheren Körperverletzungen noch mal nachdenken. Dann stellte sich heraus: Fritz hatte doch einen Anteil eines Angriffs auf eine Person in seinem Urteil. Während einer seiner Fahrten war er in Disput mit der Fahrerin eines anderen Wagens geraten (Parkplatzstreit), in dessen Verlauf er sie mit beiden Händen weggeschubst hat. Das Gericht hat diese Handlung nicht bewertet. Dagegen fanden die anderen Teilnehmer, dass er im Opferempathietraining doch richtig ist und auf jeden Fall mitmachen sollte. Erstaunlicher Weise zog hier die übliche Verkleinerung und Bagatellisierung von Gewaltstraftaten nicht. Im Gegenteil. Fritz sah sich nun doch in der Lage oder fast gezwungen, von seinen früheren Gewalttaten zu berichten, die sich im ‚Milieu' abspielten. Da spielte das „Wegschubsen" stets eine Rolle: Als ehemals ein Freier eine der Frauen bedrängte, stürzte er aus dem Haus und streckte den Mann mit einem Faustschlag nieder. Allerdings verstand er das als Notwehrhandlung. Da zeigte sich ein Rechtfertigungsverständnis für Gewalt, das ihm die Gruppe nicht abnahm: Er hätte durch Festhalten das gleiche Ergebnis erzielt, wurde ihm entgegengehalten. Außerdem erwiesen sich die Teilnehmer als juristisch geübt. Es handle sich, wenn er sich schon rausreden wolle, um eine Nothilfe. Da seien die geringsten geeigneten Mittel zum Abwehren der Gefahr einzusetzen. Juristisch ist das umstritten. Die Gruppe aber wollte Fritz offenbar überzeugen, dass er Opferempathie durchaus brauchen könnte.

Die Körperverletzungen von Fritz lagen zu dem Zeitpunkt 15 Jahre und mehr zurück, so dass eine Recherche nach den damaligen Opfern nicht sinnvoll erschien. Er kam aber selbst auf den Gedanken, die Autofahrerin, die er weggestoßen hatte, könnte zumindest ein Gespräch brauchen, um ihm zu erklären, wie sie diese Szene empfunden hatte. Das zumindest müsste er sich anhören, um wahrnehmen zu können, was jemand empfindet, auf den er in dieser Weise einwirkt. Vielleicht unterbleibt es dann in Zukunft.

Auch in diesem Fall erwies das OET, dass Opfer- und Tätersein sehr individuelle Angelegenheiten sind. Selbst eine Situation wie die von Fritz geschilderte, die zunächst „nicht kompatibel" erscheint, kann Empathievorstellungen weiter entwickeln. Täter können wie in diesem Fall eine Art Muster ihres Umgangs mit Mitmenschen entdecken und so erhebliche Lernfortschritte machen. Zu letzteren gehört auch die Erkenntnis, dass sich Menschen als Opfer fühlen, die man vermeintlich „nur geschubst" hat. Und dies, obwohl das Gericht dieses Schubsen schließlich rechtlich nicht bewertet hatte.

7.3.5 Raub

Theo, Alter Mitte 20, Raub in mehreren Fällen, psychisch angeknackst, lange Strafe, psychiatrisch betreut, forensische Psychiatrie (§ 63 StGB), motiviert durch Abteilungsleiterin. Die Schilderung seiner Überfälle provozierte geradezu Mitleid und gleichzeitig Schrecken. Er ging nachts hinter einer Frau her und holte sie an ihrer Haustür ein. Dort sagte er zu ihr, er brauche Geld und er habe ein Messer. Sie antwortete, sie habe kein Geld mit. Er: Dann holen Sie welches aus ihrer

Wohnung! Sie ging wortlos ins Haus und gab ihm dann an der Wohnungstür einen Zwanziger. Als sie plötzlich die Tür zuschlug, stand er im dunklen Flur und fürchtete sich ein wenig, dass sie vielleicht gleich die Polizei rufen würde. Als er das Haus verlassen hatte, wurde er wenig später in der Tat von zwei Polizisten angehalten, die ihn schon wegen eines vorhergehenden Raubes gesucht hatten. Bei dem vorausgehenden Raub hatte er einen Kioskbetreiber bedroht, aber nichts von ihm bekommen - weder zu essen noch Geld. Der Bedrohte sagte zu ihm, er habe ja auch nichts, bei den schlechten Geschäften. Er solle ihn in Ruhe lassen, sonst werde er die Polizei holen.

In der Gruppe wurde Theo dann von den anderen Teilnehmern gefragt, ob er sich vorstellen könne, was er mit solchen Handlungen auslöse. Sie machten ihm klar, dass er dadurch sehr bedrohlich wirken müsse. Besonders eine Frau nachts bis an die Wohnungstür mit dem Messer zu verfolgen, rufe noch ganz andere Horrorvorstellungen des Opfers hervor, wie etwa Vergewaltigungs- oder Todesängste. Außerdem jage er auch anderen Opfern wie dem Kioskbetreiber solche Angst ein, dass eine Eskalation durchaus im Bereich des möglichen sei. Ob er diese gefährlichen Entwicklungen in seine Taten eingeplant habe? Es schien im Gruppengespräch so, dass Theo durchaus theoretisch nachvollziehen konnte, was für eine Gefahr seine Handlungen beinhalten und wie heftig der Schock bei den Opfern sein müsse. Aber letztendlich schien er selbst überrascht über die Gefahren, die er für seine Opfer, aber auch für sich selbst, heraufbeschworen hatte. Die unkontrollierte und unkontrollierbare Art diese Überfälle ließ die Frage aufkommen, ob das mit ein wenig mehr Empathie zu beheben ist. Falls Theo wieder in eine Situation kommt, in der er sich nicht zu helfen weiß, könnte der Ablauf sich einfach wiederholen und dann möglicher Weise eskalieren. Reue war für Theo keine Frage und seine Schuld ebenso wenig. Selbstverständlich wäre er zu einer weitergehenden Ausgleichsaktion mit seinen Opfern bereit, um ihnen seine Lage zu erklären und auch zu hören, was sie empfunden haben.

Seine ‚Entschuldigung' brachte er in der Gruppe immer wieder vor: Er war obdachlos, hatte eben kein Geld und nichts zu essen. Eine andere Möglichkeit konnte er sich nicht vorstellen wie etwa zur „Tafel" zu gehen. Dort hatte er schon Hausverbot. Niemand hat ihm geholfen.

Die Gruppensituation mit Theo entwickelte sich in eine Richtung, die ihn auch da zum Opfer zu machen drohte. Die anderen Gruppenteilnehmer haben einen gefunden, dessen kriminelle Akte sie in besserem Licht erscheinen lassen könnten. So gefährlich und unberechenbar waren ihre Straftaten dann doch nicht. Das könnte sie dazu verleiten, ihre eigenen Handlungen und deren Folgen für ihre Opfer herunterzuspielen und dadurch eigene Bemühungen um Opfereinfühlung zu verringern. Das muss von der Gruppenleitung angesprochen und unterbunden werden.

Bei einem derartigen Verlauf kämen die Bedenken zum Zuge, die im Opferempathietraining nichts weiter sehen als den Versuch, bereits Bestrafte nun noch einmal ‚richtig' – das heißt moralisch und persönlich - fertig zu machen. Opfereinfühlung ist individuell und je einzeln zu erbringen. Die Hilfe der Gruppe besteht darin, das klar zu machen. Bewertungen – gar noch moralische – haben in einer derartigen Trainingsgruppe keinen Platz – selbst wenn sie nahe zu liegen scheinen.

Theo hat schließlich für sich den Schluss gezogen, dass er noch viel Arbeit vor sich hat, was angesichts seiner langen Haftzeit auch möglich gemacht werden kann. Für die anderen Teilnehmer lautete die Schlussfolgerung: Jeder muss sich mit seinen Taten und deren Opfer auseinandersetzen.

7.3.6 Körperverletzung unter Alkohol

Franz, Alter knapp 50, Körperverletzung (Alkohol), gute Selbsteinsicht, jedoch Alkoholiker mit Karriere und Therapie - Erfahrung, selbst motiviert. Seine Vorstellung in der Gruppe enthielt Sätze wie: ‚Ich gehöre eingesperrt. Das weiß ich selbst. Denn es ändert sich einfach nichts. Und ich finde das Eingesperrtsein gar nicht so schlimm.' Das letzte Opfer schuldete ihm ein paar Euro. Als dieser Mann das bisschen Geld nicht von selber zurückzahlte, hat er ihn gröblich misshandelt. Es war dumm von ihm. Und er weiß, dass der Alkohol bei ihm stets diese Aggressionen hervorbringt. Dafür hat er auch schon „den 64er“ bekommen. (§64 StGB, Einweisung in eine Entziehungsanstalt, 2 Jahre therapeutische Bemühungen unter Einschluss). Es wiederholt sich ständig: „Immer der gleiche Mist.“ Er kann sich vorstellen, wie das Opfer sich fühlt, besonders bei solch idiotischen Misshandlungen. Er sieht wiederholt ein, dass man dafür bestraft werden muss, was aber dem Opfer nicht hilft. Er bemüht sich, die Schmerzensgelder zu zahlen. „Das Bisschen bringt aber niemand was!“ Er hat schon mal einen Täter-Opfer-Ausgleich mitgemacht. Das hat ihm auch nicht geholfen. Ob seine Entschuldigung dem Opfer eine Hilfe war, weiß er nicht. „Vielleicht war er nur zufrieden, dass er das hinter sich hatte.“ Sind diese Selbstbezichtigungen Ausreden, damit ihn niemand angreift?

Die Gruppe weiß damit eigentlich nichts anzufangen. ‚Er weiß doch alles, was man tun muss. Warum also passiert es immer wieder?’ Auch die Leitung ist etwas ratlos. Denn Opferempathie zu trainieren, scheint hier nicht zu helfen, weil diese im Falle des Gebrauchs von Alkohol ohnehin beiseite gelegt wird. Franz hat das Problem der Süchtigen, die von ihrer Sucht wissen, sie verstehen, aber nicht von Suchtverhalten lassen können. Das Leiden unter diesem Zustand ist echt, hilft aber nicht im konkreten Fall von Suchtdruck. Dieser Zusammenhang ist jedoch für eine Gruppe im Gefängnis zu kompliziert und erfordert therapeutischen Einsatz oder eben strikte Kontrolle, weil die Selbstkontrolle nicht funktioniert. Vielleicht kann das erneute Beschäftigen mit dem Opfer doch ein Weg sein, das Suchtverhalten einzudämmen. Wenn ihm Selbstkontrolle nicht anzutrainieren ist, könnte die verstärkte Wahrnehmung der Opfer, die er stets unter Alkohol zu verantworten hat, als Ersatz einer Selbstkontrolle dienen. Mit dieser vagen Aussicht musste Franz das Opferempathietraining durchlaufen. Eine (erneute) Opferbegegnung könnte diesen Effekt möglicher Weise verstärken.

7.3.7 Körperverletzung unter Alkohol

Tim, Alter Mitte 30, wiederholte Körperverletzung (Alkohol), motiviert durch Abteilungsleiterin, Selbsteinsicht, ohne weitere Motivation zum Ausgleich mit dem Opfer. Unter Alkoholeinfluss geriet Tim vor einer Disko in eine Schlägerei – die Gründe dafür sind immer die gleichen: einer fängt an und dann will sich niemand etwas ‚gefallen lassen'. Trotz seines kleinen Wuchses kann er ordentlich austeilen: „Es war schon alles blutig." Unter den Personen, mit denen er sich schlug, tauchte plötzlich jemand auf, den er schon während der Aktion als nicht dazugehörend klassifizierte. Da holte er aus und traf ihn mitten ins Gesicht. Als er dann vor Gericht stand, erwies sich der „Fremde" als skandinavischer Tourist, der durch Zufall in die Schlägerei geraten war. Er benahm sich der Meinung von Tim nach vor Gericht sehr fordernd und trug zu einer harten Verurteilung bei. Daher könne er sich nicht vorstellen, mit diesem Opfer einen Ausgleich zu suchen. Daran konnte auch das OET nichts ändern. Bei anderen Opfern könne er sich das aber durchaus vorstellen, dass ein Gespräch etwas bringt. Die sind aber nur schwer zu identifizieren…

Diese Geschichte rief bei den Teilnehmern wiederum eine heimliche Sympathie hervor. Wenn die Opferrechte vom Opfer genutzt werden, um das Urteil zu verschärfen, können Verurteilte selten von einem Opfer-Täter-Ausgleich sprechen. Dann empfinden sie die Einbeziehung der Opfer als ‚Rache'. In einem solchen Fall ist ein Ausgleich in der Sicht des Verurteilten ausgeschlossen, weil er bereits vor Gericht zu seinem Nachteil stattgefunden hat. Das gilt besonders, wenn es sich mal wieder um Körperverletzung – die schon bekannte Männersache - handelt. In diesem Fall muss die psychische Seite des Ausgleichs in den Mittelpunkt gestellt werden. Der Täter kann seinen Anteil nicht dadurch minimieren, dass aus seiner Sicht das Opfer schon durch Rache befriedigt wurde. Er muss weiterhin das Unrecht seiner Tat einsehen lernen und dem Opfer seine Leiden in der Situation nachfühlen. Danach kann er im Opfer-Täter-Ausgleich auch seinen Eindruck schildern, ungerecht behandelt worden zu sein. Seine Verantwortung wird aber dadurch nicht geschmälert, was die Gruppe zu lernen hat, um nicht erneut bei der Bagatellisierung von Gewalt zu landen.

7.3.8 „Schwere" Körperverletzung

Xaver, Alter Mitte 20, schwere Körperverletzung mit einem Messer, motiviert durch die Abteilungsleiterin, Antiagressionstraining.

Da hat ihm doch tatsächlich jemand die Freundin ausgespannt. Als sie jeweils in Gruppen miteinander unterwegs waren, begegneten sich die beiden, je als Teil der anderen Gruppe. Er wollte ja eigentlich nur den anderen zur Rede stellen, da war plötzlich das Messer in seiner Hand und er stieß es dem Rivalen in die Achsel. „Wo kam das Messer her?" „Vorsorglich hat man eines dabei. Man weiß ja nie, was passiert." Nach der Auseinandersetzung gingen alle ihrer Wege, er auch wieder zur Arbeit – bis die Polizei kam und ihn dort festnahm. Ihm wurde vorgehalten, dass er eine gefährliche Körperverletzung begangen habe, das wisse er doch sicher. Seine Ausreden ließ niemand gelten, zumal er wegen ähnlicher Aktionen vorbestraft war. Die Frage nach der Empathie in sein Opfer: „Irgendwie war es wohl gefährlich. Aber er hat während der Auseinandersetzung nichts gesagt und ist auch erst einen Tag später zur Polizei gegangen. Ein wenig hatte er auch selbst schuld, warum nimmt er mir meine Freundin weg?" Welche Maßnahme hier einen Ausgleich schaffen könnte, blieb ebenso unklar wie die Frage, ob Xaver und das Opfer dazu bereit wären. Vorstellen könnte sich Xaver aber einen Versuch, ins Gespräch zu kommen.

In der Gruppensituation hatte es Xaver relativ leicht, weil die Handlung auf ein gewisses Verständnis stieß. Die anderen Gruppenmitglieder waren der Meinung, man sollte besser auf Messer verzichten und dann könnte man „solche Sachen" problemlos regeln. So wurde die Schlägerei wegen einer Freundin fast schon zum normalen Männerrepertoire gerechnet und als Straftat nicht sehr ernst genommen. Problematisch daran könnte sein, dass Xaver eher in seinem Handeln bestärkt wird als daran erinnert, dass es sich trotz der Männlichkeitsrituale um eine gefährliche Straftat handelt, die auch u.U. mal ein Leben kosten könnte. Es geht also bei Xaver eher um eine Lösungskompetenz für die Auseinandersetzung mit Rivalen, was sich nicht nur auf den Umgang mit dem anderen Geschlecht, sondern auch auf Geschäfte oder die täglich Arbeit oder sogar Nachbarschaft und Familie beziehen kann. Dabei kann eine Mediation mit dem aktuellen Opfer sehr hilfreich sein, wenn sie den Anlass der Auseinandersetzung und den Ablauf intensiv abklärt. Auch in diesem Fall wird sichtbar, wie individuell Straftaten für Täter und Opfer ablaufen. Schemata gibt es dafür nicht.

7.3.9 Raub

Julius, Alter Mitte 30, Raub (mit Messer in der Hand), motiviert, fast genötigt, durch Abteilungsleiterin, Hoffnung auf vorzeitige Entlassung. Der Raub ging so vor sich: Julius hatte seiner Meinung nach schon einiges zu verkraften. Seine Frau hatte sich von ihm getrennt, worauf er besonders unter dem schwächer werdenden Kontakt zu seinem Sohn litt. Er begann, obwohl er zur Arbeit ging, seine Suchtkarriere fortzusetzen. Er erzählte das alles nicht als Entschuldigung, sondern als Hergang. In diesem Zustand kam ihm, als er schon einigen Alkohol konsumiert hatte, der Gedanke, sich mehr Geld zu verschaffen. Um das zu tun, begab er sich mit einer Mütze als Maske in eine Tankstelle und deutete mit einem Messer in der Hand auf die Kasse. Die Kassiererin gab ihm das vorhandene Geld – etwa 800 Euro – worauf er sich verbeugte und die Tankstelle verließ. Im Anschluss hat er sich in einem Gebüsch versteckt, um die anlaufenden Polizeieinsätze zu beobachten und wurde dort mitsamt der Beute und dem Messer festgenommen. Im OET berichtete er, dass er die überfallene Person per Zufall vor dem Gerichtssaal getroffen habe. Er habe sich erkundigt, wie es ihr gehe. Ihre Antwort sei gewesen, dass das ja nun schon lange zurückliege. Es gehe ihr gut. In dem Treffen mit dem Opfervertreter vom Weißen Ring fragte dieser, ob er sich denn da sicher sein könne. Opfer sagten oftmals, es gehe ihnen gut, um dem Täter nicht auch noch zu zeigen, dass er mächtig Eindruck hinterlassen hat. Sie fürchten, dadurch weiter in seinem ‚Visier' zu bleiben. Das machte Julius so nachdenklich, dass er betonte, er wolle, wenn möglich, sich noch mal im Rahmen eines Täter-Opfer-Ausgleichs überzeugen, dass das „Gut-Gehen" heute auch noch zutrifft.

Nach der Durchsicht der vorhandenen Akte und nach einem erfolglosen Versuch, über die Tankstelle das Opfer zu finden, ergab sich die Ansicht, dass hier drei Jahre nach der Tat kein Ausgleich mehr nötig sei. Dazu machte augenscheinlich die protokollierte Aussage vor Gericht deutlich, dass es sich nicht um eine traumatisierte Person handelte. Der Täter muss alleine mit der Schuld oder ihrem Gefühl zurechtkommen, dass er einen Menschen ohne Sinn geängstigt hat. Der Wunsch, entschuldigt zu werden, kann auch im anderen Zusammenhang aufgearbeitet werden.

Julius brauchte eigentlich gar kein OET. Er konnte die psychische Opfersituation angemessen mit Worten schildern. Sein Bedauern der Tat war als echt zu werten. Da wäre eher die Sucht weiter zu bearbeiten, um ihn dieser Hinsicht unter (Selbst-) Kontrolle zu bringen. Das Training hat ihm selbst die Möglichkeit verschafft, sich dessen (erneut) ganz bewusst zu werden. Die vorzeitige Entlassung war zum Ende des OET nicht entschieden.

7.4 Ein Teilnehmer des OET nach seiner erneuten Verurteilung

Rene, Alter Mitte 20, war in der OET - Gruppe während des o.g. Projekts aufgefallen, weil er einerseits als jemand galt, der möglicher Weise nicht geeignet war, an der Gruppe teilzunehmen. (Er war im Übrigen durch einen Mitgefangenen zur Teilnahme motiviert worden.) Der Grund lag in seinem Verhalten, mit dem er zeigte, dass er vieles nicht so sehr ernst nahm wie andere, und dass er vom Training wenig zu haben schien. Er fehlte einmal wegen angeblicher „Unpässlichkeit".

In Wirklichkeit war er in der Sitzung vorher mit verschiedenen Teilnehmern mehr in Disput geraten als ihm das wohl bisher aufgrund seiner körperlichen Überlegenheit gegenüber den meisten anderen Männern passiert war. So war dieses Fehlen eine Reaktion, mit der er zeigte, dass die Verunsicherung tiefer ging, als er wahr haben wollte. Damit handelte es sich auch um einen ersten Lernschritt: Zugeben, dass ihn etwas trifft, ohne das sofort mit Aggressionen körperlicher Art ‚ahnden' zu können. Verletztheit verbal zu zeigen, war für ihn die größere Anforderung.

Nach der Entlassung aus der Haft kam, was kommen musste, so seine Erzählung an der Zellentür: „Es war nicht genug Geld da für Frau und Kind. So erlag er wieder den Einflüsterungen eines Kumpels, dem er geholfen hat. Es ging diesem Kumpel so schlecht, dass er ihn mit nach Hause nahm, ihm zu essen gab und er konnte auch vorübergehend bei ihm wohnen. Er hörte von anderen zwar, dass dieser Kumpel ihn schlecht machte und seiner Frau nachstellte. („Das hat er auch bei anderen gemacht.") Aber der Kumpel wies das als Gerücht zurück und machte zur Verbesserung der gemeinsamen Lage den Vorschlag, ein paar ‚Brüche' zu machen." Rene erklärte sich bereit, ausschließlich „zu fahren". Und dann habe er auch ein paar Sachen übernommen und verkauft. „Ich fuhr und er ging rein und kam mit Gold zurück. Ich sah dann, in welcher Gegend wir waren und sagte zu ihm. „Du gehst doch wohl nicht in Privathäuser. Ich hab' im Knast so `ne Gruppe mitgemacht, wo wir gelernt haben, wie schlimm das für die Leute ist, wenn bei ihnen eingebrochen wird. Das will ich nicht. Firmen sind nicht so schlimm, die sind versichert." Einwand: „Das haben Sie aber nicht in der Gruppe gelernt!" „Nein, das wusste ich vorher schon. Aber er hat dann gesagt, er geht nicht mehr in Häuser und hat das dann doch gemacht. Als wir dann erwischt wurden, habe ich ihm mehrfach gesagt: ‚Du sagst aber die Wahrheit!' Dann hat er der Polizei erzählt, ich hätte ihn gezwungen, diese Einbrüche zu machen und meine Frau sei gefahren. „Die war gar nicht mit. Und sie hat dann eine Bewährungsstrafe bekommen. Denn vor Gericht hat er dasselbe gesagt und der Richter hat ihm geglaubt, weil ich ja wohl der Schlimmste bin in …. Außerdem hat er behauptet, ich hätte ihn mehrmals in der JVA bedroht. Warum glaubt man einem solchen Lügner? Er bekommt eine kleinere Strafe als ich und ist doch der eigentliche Täter."

Bei Rene war es wohl ebenso wenig mit einem Opferempathie- wie mit einem vorhergehenden Antiaggressionstraining getan. Da bedarf es wesentlich intensiverer Maßnahmen mit verschiedenen Formen der Aufsicht und Hilfe für die dreiköpfige Familie. Immerhin hat er vom OET behalten, wie bedrohlich Einbrüche für die Opfer sind. OET hilft aber nicht bei den Bedrohungen, die für Menschen wie Rene vom normalen Alltag und vor allem von den „Kumpels" ausgehen. In seinem Fall half es auch nicht, dass eine Opfervertreterin, die auch selbst schon Opfer eines Einbruchs war, ihn im Treffen des Projekts - OET konfrontierte, nachdem er seine Erkenntnisse preisgegeben hatte.

7.5 Die Probleme der OET Gruppenarbeit in der JVA

7.5.1 Motivation

Blickt man auf die Motivation, so zeigt sich sofort, dass sie im Wesentlichen fremd gesteuert ist. ‚Jemand mit Macht hat gesagt, ich soll da mal mitmachen.' Die Frage ist: Gibt es in der Gefängnissituation überhaupt etwas Freiwilliges? Nur Personen mit unbeeinflusster Motivation in das OET aufzunehmen, hieße, den meisten Insassen das Angebot zu verweigern. Sonstige RJ Angebote sind zumindest für die Täter auch nicht wirklich freiwillig. Täter ist man ja erst nach der Tatausführung. Wenn mit der Teilnahme an einem Opfer-Täter-Ausgleich eine Anklage vermieden werden kann, kann man wohl eher nicht von freiwillig sprechen. Ein Gefangener der am OET teilnehmen will, zeigt einen Anfang von Verantwortung: Er ist bereit, darüber nachzudenken, was sein Verhalten auslöst. Das tut er auch, wenn er zum OET „geschickt" wird. Er könnte immerhin die Teilnahme auch verweigern. Es gibt in der Tat, wenn auch selten, Gefangene, die das tun.

7.5.2 Gruppendynamische Probleme

Wenn OET als Gruppenarbeit angeboten wird, tritt neben den Vorteilen einer Gruppe wie zwanglosem voneinander Lernen[368] unübersehbar die Gruppendynamik auch als Problemfaktor auf. Der allererste dieser Problemfaktoren ist, dass sich die meisten Teilnehmer bereits aus dem Gefängnisumfeld kennen. Daher spielt die so genannte ‚Hierarchie' der Insassen eine Rolle. Mit welcher Straftat kann man es sich leisten, von Anfang an offen zu sprechen? Welche legt nahe, zunächst einmal vorsichtig zu sein? Wer hatte mit wem bereits Konflikte? Wer hat den Ruf, dass er sich von den Bediensteten nichts vorschreiben lässt? Wer gilt als Weichei? Wer musste im bisherigen Vollzug schon disziplinarisch belangt werden? Solche Fragen können zunächst die Dynamik in der Gruppe steuern.

In den beiden beschriebenen Durchgängen zeigten sich außerdem folgende Probleme:

- Die Tendenz der Zustimmung zur Gewalt (unter Männern) verhindert Lernen von Einfühlung,
- heftiges Schämen ist in der Gruppe schwierig zu thematisieren und gleichzeitig eine Abwehrhaltung dessen, der sich schämt, wie auch der anderen, die die Scham als sehr ambivalent empfinden.
- die Frage, ob bestimmte Straftaten ins Schema passen,
- eine Entwicklung, die innerhalb der Gruppe einzelne zum Opfer macht,
- Sucht als Grundproblem,
- Umgang mit der Empathie bei selbstbewussten oder auch wütenden Opfern,
- die ‚alten Kumpels' zerstören Anfänge von Empathie.

Man kann also nicht davon ausgehen, dass sich in einer Trainingsgruppe Empathie einfach einstellt. Die genannten Fragestellungen sind Hinderungsgründe für eine Empathieentwicklung (Abwehrhaltungen).

7.5.2.1 Anforderungen an die Gruppenleitung

Daher müssen GruppenleiterInnen im Bereich des OET in der Lage sein, das zu erkennen und die Gruppe so zu führen, dass derartige Abwehrhaltungen nicht alle Ansätze von Empathie zerstören. Die ersten beiden Sitzungen, in denen es vorwiegend um die Erarbeitung des Begriffs ging, waren gruppendynamisch in dieser Hinsicht eher unproblematisch, wenn auch nicht frei von einer sich entwickelnden Dynamik, die durch die allgemeine Vollzugssituation besteht (s.o.). Es reicht also im Grunde nicht aus, eine kurze Einführung in den Ablauf eines Opferempathietrainings hinter sich zu haben, um eine derartige Gruppe dann auch durchzuführen. Es muss möglichst sowohl eine Ausbildung als auch große Erfahrung in therapeutischen, seelsorgerlichen und Fragen der Gruppenleitung vorhanden sein, um an Opferempathie zu arbeiten. Unerlässlich ist ebenso die Kenntnis des Lebens in Gefängnissen. Die Erfahrung im Umgang mit Gefangenen ist deshalb so entscheidend, weil es kaum anderswo eine Gruppe gibt, die sich so von Stimmungen und gemeinsamen – nicht wirklich geäußerten – Überzeugungen dominieren lässt wie im Gefängnis. Da können selbst Ängste eine Rolle spielen, die dadurch ausgelöst werden, dass einer der Teilnehmer im Hierarchiegemenge der Anstalt einen Mitgefangenen hat, der von ihm Rechenschaft zu fordern scheint über das, was er denkt. Einen schweren Stand kann auch einer in der Gruppe haben, von dem insgeheim gewähnt wird, er sei vielleicht doch ein Sexualstraftäter, obwohl er behauptet, ein Betrüger zu sein.

Letztlich kann ein Gruppenleiter ohne Erfahrung nicht nachvollziehen, dass ein für ihn oder sie lächerliches ‚Mackergehabe' die Mitgefangenen in Angst und Schrecken versetzt, ohne dass sie in der Lage wären, das zu äußern. Entsprechend skeptisch müssen schließlich auch etwaige Wahrnehmungen und Äußerungen der Teilnehmer über Wirkungen des OET betrachtet werden. Alles, was eine Wirkung zu sein scheint, kann in entsprechenden Situationen durch die jeweiligen Verhältnisse und anwesenden Personen in sich zusammenfallen. Das bleibt die Hypothek der Teilnehmer, die schon mehrmals ein Gefängnis durchlaufen haben. Unterbleiben sollten die Angebote an Gefangene dennoch nicht. Sie sind eine ihrer wenigen Chancen, sich aus dem Gespinst der Gefängnisdynamik zu befreien und Ansätze zu einem mitfühlenden Mitmenschen bei sich zu entdecken und im besten Falle weiterzuentwickeln.

7.5.3 D a s Opfer gibt es genau so wenig wie d e n Täter

Eine der wichtigsten Zielsetzungen und Erfahrungen des OET ist die empathische Opferwahrnehmung. Spätestens bei der Bearbeitung der eigenen Straftat und ihrer Opfer wird durch die Form der Gruppenarbeit klar, dass kein Opfer dem anderen gleich ist. Es gibt kein Durchschnittsopfer, dem gegenüber man methodisch voreingestellt Empathie ausüben könnte. Jedes Opfer ist ein eigenes Individuum und reagiert als solches auf die Umstände der Tat und den Täter. Die Teilnehmer müssen lernen, sich für andere Menschen und ihre Wahrnehmungen zu öffnen. Wenn eine reale Opferbegegnung in Frage kommt, ist es nie vorauszusagen, wie dieser Mensch sich verhalten wird. Solche Einsicht und Wahrnehmung wirken auf die Täter sehr bedrohlich. Die Bedrohlichkeit lässt sich aber durch die Einsicht vermindern, dass auch der Täter keinem anderen gleicht. Durch die Gruppe bekommen die Teilnehmer das an den Einzelfällen konkret und nachvollziehbar vorgeführt. Wenn das fünf-, sechs-, oder achtmal auftaucht, wird auch dem letzten klar, dass es sich hier um konkrete Menschen handelt. Die Folgerung, dass man die konkreten Menschen so verstehen muss, wie sie sind, und nicht nach Schema F (wie leider auch die Bezeichnung Operempathie**training** nahe zu legen scheint) wird ihnen an ihrem eigenen Beispiel klar. Man strebt im OET das Ziel an, Menschen und ihre Bedürfnisse oder Nöte besser zu verstehen, sie zu akzeptieren und damit umzugehen. Erst mit dieser Voraussetzung kann eine Opfer-Täter-Begegnung zum Ausgleich führen.

7.5.4 Auswahl der Teilnehmer

Wenn die Zahl der Interessenten es erlaubt, wäre eine Sortierung der jeweiligen Gruppen nach Straftaten angebracht, glaubt die eine Seite. Die andere Seite denkt eher, dass eine Mischung nach Zufall besser ist, weil die Mischung Gefangene eher dazu bringt, anderen zuzuhören, die andere Straftaten begangen haben. Bei der ersten Variante kann die Meinung, ‚ich weiß doch, wie ein Körperverletzer tickt, bin ich ja selbst', das Zuhören als erste Bedingung zum Üben von Empathie sehr erschweren. Da ist es eher sinnvoll, Einzelgespräche vor das Training zu stellen, um die Teilnehmer als Gruppenleiter kennen zu lernen, bevor sie in die Gruppe kommen. Für die Teilnehmer steigert ein Vorgespräch die Ernsthaftigkeit des Angebots. Nach meinen Erfahrungen sind die Zufallsgruppen für alle Seiten das Beste. Sie schüren denn auch die wenigsten Illusionen über die Ergebnisse.

7.5.5 Die Opferseite

Es wurde schon erwähnt, dass die Idee einer Opferarbeit schwer umzusetzen ist. Dennoch muss ein Angebot für Menschen, die von Straftaten betroffen sind, schnellstens entwickelt werden. Das ist auch ohne OET oder Opfer-Täter-Ausgleich ein Gebot der Fairness für die Betroffenen, um Hilfe beim Umgang mit (den Folgen von) Straftaten zu bekommen, wenn sie das wollen. Der Verurteilte im Gefängnis als auch das Opfer in Freiheit können den durch die Straftat in Gang gesetzten Prozess durch eine Begegnung am besten abschließen. Für die Opfer ist es mit Mühe, vielleicht auch mit Angst und Befürchtungen verbunden, die sich aber in der Regel anzugehen lohnen. Selbst wenn der Täter nur symbolisch etwas ausgleichen kann, tut es dem Opfer gut, als solches anerkannt zu werden, und die Umstände der Tat sowie die Gedanken des Täters durch Kenntnis einschätzen zu können. Allerdings lauert bei den Ausgleichsverfahren im negativen Falle immer auch die Gefahr einer Reviktimisierung. Diese Gefahr tritt besonders dann auf, wenn Ausgleichsbemühungen oder Begegnungen schlecht vorbereitet oder nicht nachgearbeitet werden.[369]

Dem Täter tut es gut, wenn er mit Menschen kommuniziert, die ihn (in Begleitung) aufsuchen, obwohl sein Handeln ihnen geschadet oder sie irgendwie aus der Bahn geworfen hat. Mit ‚solchen' spricht man doch sonst nicht. Dieses Aufgesucht-Werden gleicht geradezu einem resozialisierenden Akt. Genau das ist die Absicht einer heilenden Gerechtigkeit, die Kommunikation dort weiterzuführen, wo sie aufgrund des Handelns eines Menschen schwer gestört worden und zwischen Täter und Opfer abgebrochen ist. Ohne die intensive Beschäftigung mit den Opfererfahrungen geht das in der Regel nicht. Also ist, zusammenfassend gesagt, ein OET im Gefängnis allein allenfalls eine Hälfte der heilenden Gerechtigkeit.

Bei Opfern kann eine Beschäftigung mit Täter und Tat aber ausschließlich freiwillig erfolgen. Das Opfer kann nicht wie der Täter ‚geschickt' werden, sondern entschließt sich grundsätzlich freiwillig, wann und wie es an einem solchen Ausgleichsverfahren teilnimmt. Um das für sich zu entscheiden, muss er oder sie jedoch brauchbare und ausführliche Informationen bekommen. Am besten geschieht das in einer Weise, die Opfern eine proaktive[370] Handlungsmöglichkeit bietet und sie nicht in eine Situation bringt, in der sie sich durch die Umstände oder gar durch Personen zur sofortigen ‚Entscheidung für oder gegen' gezwungen sehen.[371] Wenn Proaktivität für die Opfer von Straftaten möglich ist, entkommen sie schon dadurch aus der Opferrolle. Wenn sie protektiv geschützt werden, bleiben sie darin gefangen oder drohen retraumatisiert zu werden. „A proactive approach is characterized by victims having been informed about restorative justice from the start. They can decide whether they want to get involved and proceed, or not, at any stage of the criminal justice process. Therefore, ideally, all victims are made the offer and have the free choice to participate based on sufficient and impartial information provided to them by sensitive practitioners."[372]

7.6 Kriminologische Nebenaspekte

7.6.1 Review der geschilderten Fälle

Wenn die Chance besteht, aus der Gruppearbeit im OET auch etwas über die Täter und die Taten zu lernen, sollte man das auch tun.

Sabi setzt offenbar moralische Werte um, wenn er sein Opfer für ein aus seiner Sicht unmoralisches Handeln bestraft. So macht das ein Mann, wenn ein anderer mit seiner Unmoral nicht aufhört. Die moralisch begründete Bestrafung ist nach unserer Lesart ausschließlich dem Staat vorbehalten und richtet sich nach Strafgesetzen. Wenn jemand selbst beschließt, einen anderen eigenhändig zu bestrafen, macht er sich strafbar. Die Idee, durch körperliche Misshandlung ein unerwünschtes Verhalten zu unterbinden, erscheint uns sinnlos. Für Sabi war jedoch klar, dass er durch Misshandlung seine Missbilligung der Unmoral auch im Sinne seiner Mitmenschen eindeutig zum Ausdruck gebracht hat. Seine Strafe wegen Körperverletzung trägt er ‚selbstverständlich'.

Xavi nimmt seiner damaligen Meinung nach eine gerechtfertigte Handlung vor: Wer nicht hören will, muss fühlen. Da das Opfer nicht auf die Worte seiner Freundin hörte, musste ihm der Inhalt der Worte: ‚Lass mich in Ruhe!' verdeutlicht werden. Warum das so ausartet, ist Xavi selbst nicht so ganz klar. Aber er hat den, der seine Freundin belästigte, klar und mit Nachdruck in die Schranken gewiesen. Die Aktion lief ganz schön aus dem Ruder. Die Machete war ein Zeichen dafür, dass er sich sehr stark machen musste.

Mahmud bricht in Häuser ein, weil er seine männliche Verantwortung wahrnehmen möchte. Das verwehrt ihm die Gesellschaft. Niemand gibt ihm Arbeit. Wie also soll er Frau und Kind nicht nur durchbringen, sondern so ausstatten, dass es ein einigermaßen ordentliches Leben wird? Als Zugewanderter konnte er sich nicht vorstellen, karge Phasen gemeinsam mit Frau und Kind durchzustehen und weiter bei der Suche nach Arbeit zu bleiben. Damit verliert man seine Selbstachtung.

Fritz hat ‚gar nichts gemacht'. Der Rechtsstaat hat sich an ihm ausgewirkt, aber nur wegen Fahrens ohne Führerschein. Dass ihm der Rechtsstaat in die Quere kommt und anderen nicht, das ist aus seiner Sicht das Problem.

Theo ist durch seine psychische Störung unklarer Art nicht in der Lage, im Leben zurechtzukommen. Zudem wird er diesem Anpassungsvorgang auch durch Aufenthalte in der Klinik sowie im Gefängnis immer weiter entzogen. Es fehlt ihm an Lösungsmöglichkeiten für einfachste Bedürfnisse wie z.B. fürs Essen. Daher ist er immer in Not. Seine kriminellen Handlungen sind Versuche, das zu bekommen, was er durch seine Lebensweise als Ausgeschlossener nicht ergattern kann. Selbst bei der Tafel hatte er Hausverbot.

Franz läuft unter Alkohol aus dem Ruder. Obwohl er weiß, dass er im alkoholisierten Zustand zur Aggression neigt, lässt er das Trinken nicht. Soll man ihm unterstellen, dass er mit der Absicht trinkt, immer wieder das tun zu können, was er eigentlich will?

Tim „gerät" in Schlägereien, weiß also nicht um den Anlass. Ob der Alkohol das Nichtwissen verursacht bleibt unklar. Jedoch hat er sich noch nie nüchtern geprügelt. Wenn er verurteilt wird, weist das darauf hin, dass er von den Beteiligten als Aggressor wahrgenommen wird und dass sie dem Gericht diese Version als die wahrscheinlichste anbieten können. Je häufiger das geschieht, desto wahrscheinlicher wird diese Version bei wiederholt ablaufenden Verfahren. Die Schwierigkeit ist vor allem, Selbstwahrnehmung zu gestalten. Ein Mensch, der stets irgendwo hineingerät, kann das nicht verhindern. Er kennt ja nicht den Anlass. Die Ahnung, das liege am Alkohol, ist nachvollziehbar. Sie sagt aber nicht wirklich etwas aus. Was geschieht bei Tim unter Alkohol? Eigentlich helfen da, wenn überhaupt, therapeutische Verfahren, die er aber auch schon mehrfach hinter sich gebracht hat.

Xaver setzt sich mit einem Rivalen auseinander. Das Messer hat er aus Vorsicht mitgenommen. Man weiß ja nie was passiert. Menschen, die vorsorglich Messer mitnehmen, nicht, falls mal was abgeschnitten werden muss, können als solche gelten, die sich ‚für alle Fälle' bewaffnen. Die anderen könnten mit Waffengewalt abgewehrt werden müssen. Warum Xaver eine solche Wahrnehmung hat? Vielleicht ist sie im Kinderheim entstanden.

Ich weiß aus Erfahrung, dass früher jeder Junge ein Taschenmesser als Ausrüstungsgegenstand mitnahm, die „bösen" Jungen aber ein stehendes Messer in der Tasche trugen, um sich zu verteidigen oder um zu imponieren. Im Alter von 22 Jahren galt das aber nicht mehr, da war das Messer in der Tasche nur noch ein Imponiermesser. Benutzt und sogar gegen Mitmenschen gerichtet wurde es eigentlich nicht, es sei denn von den „Bösen". Xaver gehört zu denen, die die Welt der Männer so sehen, dass man da auch zu Mitteln wie Messern greifen muss. Denn sie ist voller Rivalen, die ebenso denken. Eine Jugendstrafe, die ausdrücklich als Erziehung angelegt ist, hat ihn von diesem Gedanken noch nicht abgebracht.

Julius gibt der Welt Rätsel auf. In seiner vor allem offenbar beziehungsschwierigen Welt betäubte er sich durch Alkohol und Drogen. Zur Arbeit ging er trotzdem. Die Idee zum Überfall auf die Tankstelle war offenbar spontan. Jedenfalls konnte er nicht sagen, wofür der das Geld gebraucht hätte. (Das könnte eine klassische Verdrängung sein, denn ein Süchtiger braucht immer Geld, selbst wenn er zur Arbeit geht.) Mütze und Messer sind auch spontan nicht schwer zu beschaffen und eigentlich in jedem Haushalt vorhanden. Wofür er sich nach dem Erhalt des Geldes bedankt, bleibt offen. Das Ganze spielte sich mitten in der Stadt ab. Bis zur Verhaftung in einem Gebüsch kauernd den Einsatz der Polizei mit anzusehen, gehört nicht gerade zum Normalverhalten von Räubern. Oder handelte es sich um eine Taktik? Dann war sie schlecht ausgeführt. Es sei denn, er wollte durch die Verhaftung aus seiner gefühlten Misere heraus.

Rene kann als typischer Wiederholungstäter bezeichnet werden. Die Umstände sind jedoch durchaus bedenkenswert. Nach seiner letzten Entlassung reicht das Geld nicht. Er bemüht sich trotzdem noch um einen anderen, der auf der Straße lebt. Dieser überredet ihn dann, ihn mit dem Auto zu Einbrüchen zu fahren. Statt ihn auf die Straße zurück zu schicken, lässt er sich bereden. Das könnte nämlich seine Misere beheben, wenn er auch ein bisschen davon „übernimmt". Anscheinend kann er sich trotz mehrerer Gefängnisaufenthalte kein übles Ende dieser Angelegenheit vorstellen und so schnell fallen ihm andere Wege, seine Familie ordentlich zu versorgen, nicht ein. Es ist schwierig, mit seinem Ruf eine reguläre Arbeit zu bekommen. Da zeigt sich deutlich, wie viel Hilfe jemand braucht, der schon mehrmals im Gefängnis war. Ohne Betreuung für Arbeit, Psyche und für die ganze Familie geht er wieder den Weg, den er kennt. Wenn er auch versucht, den ‚Kumpel' wenigstens von Einbrüchen in Wohnhäuser abzuhalten, hat er damit keinen Erfolg.

7.6.2 Elemente einer Kriminalitätstheorie

Kriminalität zu erklären ist nicht einfach. Aber viele haben es versucht. Hippokrates hielt kriminelle Handlungen für die Taten von Verrückten. Manche hielten sie für Taten, die mit der besonderen biologischen / genetischen Konstitution der Täter zu erklären seien.[373] Von der Kriminalisierungstheorie (labeling-approach[374]) über die Anomietheorie[375] bis hin zu den Kontroll-[376] und Bindungstheorien[377] werden Probleme der Straftäter oder Probleme der Gesellschaft oder beider verantwortlich gemacht.

Wenn man jedoch auf die Einzelfälle schaut, dominieren die Rechtfertigungen, die die Täter für ihre Handlungen ins Feld führen. Die unterscheiden sich kaum von allgemeinen Handlungsmotiven. Wenn mal etwas schief gegangen ist, hilft zur Erklärung notfalls auch die Sucht als Ursache aus. Die Handlungsmotive und ihre Schilderung zeigen eine Schwäche im sozialen Bereich. Die Täter haben keine oder falsche Problemlösungs- und kaum Distanzierungsstrategien für schwierige Lebenssituationen. Frustrationstoleranzen stehen ihnen ebenso wenig zur Verfügung. In manchen Situationen wollen sie Probleme von anderen und/oder für andere lösen, eine Art missverstandene Loyalitätsausübung. Aber: ‚Gute Freunde tun etwas füreinander.'

Andere lassen sich verwickeln. Weil von ihnen schon aggressives Verhalten bekannt ist, werden sie auch gerne mal provoziert und fallen regelmäßig darauf herein. Sie interpretieren die Menschen in ihrer Umwelt anders – nämlich stets feindlich und bedrohlich - als man das gemeinhin tut. Das geschieht alles in einer sozial einigermaßen unterentwickelten Lebenssituation. Eine Ausnahme macht hier nicht einmal Sabi mit seiner moralisch begründeten Aggression. Er sieht weit und breit niemand, der die moralische Ordnung wiederherstellt und macht es deshalb selbst mit dem guten deutsch Sprichwort im Hintergrund: ‚Wer nicht hören will, muss fühlen.' Statt Zustimmung zu ernten, kommt die Polizei. Es gehört in unserem Land nicht zur moralischen Ordnung, Lebensformen, die man ablehnt, mit Gewalt zu bekämpfen.

Auch andere Menschen machen schwierige Lebenssituationen durch ohne kriminell zu werden. Dieser Einwand ist berechtigt und richtig. Menschen reagieren verschieden auf die Umwelt. Viele sehen sich als benachteiligt an und viele wollen ihre Mitmenschen moralisch zurechtrücken, viele erleben ihre Mitmenschen als feindlich oder als Konkurrenten. Warum greifen sie nicht zur Gewalt oder nehmen sich einfach, was sie nicht bekommen? Wer in einem einigermaßen gefestigten sozialen Nahraum lebt, wird durch diesen in den Empfindungen, die ihn stressen, abgefedert. Mancher findet andere Möglichkeiten der Ablenkung oder der Identifikation. Viele ziehen sich in Krankheiten psychischer Art zurück oder müssen sich dann doch auf ihren Beruf konzentrieren. Oft ist etwas da, was sie zu verlieren hätten.

Bei den Menschen, die schließlich kriminell werden, gibt es oft nichts (mehr) zu verlieren. Es fehlt ihnen ein gesicherter sozialer Nahraum oder sie versuchen gerade diesen mit untauglichen Mitteln zu gestalten oder zu erhalten. Sie vertrauen niemandem. Ihre Lösungsmöglichkeiten für Konflikte aller Art sind aufgrund dessen begrenzt. Die materielle Basis ihres Daseins ist (zu) schmal. Für das Leben mit wenig sind ihre Defizite im Bereich der Kulturtechniken (lesen, schreiben, rechnen, verhandeln) zu groß. Ihr Grundvertrauen ist ebenso wenig ausgebildet. Sie wissen also nicht, wie man schwierige Situationen durchstehen kann. Und schließlich ahmen sie Vorbilder nach, die mit Gewalt, „einfach mitnehmen“, „ist mir doch egal“, „mich erwischt schon keiner“ oder „mich macht keiner an…“ scheinbaren Erfolg verzeichnen konnten. Bei der Körperverletzung kommt hinzu, dass man so einen scheinbaren Zugewinn an Achtung durch andere erzielen kann, weil sich aus Angst keiner mehr traut, Streit anzufangen oder Missachtung zum Ausdruck zu bringen. Dieser Status ersetzt die sozialen Tugenden, mit denen man Achtung erweben könnte. Bei Betrug und größerem Diebstahl ersetzen die ertrogenen Gelder das Sozialprestige des Täters.

Zusammenfassend könnte gesagt werden: Die Straftaten dienen in großer Zahl zum Erwerb oder Erhalt von vermeintlichem Sozialprestige im weitesten Sinne. Das gilt bis hin zum Fahren ohne Führerschein und zur Körperverletzung unter Alkoholeinfluss. Im weitesten Sinne dient auch der kleine Betrug dem Sozialprestige, wenn z.B. der Familienvater meint, eine Waschmaschine kaufen zu müssen, obwohl er kein Geld hat. Er kauft sie dann im Internet unter falscher Adresse.

Eine Ausnahme machen nicht einmal Drogenabhängige, die wegen der Höhe der finanziellen Aufwendungen eine Spur der Verwüstung hinterlassen – allein aus Angst, die Droge könnte irgendwann nicht zur Verfügung stehen. Das hat mit Sozialprestige insofern zu tun, als es ein Versuch ist, sich als cooler Meister des Lebens zu präsentieren. Wer unter Drogen steht, den wirft scheinbar nichts aus der Bahn, weil er alles anders wahrnimmt als andere.

Andere Menschen erwerben Sozialprestige durch Fleiß, Ausdauer, Hartnäckigkeit im Verfolgen ihrer Ziele, aber auch durch Erbschaft oder große Leistungen auf den verschiedensten Gebieten oder einfach durch Glück. Heute ist es auch einigen vergönnt, durch bloße Anwesenheit in großen Netzwerken zu punkten. Die Mehrzahl aber erwirbt es durch ein angepasstes Dasein, das sich an den kleineren Dingen erfreuen kann. All das steht denen, die zum Straftäter werden, meist von Anfang an nicht zur Verfügung.

Daraus könnte der Schluss gezogen werden, dass die Anomietheorie am meisten erklärt. Es ist das Ziel und der Wunsch aller Menschen, in der Gesellschaft Achtung und Anerkennung zu erfahren. Um dieses Ziel zu erreichen, gibt es Mittel, die die Gesellschaft erlaubt und solche, die sie verbietet. Wenn Menschen durch verschiedene Umstände, seien sie selbstverschuldet oder mitgegeben, über die Mittel zur Erreichung von sozialem Prestige nicht verfügen, nehmen sie unerlaubte Mittel, um doch noch zum Ziel zu gelangen. Die Wahl des unerlaubten Mittels hängt vom Individuum ab, davon wie sehr es meint, sich auf Körperkraft oder auf seine Geschicklichkeit (Diebstahl, Fälschung etc.) oder anderes verlassen zu können. Es sind Mittel, mit denen derjenige meint, Punkte machen zu können. In der Regel taugen diese Versuche nicht dazu, sich soziale Achtung zu verschaffen, sondern werden von der Gesellschaft mehr oder weniger entschieden bestraft. Als Ergebnis bleibt das Gegenteil von Sozialprestige und sozialer Ausschluss übrig. Der aber übt noch mehr Druck aus, es beim nächsten Mal zu schaffen. Wenn dann keine anderen Mittel zur Verfügung stehen, wird das Drehtürgefängnis zum sich selbst verstärkenden Kreislauf (so genannte kriminogene Wirkung der Inhaftierung).

Wer schon über Sozialprestige verfügt, kann trotzdem in diesen Kreislauf geraten, wenn er oder eine ganze Firma unerlaubte Mittel benutzen, um eine erworbene Position zu halten oder zu verbessern. Im Bereich der Wirtschaftskriminalität braucht man keine sehr intensive Kenntnis, um diesen Befund zu bestätigen.

Straftaten dienen dazu, sich einen (vermeintlichen) sozialen Status und die dazugehörige Achtung zu erwerben, zu erhalten oder andere für dessen Verweigerung zu bestrafen. Die Mittel sind in der Regel ungeeignet und nicht erlaubt. Wenn es um die nackte Existenz geht, finden Straftaten aus Not und mangelndem Vertrauen in die Mitmenschen statt. Bei Drogensucht versagen diese Erklärungen. Sie könnte einfach nur als Überleben auf Kosten anderer bezeichnet werden und wirft kein Prestige ab. Auch die Erklärung der häuslichen Gewalt gelingt mit dem Modell nur schwer. Motiv könnte in diesem Fall sein, dass der Täter sein Prestige irgendwie mit dieser Frau oder dieser Familie geschwächt oder zerstört sieht.

Diese These über Kriminalität hat den Vorteil, dass sie auch große Verbrechen erklären kann. Sie gilt aber nur für Männer. Der islamistische Terrorist strebt dasselbe Ziel an: Er will als großer Held dastehen. Der große Manager will seine Firma an die Spitze führen, der kleinere einfach nach vorne kommen. Und der ganz kleine will seine Firma erhalten. Für den Alltagsverbrecher heißt das Sozialprestige: Ich bin ein Mann, mich kann man nicht einfach übergehen, mich lächerlich machen, mir etwas vorenthalten, mich benachteiligen, mir die angemessenen Mittel zum Leben versagen, meine Frau wegnehmen oder mich als Dummkopf oder Unterbelichteten abqualifizieren.

Auf allen Stufen des Menschseins in der Gesellschaft stehen andere als die gewählten Mittel zum Erreichen des Ziels zur Verfügung. Manchmal aber muss das Ziel abgeschrieben werden, weil andere schneller, tüchtiger oder glücklicher sind. Dann tritt das Motiv der Bestrafung anderer für das eigene Pech oder Versagen in den Vordergrund, wenn man nicht bereit ist, sich mit dem zweiten Platz zu begnügen oder aber dem anderen seinen Erfolg (sein höheres Prestige) zu gönnen. Dazu gehören sozial erwünschte Eigenschaften wie Toleranz, Neidlosigkeit, Friedensliebe und die Achtung anderer.

Ein derartiger Ansatz der Kriminalitätserklärung kann mit RJ in eins gebracht werden. Wenn Kriminalität vorwiegend im Bereich der mitmenschlichen Sphäre als Achtungs- bzw. Wertschätzungsproblem (beim Täter auch Selbstwertproblem) angesiedelt wird, ist die Wiedergutmachung genau die richtige Antwort. Nur so kann der Täter zum Ausdruck bringen, dass er seinen Mitmenschen missachtet hat, ihm das Leid tut und er das nach Kräften ausgleichen will. Durch diesen Akt lernt er vielleicht, wie man das soziale Prestige erwirbt, das er durch die Fehlhandlungen erzielen wollte. Er lernt, dass er als Mensch es nicht nötig hat, einen anderen zum Opfer zu machen. Wenn er ehrlich mit seinem Opfer umgehen kann, unterbleibt der soziale Ausschluss auf Zeit. Dem Opfer wird so eine Anerkennung zuteil, die seine Missachtung kompensieren kann, weil er oder sie seine/ihre Empfindung der tiefen Missachtung zum Ausdruck bringen und dem, der dafür verantwortlich ist, vortragen kann.

Das OET ist die Vorstufe zu dieser Anerkennung als Mensch. Wer versucht, der Empathie für einen, den er geschädigt hat, Raum zu geben, billigt ihm oder ihr schon das Recht zu, als Mensch behandelt zu werden. Sich selbst gesteht er damit ein, dass er jemand geschädigt hat. Sich überhaupt mit dem Opfer zu befassen, ist also schon Übernahme von Verantwortung. Insofern ist bereits die Teilnahme ein Schritt zur Wiedergutmachung. Falls das durch die Opferbegegnung vollendet werden kann, können beide ihren sozialen Status als Mitmenschen in der Gemeinschaft erreichen, womit beiden und der Gemeinschaft geholfen ist. Der Täter findet sich vielleicht auch mit mehr Vertrauen zu anderen in der Gemeinschaft wieder und muss nicht mehr mit sozialer Ächtung bestraft werden. Das sonstige Umfeld ist dann noch schwer genug aufzuarbeiten.

8. Wirkungen des OET

Immer wieder kommt die Frage auf, was denn ein Opferempathietraining in einem Gefängnis bewirken kann. Um die Wirkung zu erforschen, wären umfangreiche Untersuchungen zur Rückfallhäufigkeit oder zur individuellen Rückfälligkeit angebracht. Dazu bedürfte es langjähriger Beobachtung der Teilnehmer. Die Ergebnisse der Teilnehmerbefragung aus dem Projekt (siehe oben 6.) gaben erste Hinweise. Inzwischen liegen Selbsteinschätzungen von Teilnehmern vor, die in einer Befragung zum jeweiligen Jahresabschluss noch im Gefängnis anzutreffen waren. Dabei handelt es sich um subjektive Eindrücke, die nach einem Leitfragebogen abgefragt wurden.

29 von 44 Teilnehmern der OET – Gruppen 2015 - 2017 waren Ende der Jahre 2016 bzw. 2017 - noch inhaftiert - zum Interview bereit. Von Interesse waren für mich folgende Punkte:

Rückblick
Was ist durch das OET geschehen?
Was ist anders durch das OET?
Wie sind die Gedanken an die Opfer der eigenen Tat(en)?
Wie steht es um Schuldgefühl und Reue?
Wie wird die Justizintervention (Verfahren, Urteil) heute beurteilt?
Täter-Opfer-Ausgleich beabsichtigt?
Andere Fragen/Probleme

8.1 Spontane allgemeine erste Antworten

Ich mochte es gerne, auch die Art, wie wir geredet haben.

Die Art des Gesprächs war sehr gewinnbringend, das ‚offene' Gespräch vor allem

Ich mochte die Gespräche, gute Gruppe. Vorher hatte ich nie solche Gespräche. Das interessiert andere Leute nicht.

Sehr gut war das Malne von Bildern. Wenn Du im Bild bist, ist das sehr interessant.

In dieser Gruppe wurde das Thema exakt besprochen. In anderen Gruppen geht es immer schnell – schnell. Hier hatten wir Zeit.

Neue Einsichten, unterschiedliche Zugänge, es hat geholfen, war keine verschwendete Zeit.

Die Gruppe war insgesamt angenehm. Ich hatte keine besonderen Erwartungen.

Vier Teilnehmer konnten keine positiven oder negativen Erfahrungen nennen.

8.2 Was hat sich bei mir geändert?

Ich habe mehr Selbstbewusstsein bekommen.

Ich habe mir ein halbes Jahr lang sehr viele Gedanken gemacht – vor allem aufgrund des Arbeitsheftes.

Keine physische Gewalt mehr. Ich konnte meine Tat besser einordnen, habe nachgedacht, warum…

Ich bin viel ruhiger geworden, auch gegenüber anderen.

Viele Gedanken: Es kam alles wieder „hoch". Ich nehme wahr, was ich wirklich will. Ich habe einen Menschen tief enttäuscht. Ich hoffe, ein Gespräch mit diesem Menschen führen zu können.

Hinterher begann ich nachzudenken, leider nicht vorher. In Zukunft wird das anders sein.

Ich habe viel an mir geändert.

Nach dem OET begannen meine Lockerungen.

Ja, in Gedanken hat sich einiges geändert. Aber alles hängt von der Umgebung nach der Haftentlassung ab (Drogenmissbrauch)

Zwei Teilnehmer spürten keine Änderungen bei sich.

8.3 Die Tat-Konfrontation und ihr Nachvollziehen

…dass mir jemand zugehört hat, war wichtig. Man hat ja nie darüber nachgedacht, was wirklich geschehen ist.

Dadurch, dass jemand zuhört, wirst du aufmerksamer. Wie idiotisch das war…

Wenn jemand sagt, dass er durch das OET nicht zum Nachdenken angeregt wurde, lügt er.

Du denkst mehr darüber nach, was kommt: Was mach ich anders?

Ich nehme Abstand davon, solches in Zukunft wieder zu machen.

Sie werden mich hier (im Gefängnis) nicht mehr sehen!

Ich könnte mit meinem Opfer normal reden.

Ich hätte wissen müssen, dass das niemals klappen wird. Alles war gut und dann dieser Bullshit! Aber ich sah keine andere Möglichkeit, Geld zu machen.

Ich hätte die Finger bei mir lassen sollen (Diebstähle). Nach meiner Haft war meine schwangere Frau tot (durch Unfall).

Das war unnötig. Drogen spielten dabei eine große Rolle. Es ist wie ein Kreis aus dem man schlecht entkommt.

Es war wirklich blöd - aber keine Chance, es nicht zu tun.

Bei der Aufarbeitung der Taten durch eine „Schritt für Schritt Analyse“ erlebten manche, dass es nicht einfach ‚passiert’, sondern dass sie daran beteiligt sind und sogar noch präsente Wahrnehmungen dazu haben. Das Geschehen hätte sich in vielen Fällen steuern lassen und wäre dadurch anders verlaufen. Allein die Gruppensituation, in der andere zuhören und sich nicht darüber lustig machen, schnelle Urteile fällen oder in den Chor des Unvermeidbaren einstimmen, hilft zu vertiefter Wahrnehmung.

8.4 Wut haben viele noch immer

Wut auf mich selbst!

Keine Wut, aber Traurigkeit vor allem wegen meiner Kinder.

Wut auf die Richter. Sie haben nur mich bestraft. Das war ungerecht.

Die Wut kann wiederkommen, aber jetzt ist sie gerade weg.

Ich bin aus Gewohnheit wütend und war es immer!

Ich bin wütend auf alle Autoritäten. Sie sind kontraproduktiv bei jeglicher Resozialisierung. Es ist also kein

Wunder, wenn es wieder passiert! Aber ich will nichts mehr damit zu tun haben!

Der Ärger auf mich selbst ist groß und das ist auch richtig so (wegen der Drogen).

Zwei hatten keine Wut mehr.

Über eigene Wut zu sprechen, ist in einem Gefängnis immer schwierig. Sie wird umschrieben mit den Worten „Ich hab' so'n Hals". Damit ist zugleich die Berechtigung der Wut und die Maßnahme zu ihrer Entlastung ausgedrückt. D.h. man schlägt zurück. Die Bewusstmachung der Wut und ihrer Gründe geschieht nicht. Wenn in der Gruppe mit Selbstdistanz über Wut gesprochen werden kann, gleicht das einer überraschenden Selbsteinsicht und differenzierter Wahrnehmung, in der auch die anderen vorkommen. Wut wird zum Gegenstand der Betrachtung, anstatt als bloßes Reiz-Reaktions-Syndrom zur Austragung zu kommen.

8.5 Was ich an mir ändern möchte…

Ich war eigentlich nie gewalttätig vorher. Ich hoffe, dass das nicht weitergeht.

Jeder ändert sich. Ich würde gerne die Uhren zurückdrehen.

Ich werde mich in eine Therapie begeben.

Ich darf nicht mehr so materiell denken. Das ist aber schwer bei vielen Kindern.

Ja (lacht), endlich unabhängig sein und wenn etwas schief geht, nicht sofort zu Drogen greifen. Mein Freund hilft mir.

Ich muss mir eine Perspektive erarbeiten, sie kommt nicht von selbst. Und wenn ich alles mache, was die hier (im Gefängnis) von mir wollen, dann hilft es auch nicht.

Ich muss die Leichtgläubigkeit gegenüber anderen loswerden.

Keine Drogen mehr.

Aber auch: Ich muss an mir nichts ändern!

„Ich muss mich ändern", klingt höchst einfach, ist es aber nicht. Wer über den Änderungsbedarf nachdenkt und das in einem Gefängnis, kann über die Anforderung des Vollzugs nach Änderung hinauskommen. Denn die Anforderung ruft eher Widerstand hervor, wenn sie nicht aus eigener Einsicht entsteht.

8.6 Schuld(gefühl)

Selbstverständlich bin ich schuld: Ich habe jemand verletzt.

Ich kann es nicht ändern, man will sich nicht mit diesem unangenehmen Gedanken auseinandersetzen.

Ich habe immer darüber nachgedacht, was mir passieren könnte. Jetzt aber denke ich mehr an sie (mein Opfer). Das war vorher nicht so. Was also wird sie tun und was macht sie dann?

Es gibt nichts auszugleichen. Also bin ich nicht mehr schuldig.

Schuldig: Ich hätte vorher etwas gegen meine Spielsucht unternehmen müssen.

Ich muss sorgsamer sein im Umgang mit anderen. Ich bin schuldig im Sinne des Gesetzes, habe kein Schuldgefühl, aber ein schlechtes Gewissen gegenüber meinen Kindern. Alles passierte eben unter Alkohol.

Ich bin allein schuld, ich hätte anders handeln können. Aber das Kokain! Damit muss ich mich als Person auseinandersetzen.

Ich bin nicht merh schuldig, ich habe meine Strafe bekommen. Aber Strafteten gehören nicht zu meiner Person.

Bei meiner Straftat war keiner direkt betroffen (Drogenhandel), keine Schuldgefühle!

Bei mir fand ein Ausgleich statt, ich empfinde keine Schuld.

Bei diesem großen Konzern, den ich bestohlen habe, empfinde ich keine Schuld. Aber so denkt wohl jeder.

In Gefängnissen wird im Allgemeinen wenig über Schuld geredet. Dass dieses Thema in Ruhe und ohne Zuschreibung betrachtet werden kann, zeichnet das OET aus.

8.7 Wenn ich an mein Opfer denke…

Wie geht es ihm heute? Was geschieht, wenn wir uns treffen? Ein Gespräch wäre gut!

Hin und wieder denke ich an meine Opfer. Ich glaube nicht, dass sie heute noch leiden.

Ein Ausglich wäre hilfreich.

Ich weiß nicht, warum ich immer wieder solchen Mist mache. Es hat mit mir nichts zu tun.

Ausgleich wäre kaum möglich, weil es um Drogengeld geht. Es macht keinen Sinn, im Drogenmilieu an Opfer zu denken. Mit dem speziellen Opfer, das mir Geld schuldet, hätte ich gerne Kontakt. Der ist aber unauffindbar.

Ich habe was falsch gemacht, aber keine wirklichen Opfer. Täter-Opfer-Ausgleich ist nicht vorstellbar.

Wenn ich etwas falsch gemacht hätte, würde ich versuchen, es wieder gut zu machen.

Ausgleich ist beim Kaufladen schwierig.

Ein Teilnehmer erlebte es als höchste Form der Zuwendung, dass er gefragt wurde, wann er Opfer geworden ist. Das hätte noch nie irgendjemand interessiert.

Vier Anträge auf Täter-Opfer-Ausgleich wurden gestellt.

8.8 Kurz – Auswertung

Nach diesen stellvertretend zitierten Aussagen schient das Konzept OET in folgender Hinsicht wirksam zu sein:

- Die Teilnehmer nehmen ihre Wut wahr, ohne auf das Reiz-Reaktions-Schema zu verfallen.
- Das unangenehme Thema Schuld kann wenigstens formuliert werden.
- Tiefere Nachdenklichkeit wird häufiger angezeigt.
- Eine Notwendigkeit, sich zu ändern, wird häufig gesehen.

- Die Opfer werden im Gegensatz zu vorher wahrgenommen.
- Die Selbstwahrnehmung beginnt sich zu ändern.

Wer noch nichts mit verurteilten Straftätern zu tun hatte, kann oft gar nicht nachvollziehen, was ihre Äußerungen in diesem Kontext bedeuten. Dass jemand in Ich - Form Worte wie Schuld, Wut oder „mein Opfer" ausspricht, kommt einem erheblichen Schritt zur Selbstwahrnehmung und Selbstdistanz gleich. Zur abschließenden Einschätzung der Wirkung von OET reichen diese Punkte noch nicht. Sie sind aber eben Hinweise darauf, wo nach Wirkungen gesucht werden muss. Dabei sollte beachtet werden, dass das OET keine therapeutische Veranstaltung sein kann, sondern unter folgenden Voraussetzungen gestaltet wird:

Als Gruppenarbeit im restorativen Sinne richtet sich das OET an Werten oder Prinzipien aus. Die bestehen - wie schon dargestellt - in

- Freiwilligkeit aller Teilnehmenden
- Partizipation(smöglichkeiten) schaffen
- Konzentration auf alle Teilnehmer, je nach dem, was sie einbringen können.
- Prozessorientierung im jeweils laufenden Gruppengeschehen
- Wertschätzung auch gegen die eigene (Trainer)meinung
- Allparteilichkeit
- Neutralität im Sinne von Konzentration auf Problemlösung oder im Durchdenken von Ideen, aber auch gegenüber Personen.
- Das impliziert ein konstruktivistisches, also nicht von Anfang an festgelegtes, Konzept von Wirklichkeit, Offenheit für überraschende Sichtweisen und die vielen Wahrheiten von Individuen, Gruppen und Gesellschaft.
- Allerdings ist Orientierung am Gesamtrahmen notwendig, der von Gegenseitigkeit, Gemeinschaft, Anerkennung von

Bedürfnissen im Zusammenleben von Tätern und Opfern ausgeht.

Die Resultate ergeben sich somit aus einem Gespräch auf gleicher Höhe, in dem jeder Teilnehmer ungeschützt das sagen kann, was ihm richtig erscheint. Sichtweisen werden nicht aufgezwungen, sondern verhandelt. Der Einzelne wird zum Subjekt seiner Erkenntnis, wenn er sie mit anderen abgleicht. Der Vorrat an Varianten geht ins Unendliche. Wahrnehmung und Achtung der eigenen Gefühle und Bedürfnisse und der Gefühle und Bedürfnisse der anderen stehen im Zentrum. In wenigen Fällen folgt dem OET ein konkreter Antrag auf Täter-Opfer-Auslgeich. Wie diese dann verlaufen können, zeigen folgende Beispiele.

8.9 Zwei Täter-Opfer-Ausgleich-Versuche

8.9.1 Paul

Paul war überzeugt, dass er keine Opferempathie entwickeln muss, nahm aber trotzdem am OET teil. Immer wieder betonte er, er habe gar keine Opfer. Er könne nur nicht nachweisen, dass er die Ware abgeschickt hatte, die er per internet vertrieb. Er wurde verurteilt, obwohl der dem Gericht einen Kasten voll Belege übergeben hatte. Die richtigen herauszusuchen, hatte er sich geweigert. Nun, wenn jemand sich weigert, die auf die beklagte Ware zutreffenden Pakete herauszusuchen, werden Schlüsse gezogen. Das Gericht sah es als erwiesen an, dass die Ware nicht geliefert worden war. Die Folge war die Freiheitsstrafe, wegen schnellen Rückfalls ohne Bewährung. Nach der wiederholten Teilnahme am OET beantragte Paul einen Täter-Opfer-Ausgleich (TOA). Das erste Gespräch darüber ergab keine Änderung dieses Wunsches. Nun folgte die Suche nach der Akte. Eine Dienststelle für TOA besorgte die Akte nicht. Das beruhte auf Missverständnissen und frustrierte Paul schon mal erheblich. Dennoch hielt er an seinem Wunsch fest, den Ausgleich durchzuführen, indem er die jeweilige Summe den geprellten Käufern zurückerstatten wollte. Durch einen Zufall wurde der Vollstreckungsrichter aktiv und sandte den Entschuldigungsbrief von Paul via Staatsanwaltschaft an die vier Geschädigten. Einer davon kam zurück: Adressat nicht auffindbar. Inzwischen waren acht Monate vergangen. Aber dieser Richter war nun bereit, die Akte zu besorgen. Er gab die vier Adressen der Geschädigten an den Mediator weiter. Dieser musste nun versuchen, die Geschädigten anzuschreiben. Das gelang nur in dem Fall dessen, der anwaltlich vertreten war. Danach ging es schnell. Der Geschädigte war bereit, über seinen Anwalt auf den Ausgleich einzugehen. Nun konnte der Antrag an die Stiftung Straffälligenhilfe ausgefüllt, unterschreiben und gestellt werden. Paul war inzwischen aus der Haft entlassen worden und im seinem zweihundert Kilometer entfernten Wohnort anzutreffen. Für das Darlehen fehlte nun noch der Einkommensnachweis „vom Amt".

Dann plötzlich passierte nichts mehr. Paul war schwer zu erreichen, der Nachweis kam nicht. Seine Frau hatte bereits die erste Darlehensrate zurückgezahlt, aber Paul blieb bis auf zwei Telefongespräche untätig. Als der Mediator ihn schließlich aufsuchte, erzählte er, dass er sich von seiner Frau getrennt habe und eine neue Beziehung sich anbahne, die wieder einige Änderungen nötig machte. Er wolle umziehen, seine amtliche Zuwendung neu beantragen und bald zur Arbeit gehen. An der TOA-Absicht wolle er bestimmt festhalten. Wieder vereinbarte er mit dem Mediator, den Einkommensnachweis bald zu schicken, er könne ihn jetzt nicht finden. Und danach geschah – nichts. Nach mehreren Wochen Wartezeit musste dem Geschädigten mitgeteilt werden, dass nun doch kein Geld kommen werde. Es handelte sich gerade Mal um rund vierhundert Euro. Seit dem Antrag auf TOA waren 14 Monate vergangen. Vielleicht kann man verstehen, dass manche den Täter-Opfer-Ausgleich beim oder nach dem Absitzen der Strafe für absurd halten oder Geschädigten keine falschen Hoffnungen machen wollen. Andere wiederum werden darin bestätigt, dass in Fällen von Betrug jeder Größenordnung ohnehin jede Mühe verloren sei.

8.9.2 Bilal

Der zweite TOA wurde von Bilal beantragt. Er war wegen eines Überfalls verurteilt, der eigentlich ein beauftragter Wohnungseinbruch sein sollte. Das Trio führte eine Waffe mit. Der Eigentümer des Hauses sollte abwesend sein, war es aber nicht. Die drei standen plötzlich vor ihm und reagierten entsprechend panisch. Sie fesselten den Mann und bedrohten ihn mit der Pistole, damit er ihnen den Code des Safes verrate, was er aber nicht tat. Immerhin fanden sie eine teure Uhr, mit der sie etwas anfangen konnten. Schließlich hörten sei, dass da noch ein Auto vorfuhr. Einer der drei schlug aus Frust dem gefesselten Mann mit der Pistole auf den Kopf. Dann türmten sie, stahlen ein Auto und lebten vom Verkauf der Uhr in einem Nachbarland einige Tage. Dort wurden sie von der Polizei festgenommen.

Im OET bekam Bilal einen Eindruck davon, wie sehr er selbst unter dieser Tat gelitten hat, welche schweren Auswirkungen das aber auch auf ihr Opfer hatte. Er rechtfertigte die Mitwirkung damit, dass er voll Drogen war und überhaupt keinerlei Perspektiven hatte. Deshalb habe er sich von einem Fremden überreden lassen. Sonst habe er keine Chance auf überleben als Migrant gesehen. Aber er erkannte das selbst als miese Rechtfertigung dafür, andere Menschen in seinem Gastland zu schädigen. Er kam zu der Überzeugung, dass er sich bei dem Opferentschuldigen müsse. Nach seiner zu erwartenden Abschiebung könnte das wohl kaum noch gehen.

Nach dem Antrag sprach er mit einer Mediatorin. Sie vereinbarten, er solle zunächst einen Entschuldigungsbrief verfassen. Er hoffte nun inständig darauf, dass das Opfer sich daraufhin auch schriftlich melden möge. Stattdessen geschah daraufhin – gar nichts. Die Rückmeldung der Mediationsstelle blieb ebenso aus wie eine Reaktion des Opfers der Tat. Niemand erklärte Bilal, warum er das hinnehmen muss. Man kann niemand zwingen, auf seine Entschuldigung einzugehen. Diese Erklärung wäre aber dringend nötig gewesen, damit er als Häftling nicht erneut auf den Gedanken kommt, er sei als Migrant eben benachteiligt, obwohl er sich heftig bemüht. TOA bleibt bei Haftsituationen schwierig, ist aber doch nicht unmöglich. Bilal hat es zumindest versucht. Dabei hat er sich auch noch einmal intensiv mit seiner Handlungsweise auseinandergesetzt.

9. Restorative Justice und (Gefängnis)seelsorge

Die Gefängnisseelsorge könnte als solche ein Interesse an RJ entwickeln und tut es auch hier und dort bereits.[378] Dass aber auch in der Grundlegung der Seelsorge gemeinsame Interessen bestehen, soll der Inhalt dieses Abschnitts sein.

9.1 Das Interesse der Gefängnisseelsorge

Welches Interesse kann die Gefängnisseelsorge an Restorative Justice haben? Könnte sie im Interesse der eigenen Sache das evangelikale Modell von Prison Fellowship als Bewegung übernehmen? Wohl kaum. Gefängnisseelsorge in Deutschand hat einen doch anderen theologischen Hintergrund. Darin spielt das Stichwort Kommunikation eine zentrale Rolle. Kommunikation ist eine Lebensäußerung besonderer Art.

„Jeder einzelne hält in seiner Konstitution als Mensch in sich unvermeidlich und unwillkürlich einen autopoietischen Prozess der Beobachtung von Kommunikation als sozialem System und der denkenden Verarbeitung im Gange, reagiert mit seiner Binnenkommunikation als psychisches System auf seine Beobachtungen und trägt über strukturelle Koppelungen zum sozialen System Kommunikation und dessen Erhaltung bei.“[379]

Die Seelsorge sucht alles, was zum Leben hilft. Das ist in der Umgebung von Straftaten, Gerichten und Gefängnissen nicht das, was alle wollen. Oftmals ist es sogar das Gegenteil davon. Aber wir beobachten und hören täglich: Das Opfer einer Straftat zu sein, macht unfrei und kann kaum kommuniziert werden. Denn die Opfer erwartet nicht nur Mitleid, sondern auch Häme und Besserwisserei, besonders von den Medien, aber auch von der Öffentlichkeit.[380] Täter zu sein, macht ebenfalls unfrei. Vor Gericht zu stehen und aus der Angst, das Urteil noch zu verschärfen, nichts sagen zu können, hilft weder Tätern noch Opfern. Die Opfer müssen wahrheitsgemäß aussagen, die Täter können schweigen. Die Lasten sind also auch noch sehr ungleich verteilt. Die Situation mündet in überall geteilte Unfreiheit gegenüber der Tat, zwischen Tätern und Opfern, vor Gericht und in Haft.

Für das tägliche Leben gibt es einige Ratschläge im Neuen Testament, für Kommunikationslagen alltäglicher ernsterer Art z.B.:

„Einige dich mit deinem Widersacher, solange du mit ihm auf dem Wege bist, damit er dich nicht dem Richter übergibt und der Richter dem Diener und du ins Gefängnis kommst. Ich sage Dir: du wirst nicht von dort herauskommen, bis du auch den letzten Pfennig bezahlt hast.“[381]

Hier wird ein Prinzip beschrieben, das für alle Lebenslagen gilt: Für Geschäfte, für den Umgang in Hierarchien, für das Privatleben, für Straftaten. Wer die Chance auf ein durch Kommunikation zu erzielendes Ergebnis nicht nützt, wird ‚bezahlen‘. Wer mit der Justiz zu tun hat, weiß das. Im juristischen Zivilverfahren heißt das Prinzip ‚Vergleich‘, im Strafverfahren Diversion oder Täter-Opfer-Ausgleich oder Restorative Justice. Wird die Chance nicht genutzt, wenn man noch Zugriff auf die Kommunikation hat, liefert man sich einem fremden Kommunikationsverfahren und schließlich einem Urteil aus.

Das Prinzip gilt im juristischen Sinne auch für Täter. Wenn sie nicht in der Lage sind, sich mit dem Opfer zu einigen, werden sie verurteilt und haben dann keine Möglichkeit der Verhandlung mehr. Allenfalls auf Gnade könne sie hoffen. Diese tritt aber aufgrund der Gleichrangigkeit der Akteure in demokratisch organisierten Rechtsstaatsystemen seltener ein als in autoritären Systemen. Der Abbruch der Kommunikation geschieht für den Täter so, dass er sich einem Urteil beugen muss, das nach vorgeschriebenen Verfahren zu Stande kommt und gegen das er nur auf vorgeschriebenen Wegen bis zur Erschöpfung der Rechtsmittel vorgehen kann. Ob er damit einverstanden ist oder nicht, spielt dann schließlich keine Rolle mehr. Die aufgetretenen und durch die Straftat zur Schau getragenen Probleme werden ‚eingefroren‘.

Dasselbe gilt auch für Opfer von Straftaten. Auch sie haben vor Gericht nur die Möglichkeit, sich den für sie fremden

Kommunikationsregeln, die dort gelten, zu unterwerfen und sind ohne bzw. nur mit geringen Möglichkeiten ausgestattet, auf das Urteil einzuwirken. Das ist derselbe kommunikative Vorgang wie bei der Straftat selbst. Die Opfer werden nicht gefragt, sie haben keinen Aktivanteil am Geschehen nach der angezeigten Tat.

9.2 Straftat als Form der Kommunikation

Zurück zu dem biblischen Ratschlag. Es ist zu erwarten, dass Widerspruch aufkommt: Wo ist bei einer Straftat ein Widersacher? Opfer sind doch normalerweise nicht aktiv in das Geschehen verwickelt, sondern werden ihm unterworfen, ohne dass sie an dieser Form der Kommunikation teilnehmen. Und schon gar nicht möchten sie sich mit jemandem einigen, der sie angreift, ihnen etwas wegnimmt oder sie betrügt. Der Beginn der Kommunikation mit einem Schädiger unterliegt anderen Regeln als üblich. Üblich ist ein gewisses Maß an Gegenseitigkeit. Das Opfer einer Straftat geht aber nicht freiwillig in diese Form der Kommunikation, sondern es wird hineingezwungen oder – wie beim Betrug – in eine Kommunikationsfalle gelockt. Es fehlt also die Gegenseitigkeit. Dem Opfer wird in diesem Punkt sogar die Kontrolle entwendet und das ist eine der schlimmsten Beeinträchtigungen und Demütigungen: „Ein Teil des durch ein Verbrechen ausgelösten Traumas besteht darin, wie es unser Selbstverständnis und unsere Sicht der Welt, ja unsere Lebensgeschichte auf den Kopf stellt.“[382] Das scheint mir auch der Grund dafür zu sein, dass Howard Zehr die Interpretation von Restorative Justice als Mediation ablehnt:

„Konflikt- oder Streitmediation setzt voraus, dass die Parteien einander moralisch ebenbürtig sind. Es wird auch oft davon ausgegangen, dass die Verantwortung von allen Seiten zu teilen ist. (…) Verständlicherweise wollen Opfer von Vergewaltigung oder Überfällen nicht als ‚Konfliktpartei' bezeichnet werden. Tatsächlich ringen sie vielleicht sogar mit der Belastung, sich selbst Vorwürfe zu machen. (…) Dabei kann die neutrale Sprache der Mediation in vielen Fällen irreführrend oder gerade für die Opfer verletzend sein.“[383] Diesem Ansatz nach passen die Worte Konferenz oder Zirkel besser.

Howard Zehr definiert restorative Gerechtigkeit nicht als das Gegenteil von Strafe und nicht als Heilmittel für alles. Sie kann das Rechtssystem nicht ersetzen. Sie ist auch nicht zwangsläufig das Ende der Gefängnisse. Die Verringerung der Rückfallgefahr ist vielleicht ein Nebeneffekt, wenn es um Verantwortung (Täter) und um Bedürfnisse (Opfer und Täter) geht. Schließlich hängen Wiedergutmachung und Vergeltung, also retributive und restorative Gerechtigkeit, innerlich zusammen.

„Der Wunsch nach Wiedergutmachung ist im Grunde ein Symptom, ein Zeichen eines noch grundlegenderen Bedürfnisses nach Vergeltung. […] Es handelt sich hier um ein Verlangen, das wir alle haben, wenn wir umgerecht behandelt werden. Wiedergutmachung oder Ausgleich in irgendeiner Form ist eine von vielen Möglichkeiten, dieses Bedürfnis zu erfüllen, um sozusagen den Punktestand auszugleichen.“[384]

Eine entsprechende Desillusionierung betrifft auch die Täter. Sie sollen durch restorative Gerechtigkeit nicht etwa entlastet werden. Wenn Restorative Justice die Justizverfahren heutiger Art in Frage stellt, soll keineswegs vor allem eine Erleichterung für Täter die Folge sein. Im Gegenteil. Es geht um die Angemessenheit nachgewiesener negativer Folgen für die Verurteilten in den Gefängnissen.[385] Sie schädigen Verurteilte in vielfacher Weise, ohne dass jemand etwas davon hat.[386] Deshalb sind sie nicht angemessen.

„Wirkliche Rechenschaft beinhaltet, dem ins Auge zu sehen, was man getan hat. Es bedeutet, Täter darin zu unterstützen, die Auswirkungen ihres Tuns zu verstehen […] und Schritte zu unternehmen, um die Dinge so weit wie möglich wieder in Ordnung zu bringen.“[387]

Gefängnisse schaden in der Regel dem Aufbau einer solchen Verantwortung, indem sie Verurteilten jede Verantwortung entziehen und es ihnen unmöglich machen, etwas materiell auszugleichen. Auch andere Formen der Anerkennung sind ihnen dadurch verwehrt, dass sie nur schwer die Chance erhalten, in einen Dialog einzutreten. Ebenso werden sie eher depressiv und aggressiv als psychisch ertüchtigt, die nötigen Schritte zur Restitution zu tun.

9.3 Die Kommunikation in der Seelsorge

In diesem Umfeld gründet nun die Seelsorge auf Kommunikation. Das Grundgeschehen dieser Kommunikation beruht auf der als geradezu kosmisch verstandenen Kommunikation Gottes mit den Menschen, der Menschheit. Indem Gott Mensch wurde, überschritt er seine eigenen Grenzen im existentiellen Sinne. Der Mensch Jesus ist das Symbol dieser Kommunikation. In dieser Kommunikation bilden die gesellschaftlichen Sonderungen und Hierarchien, welche die Gesellschaftsstruktur konstruieren, keine kommunikativen Grenzen wie im ‚Normalfall'. (Mit dem ‚Normalfall' wäre hier dann die Kommunikation bezeichnet, die den gesellschaftlichen Konventionen und Machthierarchien folgt.)

Bei Jesus lässt sich lernen, dass jeder Mensch ein Geschöpf Gottes ist und seinen Mitmenschen als solches sehen soll / kann. Diese anthropologische Annahme ist die Basis der Seelsorge. Hier wird jeder Mensch unter dem Aspekt der Würde, die ihm Gottes Liebe eröffnet, betrachtet. Das gilt für Menschen, die Opfer von anderen wurden, aber auch für die, die andere durch schädigende Handlungen zu Opfern machten. Zusammenfassend hat Paulus dazu gesagt:

„Denn obwohl ich frei bin von jedermann, habe ich doch mich selbst jedermann zum Knecht gemacht, damit ich möglichst viele gewinne. Den Juden bin ich wie ein Jude geworden, damit ich die Juden gewinne. Denen, die unter dem Gesetz sind, bin ich wie einer unter dem Gesetz geworden – obwohl ich selbst nicht unter dem Gesetz bin –, damit ich die, die unter dem Gesetz sind, gewinne. Denen, die ohne Gesetz sind, bin ich wie einer ohne Gesetz geworden – obwohl ich doch nicht ohne Gesetz bin vor Gott, sondern bin in dem Gesetz Christi –, damit ich die, die ohne Gesetz sind, gewinne. Den Schwachen bin ich ein Schwacher geworden, damit ich die Schwachen gewinne. Ich bin allen alles geworden, damit ich auf alle Weise einige rette. Alles aber tue ich um des Evangeliums willen, um an ihm teilzuhaben."[388]

Auch bei Paulus ist Kommunikation nach dem Vorbild der Kommunikation Gottes mit den Menschen gedacht. Verhandlungen im Sinne einer Konferenz gehen nicht anders als mit dieser Form der Anpassung an beide Seiten oder alle Seiten (Allparteilichkeit). Würde Paulus auch sagen können, er wurde den Tätern ein Täter und den Opfern ein Opfer? Erst durch solche Empathie kommt eine Kommunikation zwischen Täter und Opfer zu Stande, die beiden ermöglicht, sich als Menschen sehen zu lernen und den anderen ebenso.

Somit steht im Zentrum der Vorstellung, die sich die christliche Seelsorge vom Menschen macht, nicht eine Norm, wie er zu sein hat, sondern eine Vorstellung, wie er werden könnte: Der Mensch könnte dem Menschen ein Mitmensch und ein Bruder oder eine Schwester werden. Wenn aber jemand erkennt, dass er seine Schwester oder seinen Bruder geschädigt hat, um für sich selbst etwas zu gewinnen, dann kann er lernen, dass er sich selbst geschädigt hat.[389] Das wird das Bedürfnis in ihm wachsen lassen, den Schaden auch im eigenen Interesse auszugleichen.

Damit ist aber nicht alles geklärt. Denn bei dieser Interessenlage der Seelsorge muss auch der andere Blickwinkel zur Geltung kommen. Der Menschenbruder ist auch der Feind des Menschen. Es ist nicht so einfach, den anderen leben zu lassen. Rivalität kann Folgen hervorrufen wie bei Kain und Abel. Kain lebt weiter trotz seines Mordes an Abel. Er wird sogar geschützt, jedenfalls davor, dass er selbst auch getötet wird, wie es die Blutrache erfordert. Seine Verbannung in das unstete Leben galt als Entsprechung zur Bestrafung mit dem Tod.[390] Gott erinnert ihn an seine Verantwortung, nimmt ihn aber auch in Schutz. Die Blutrache wird damit vorausgesetzt und verworfen! „Dass ein Mensch – und sei es ein Mörder – zum Freiwild für andere Menschen wird, das wird durch diese Rechtsetzung unterbunden."[391] Für die Auslegung der Kain-Abel-Geschichte gilt danach Folgendes:

„Es wird also am Anfang der Bibel unter Einschluss des Verbrechens, unter Einschluss der Möglichkeit des Mordes gesprochen. Kain wurde zum Ausgestoßenen, Abel zum Opfer. Beide waren sie Menschen wie alle anderen.“[392]

Die Geschichte der Brüder Kain und Abel enthält wichtige Aspekte dessen, was die Sicht auf Täter und Opfer ausmacht. Beide sind und bleiben Menschen, die zur Erfahrungsgeschichte jeder Kommunikation über Täter und Opfer gehören. In der Tat sind auch Täter Menschen, die der Hilfe und des Schutzes bedürfen. Die Statistik zeigt, dass Täter auch Opfer sind und Opfer auch Täter.[393] Das gilt im lebensgeschichtlichen Zusammenhang und auch akut. Manchmal werden Täter im gleichen Zeitraum auch Opfer. Manchmal sind sie es aus ihrer Sozialisations-Geschichte. Dies ist besonders deshalb zu betonen, weil im Zusammenhang mit der stärkeren Betonung der Opferrolle beim Kriminalitätsgeschehen eine Gefahr auftritt, die erst jetzt deutlicher wahrgenommen wurde. Die Opferdebatte der letzten Jahre hat dafür gesorgt, dass Straftäter als Feinde betrachtet werden, gegen die man sich durchgehend schützen muss. Prävention wird als vorbeugender Schutz schon gegen potentiellen Rückfall und potentielle Täter gerichtet. Die Opfer müssen im Verfahren der Justiz als Argument für härtere Strafen und in der Prävention für flächendeckende Überwachungsmaßnahmen herhalten.

Dieser Gefahr wird dadurch entgegengesteuert, dass die andere Seite der Täter-Opfer-Wahrnehmung weiter betont wird. Opfer sind in vielen Fällen nicht an Strafen interessiert, sondern an allen Formen von Ausgleichshandlungen.[394] Die Seelsorge richtet sich speziell im Bereich Täter und Opfer, aber auch allgemein mit Menschen, darauf, Differenzen zu bearbeiten.

„Die Kommunikation, die die Vorstellung eines ‚Guten für alle’ oder ‚der allen entgegenkommenden Liebe’ anregt oder provoziert, fördert den unendlichen Kommunikationsprozess, der in farbenprächtigen Bildern vom Paradies gefasst wurde, von einem Lebensraum, in dem […] die Unterschiede keine Gefährdung darstellen […]. Differenzen müssen ständig bearbeitet werden, dies geschieht […] durch Sprache, Herrschaft, Recht, Wirtschaft und deren Organisation.“[395]

Es besteht angesichts der öffentlichen Reflexe von Strafverschärfung mit Berufung auf die Gefühle der Opfer auch Anlass, an Jesu Wort zu erinnern „Richtet nicht, auf dass ihr nicht gerichtet werdet.“[396] In dem Satz steckt eine Mahnung, die dann auch für den täglichen Umgang miteinander gilt, dass man niemanden für ein Fehlverhalten richten soll, denn es kann ebenso gut auf einen selbst zurückfallen. Doch mit einer solchen Auslegung tun sich freilich die Exegeten schwer, stehen ihr doch andere Bibelstellen gegenüber, die das Richten voraussetzen oder sogar vorschreiben.[397] Außerdem lege der Zusammenhang im Matthäusevangelium eine Geltung des Satzes vom Richten für die ‚Brüder im Glauben’ und noch nicht für alle anderen nahe. Dann wäre sein Sinn: Ich soll meinen (christlichen) Bruder nicht richten, denn mir wird zumindest von Gott aus am Ende das widerfahren, was ich meinen Glaubensbrüdern getan habe. Wie man auch immer den Ursprungssinn des Satzes Jesu definiert – wenn man das Richten im Blick auf Kain und Abel versteht, legt sich doch eine Generalisierung nahe. An den beiden ersten Brüdern der Menschen wird demonstriert: Menschen sollen nicht richten, denn sie wissen nicht, was das Leben für sie bereit hält und in welche kommunikativen Zusammenhänge sie geraten können. Das Aufarbeiten ist jedenfalls eindeutig besser, wenn es um Schädigungen unter Menschen geht. Schon der von der alttestamentlichen Wissenschaft angenommene Autor der Kain-Abel-Geschichte sucht ja genau das als Lösung für die katastrophale Gewaltausübung von Menschen gegeneinander, die er wahrnimmt und beschreibt.

9.4 Zukunft der (Gefängnis-)seelsorge

(Gefängnis-) Seelsorge hat aus dieser Grundlegung heraus allen Anlass, sich mit den Möglichkeiten und Formen der Kommunikation zwischen Opfern und Tätern zu beschäftigen. Das gilt besonders deshalb, weil die Entscheidung der Kirchen, im Gefängnis die Täterseite und deren Umgebungsvariablen zu bearbeiten, das Geschehen der Kriminalität und ihrer ‚Bearbeitung' nur unvollständig erfasst. Aus der so gewonnen Distanz wäre auch in der Seelsorge deutlicher wahrzunehmen, wie und in welchem Ausmaß das Gefängnis seine ganz neuen und eigenen Probleme schafft, die von dem eigentlichen Kriminalitätsgeschehen und der daraus entstehenden Verantwortung ablenken. Daraus einen neuen Arbeitsansatz zu gewinnen, kann sehr hilfreich sein, um der Festlegung auf die Binnenprobleme des und auf die Bewältigungsstrategien im Gefängnis zu entkommen.

Die Vision eines restorative prison zielt darauf ab, in den Gefängnissen den Umgang so zu gestalten, dass alles Notwendige bis zum täglichen Klein-Klein im Kommunikations- statt im Disziplinierungsmodus geregelt werden kann. Dem kann die Seelsorge die Vision hinzufügen, dass Gefängnisse zu Kommunikationszentren für Fehlleistungen werden, die unter Menschen passieren und von Menschen verantwortet werden müssen. Dann können sowohl Opfer ihre Täter aufsuchen als auch die Gesellschaft insgesamt am Diskurs über Wiedergutmachung und Neuanfang teilhaben. Zudem könnte man gemeinsam lernen, was heute als Resozialisierung bezeichnet wird, in reale Neuanfänge von Menschen umzusetzen, die kriminell gehandelt haben. In weiterer Zukunft ließe sich unter Umständen die Vorstellung verwirklichen, dass nur wirklich gefährliche Straftäter hinter Schloss und Riegel gebracht werden müssen, aber nicht die Täter, die kleine Straftaten dauernd wiederholen. Die kleinen Schritte zur Einführung von OET in Gefängnissen können erste Schritte auf einem langen, langen Weg werden. Wenn die Seelsorge daran mitarbeiten könnte, hätte sowohl sie als auch RJ eine interessante und konstruktive Zukunft.

Anhang

Der Anhang dient der Ergänzung von im Text aufgetretenen Fragestellungen der Grundlegung von Restorative Justice durch Impulse aus der Bibel. Zudem enthält er die Fundstellen in den Landesstrafvollzugsgesetzen der Länder zur Opferbezogenheit des Strafvollzugs, den erwähnten Fragebogen zum Thema Punitivität sowie die Verzeichnisse Opferempathietraining, Tabellen und Literatur.

Restorative Justice und die Bibel

RJ wurde unter anderem in christlichen Gemeinden entwickelt. Daher erscheint es sinnvoll, sich nun noch konzentriert um die inhaltlichen Verbindungen zwischen der Bibel und RJ zu kümmern. Einige Szenen oder Texte des Alten und Neuen Testaments weisen eine thematische Verbindung zur Heilenden Gerechtigkeit auf. Ebenso lassen sich gemeinsame Grundüberzeugungen entdecken. Da auch der Begriff aus der theologischen Debatte um die Gerechtigkeit stammt, geht die Verbindung über bloß assoziative Elemente weit hinaus tief ins Inhaltliche.

Die Vergewaltigung der Dina

In 1. Mose 34 erzählt das Alte Testament eine Vergewaltigungsgeschichte. Diese Geschichte weist Elemente auf, wie sie in den Restorative Justice Programmen vorkommen. Die Geschichte dient aufgrund der Thematik selten als Grundlage für eine Predigt oder eine Bibelarbeit.

Jakob kam aus Mesopotamien nach Sichem und kaufte sich ein Grundstück. Unter seinen Kindern war Dina. Sie ging aus, um Kontakt mit den Mädchen in der neuen Nachbarschaft aufzunehmen. Da sah sie der Sohn des Landesherrn, von dem Jakob das Grundstück gekauft hatte, und vergewaltigte sie. Aber er gewann das Mädchen lieb und bat seinen Vater, bei Jakob um ihre Hand anzuhalten. Jakob erfuhr von der Sache und behielt sie zunächst für sich. (Soll man dazu denken: Er kannte seine hinterhältigen und gewalttätigen Söhne?) Hemor aber machte sich auf, um mit Jakob zu verhandeln. Die Söhne Jakobs hatten die Geschichte auch gehört und kamen mit großem Zorn dazu. Hemor machte Vorschläge, wie die Jakobsippe mit seinem Volk zusammenleben könnte und Sichem erbot sich, jeden Preis für die Braut Dina zu entrichten. Die Jakobsöhne hielten die ‚Schändung' für so entscheidend, dass sie die Forderung erhöhten: Ein unbeschnittener Mann könne ihre Schwester niemals zur Frau bekommen. Wenn sich alle Männer des Volkes von Hemor beschneiden ließen, wollten sie aber einwilligen. Wie groß muss der Wunsch der Hemoriter gewesen sein, die Vergewaltigung „in Ordnung" zu bringen. Sie gingen auf diesen Wunsch ein. Hemor und Sichem ließen eine Volksversammlung ausrufen und erklärten ihrem Volk die Vertragsinhalte und das Versprechen auf gute Nachbarschaft. Das Volk, d.h. die Männer, ließen sich darauf ein.

Man mag über die in der Geschichte erzählten Vorgänge und Verhandlungen besonders im Hinblick auf die Genderfrage denken, was man will.[398] Es wird jedenfalls deutlich, dass hier über eine Verhandlung sowie einen Vertrag zur Wiedergutmachung einer Untat erzählt wird. Es spielt zunächst einmal keine Rolle, dass das alles nicht unseren Vorstellungen entspricht. Da verhandeln die Männer unter sich. Das eigentliche Opfer spielt keine Rolle. Was hätte z.B. Dina zu der Heirat mit Sichem zu sagen gehabt? Was hätte sie vom Verhandlungsergebnis gehalten? Das Verhalten des Vergewaltigers und seines Vaters gab ihr einen höchsten Wert. Die Männer waren bereit, für Dina ihre Identität und die anderer aufzugeben. Entweder empfanden sie die Untat als derart gravierend, dass sie das für nötig hielten oder die Liebe des Sichem war so groß, dass er alles zu tun bereit war. Mit heutigen Maßstäben wäre vermutlich das Ergebnis der Verhandlungen als zu schwerwiegend für die eine Partei, als Demütigung oder als Überforderung anzusehen. Und nach damaligen Maßstäben? Das lässt sich nicht beurteilen. Jedenfalls scheinen beide Parteien mit dem Vertrag zufrieden zu gewesen zu sein. Er wurde umgesetzt. Am dritten Tag nach der Beschneidung hatten die Hemoriter Schmerzen. Das nutzten Levi und Simeon, um in die Stadt einzudringen und alle Männer einschließlich Hemor und Sichem zu töten. Ihre Schwester Dina nahmen sie wieder mit. Wieder wurde sie offenbar nicht gefragt. Danach plünderten alle Söhne Jakobs die Stadt und verschleppten Frauen und Kinder.

Jakob bekam wegen dieser widerlichen Frevelhandlungen die Angst, dass solchem Verhalten seine gesamte Sippe zum Opfer fallen könnte, falls die Kanaaniter sich zusammentäten. Seine Söhne aber redeten sich damit heraus, dass eine Vergewaltigung, die ein Familienmitglied betrifft, alle Untaten rechtfertigen kann. „Die Dominanz der Gewalt gegenüber der Menschlichkeit macht aus Genensis 34 eine der dunkelsten Geschichten der Bibel.“[399] Dass hier Fragen der Koexistenz der Jakobsippe als nomadischer Lebensform mit Erwählungsbewusstsein in einem sesshaften religiös anders denkenden Umfeld verhandelt werden, macht die Geschichte nicht besser, erklärt aber ihren möglichen ‚Sitz im Leben’.

Nichtsdestoweniger enthält sie methodische Aspekte einer Restorative Justice. Bei den Verhandlungen nehmen nicht alle Geschädigten teil, wohl aber andere Betroffene und Unterstützer. Es fehlt jedoch ein unbeteiligter Dritter wie etwa ein Mediator. Dennoch sind die erzielten Vereinbarungen verständlich und klar. Beide Parteien akzeptieren zunächst den Einigungsvertrag. Hemor und Sichem lasse ihn sogar noch demokratisch absegnen. Dann aber nutzen zwei Jakobsöhne die Schwäche der anderen Partei, die diese aufgrund des Vertrages ereilt hat, und vernichten sie auf grausame Weise. Es sind die beiden leiblichen Brüder der Dina, die den Vertrag als Waffe benutzen.

In heutiger Zeit wäre wahrscheinlich schon eine Verhandlung dieser Art unmöglich, weil unterprivilegierte Sexualstraftäter ohne Wiederkehr aus der Gesellschaft ausgeschlossen werden, privilegierte aber andere Mittel zur Erledigung haben.

Vereinbarungen, die einen Partner überfordern, erreichen das Gegenteil (Vertrag als Sieg!). Eine Vereinbarung, die alle akzeptieren, bedeutet noch nicht, dass sich auch alle daran halten. Zu diesem Problem passt die Äußerung eines Teilnehmers in der JVA Kiel: „Woher kann ich sicher sein, dass meine Bemühungen um Ausgleich nicht dazu führen, dass der andere mich endlich entlarven kann? Während er noch eine Sitzung mit dem Mediator mit mir macht, kann er das gewonnene Wissen dazu nutzen, mich und meine gesamte Familie bloßzustellen und in unserer Stadt unmöglich zu machen. Diese Gefahr kann ich meiner Familie nicht zumuten.“

Die Josephsgeschichte

Es wurde bereits erwähnt[400], dass die Geschichte des Joseph und seiner Familie u.a. die moslemische Wahrnehmung von RJ begründet.[401] Joseph war der 11. Sohn Jakobs und der erste, der von seiner Lieblingsfrau Rahel geboren wurde. Als Junge hatte er Träume, die seine Brüder gegen ihn aufbrachten. Diese Träume hatten den Inhalt, dass sich Mutter und Vater sowie die Brüder vor ihm verneigten. Er sollte also irgendwann über sie herrschen. Die Brüder ergriffen eine günstige Gelegenheit, als der eingebildete Joseph ihnen alleine das Essen aufs Feld zu den Tieren brachte und sperrten ihn in eine leere Zisterne, um ihn dann an eine vorbeiziehende Karawane zu verkaufen. Dem Vater Jakob brachten sie seine blutverschmierten Kleider mit und erzählten ihm, Joseph sei leider von einem wilden Tier getötet worden. Wenn man die Geschichte betrachtet, gibt es jetzt bereits mehrere Opfer: Joseph selbst und seine Eltern. Täter sind zweifellos die Brüder. Motiv ist Eifersucht. Der ziemlich verrückte Lieblingssohn des Vaters war auf elegante Weise entsorgt worden. Es gab dann noch einen weiteren Sohn namens Benjamin, der gewissermaßen Josephs Stelle einnahm, aber nicht seine Ideen hatte.

Als eine Hungersnot über Teile der damaligen Welt hereinbrach, traf sie auch die Familie des Joseph. Der war inzwischen über eine verwunderliche Karriere zum Verwalter der Vorräte des ägyptischen Pharao aufgestiegen und hatte so nahezu Leben und Tod der Ägypter und wohl auch der umwohnenden Völker oder Stämme in der Hand. Wem er Nahrung zuteilte, der konnte überleben. In dieser Not kam die Familie des Joseph auf die Idee, in Ägypten um Nahrung zu bitten. Sie zogen dorthin und trafen auf ihren Bruder. In einer dramatischen Geschichte wird das gegenseitige Wieder Erkennen und das Tauziehen geschildert, die schließlich zur Errettung der gesamten Familie führt. Joseph vergab seinen Brüdern und Vater Jakob konnte in Ruhe sterben.

Natürlich verfolgt die Geschichte dieser Familie im Alten Testament andere Zwecke als die Begründung eines Verständnisses vom Umgang mit abweichendem Verhalten. Es wird dort eher dargstellt wie eine Familie, der Gott eine große Zukunft versprochen hat, auf wundersamen Umwegen, die durch die Bosheit der Menschen geradezu geebnet werden, in schwierigen Zeiten zum überlebt. Gottes Wege führen durch Gutes und Böses zu Ziel. Dennoch lässt sich die Geschichte auch so lesen, dass ein Ausgleich von Tätern und Opfer zu neuen Lebensmöglichkeiten führen kann. Alle Christen und Moslems kennen diese Geschichte von Kindheit an und werden über die Möglichkeit und die Kraft der Vergebung in dieser Modellgeschichte unterrichtet. Da sie dramatische Elemente enthält und zum Happy end führt, wird sie entsprechend gerne von den Unterrichtenden dargeboten. Es könnte jedoch sein, dass vorwiegend die Kraft der natürlichen Familienbande oder allenfalls die der Glaubensgemeinschaft als Ergebnis in den Köpfen der Unterrichteten hängen bleibt und somit die Chance verspielt wird, die Generalisierung auf einen „vergebenden" Umgang mit dem ‚irrenden Menschenbruder' einzuleiten. Nur mit letzterem wäre sie für RJ geeignet.

Eine Anweisung zur Wiedergutmachung

Das Alte Testament enthält auch ausdrückliche Anweisungen zur Wiedergutmachung. Sie behalten ihren religiösen Charakter, indem sie die Wiedergutmachung als Voraussetzung zur Vergebung durch Gott ansehen.

„Wenn jemand sündigte und sich damit an dem HERRN vergriffe, dass er seinem Nächsten ableugnet, was ihm dieser anvertraut hat oder was ihm zu treuer Hand gegeben ist oder was er mit Gewalt genommen oder mit Unrecht an sich gebracht hat,

oder wenn er etwas Verlorenes gefunden hat und es ableugnet und einen falschen Eid schwört über irgendetwas, worin ein Mensch gegen seinen Nächsten Sünde tut:

Wenn es so geschieht, dass er sündigt und sich verschuldet, so soll er wiedergeben, was er mit Gewalt genommen oder mit Unrecht an sich gebracht oder was ihm anvertraut war oder was er gefunden hatte

oder worüber er den falschen Eid geschworen hat; das soll er alles ganz wiedergeben und darüber hinaus den fünften Teil. Dem soll er's geben, dem es gehört, an dem Tag, wenn er sein Schuldopfer darbringt.

Aber für seine Schuld soll er dem HERRN einen Widder ohne Fehler von der Herde zu dem Priester bringen nach seiner Schätzung als Schuldopfer.

So soll der Priester die Sühnung für ihn vollziehen vor dem HERRN und ihm wird alles vergeben, was er getan und womit er sich verschuldet hat.“[402]

In dieser Anweisung soll der Geschädigte entschädigt werden. Die Entschädigung zielt aber auf die Vergebung im religiösen Sinne und ist deshalb unvollendet, wenn nicht ein Tieropfer darauf folgt und die eigentliche Schuld vor Gott durch dieses Opfer getilgt wird. Die Sühne bezieht sich nicht auf den Geschädigten, sondern auf Gott und die im religiösen Sinne gedachte Gemeinschaft der Gläubigen. Die Wiedergutmachung aber dient dem Mitmenschen. Dass dafür ein Tier geopfert wird, das ja in keinem Sinne dafür etwas kann, wenn ein Mensch kriminelle Handlungen ausführt, ist uns nicht mehr verständlich. Es handelt sich beim Alten Testament um einen Text aus einer anderen Kultur. Man braucht aber trotz der anderen kulturellen Umgebung keine ausführliche Interpretation, um hier den § 46a des Strafgesetzbuches wieder zu erkennen. Da kann von Strafe abgesehen werden, dort wird Schuld vergeben. In beiden Fällen ist die Wiedergutmachung die Voraussetzung für die dann folgende „Fallerledigung“.

Salomonisches Urteil

Eine weitere Geschichte ist bekannt als das ‚salomonische Urteil’. Das Urteil Salomos erreichte nicht die Bestrafung der Schuldigen, sondern die richtige Lösung, die Befriedung schafft und Leben ermöglicht. Es wird auf die Kontrolle und Missbilligung der Täterin verzichtet und dem Opfer Leben ermöglicht. Solche restaurative Praxis kann nicht einfach wiederholt werden. Ein Kennzeichen dieser Form von Gerechtigkeit ist ihre radikale Flexibilität. Die Verantwortung des Täters und die Befriedung des Opfers muss in jedem Fall neu verhandelt werden.

Ich bleibe jetzt weiter im Alten Testament. Hier wird eine überraschende Linie erkennbar. Es geht um Proportionalität und Angemessenheit im Bund mit Gott. Auch im Alten Testament kann Schuld vergeben werden und bleibt nicht bestehen wie in unserem Rechtsverständnis.[403] Daher rühren folgende Regelungen. Die bekannteste und am meisten missverstandene vorweg:

„Entsteht ein dauernder Schaden, so sollst du geben Leben um Leben, Auge um Auge, Zahn um Zahn, Hand um Hand, Fuß um Fuß, Brandmal um Brandmal, Beule um Beule, Wunde um Wunde."[404]

Abgesehen davon, dass das mosaische Gesetz die Todesstrafe für eine ganze Reihe von Vergehen vorsieht, besticht die genannte Grundregel durch ihre Einfachheit und Klarheit. Ziel ist die Herstellung des Rechtsfriedens und, wenn möglich, der Ausgleich für den angerichteten Schaden. Angestrebt wird nicht die Kontrolle über die Täter, sondern die kontrollierte Abwicklung der Folgen. Dabei zeigen sich bereits wesentliche Elemente, Folgen über bei uns so genanntes Zivilrecht als Schadensersatz zu lösen oder Fahrlässigkeit, Unfall und Vorsatz zu unterscheiden:

„Wer einen Menschen schlägt, dass er stirbt, der soll des Todes sterben. Hat er ihm aber nicht nachgestellt, sondern hat Gott es seiner Hand widerfahren lassen, so will ich dir einen Ort bestimmen, wohin er fliehen kann. Wenn aber jemand an seinem Nächsten frevelt und ihn mit Hinterlist umbringt, so sollst du ihn von meinem Altar wegreißen, dass man ihn töte."[405] In dieser Anweisung sind schon unsere heutigen Probleme mit Mord und Totschlag im deutschen Strafrecht vorgezeichnet. Man könnte sagen, bei Fahrlässigkeit oder was immer Gott des Menschen Hand widerfahren lässt, wurde gnädig verfahren, bei Vorsatz aber nicht.

„Wenn Männer miteinander streiten und einer schlägt den anderen mit einem Stein oder mit der Faust, dass er nicht stirbt, sondern zu Bett liegen muss und wieder aufkommt und ausgehen kann an seinem Stock, so soll der, der ihn schlug nicht bestraft werden; er soll ihm aber bezahlen, was er versäumt hat und das Arztgeld geben."[406]

„Wenn ein Rind einen Mann oder eine Frau stößt, dass sie sterben, so soll man das Rind steinigen und sein Fleisch nicht essen; aber der Besitzer des Rindes soll nicht bestraft werden. Ist aber das Rind zuvor stößig gewesen und seinem Besitzer war's bekannt und er hat das Rind nicht verwahrt und es tötet nun einen Mann oder eine Frau, so soll man das Rind steinigen, und sein Besitzer soll sterben. Will man ihm aber ein Lösegeld auferlegen, so soll er geben, was man ihm auferlegt, um sein Leben auszulösen."[407]

Es war ein Volk in einer Zeit, in der Gesetzesverstöße ohne Gefängnisse geahndet werden mussten. Vor allem in der Zeit der Wanderung und der Sesshaftwerdung kam es darauf an, durch Rechtsprechung das Volk zu befrieden und nicht die Konflikte einzufrieren. Wo hätte auch das Gefängnis in der Wüste stehen sollen?

Zur Eindämmung der Blutrache hat das biblische Volk Israel eine besondere Regelung gefunden. Menschen, die andere umgebracht haben, konnten in Asylstädte fliehen, allerdings nicht, um der Ahndung zu entgehen, sondern um ein gerechtes und nicht von Rache geprägtes Urteil zu bekommen. Ansonsten war die Widervergeltung in Kraft. „Leben für Leben" wird vom Bluträcher vollstreckt.

„Wenn ihr über den Jordan ins Land Kanaan kommt, sollt ihr Städte auswählen, dass sie für euch Freistädte seien, wohin fliehen soll, wer einen Totschlag aus Versehen tut. Und es sollen unter euch diese Städte eine Zuflucht sein vor dem Bluträcher, dass der nicht sterben muss, der einen Totschlag getan hat, bis er vor der Gemeinde vor Gericht gestanden hat."[408]

Zur Abschaffung der Blutrache reichte das nicht. Die Blutrache wird religiös begründet, wie überhaupt das Recht Israels stets die Reminiszenzen an die Wanderungszeit in der Wüste Sinai behielt. Weil das Leben Gott gehört, muss die Blutrache stattfinden, eingeführt nach der Sintflut[409]. Für den Brudermord Kains gab es jedoch keine Sühne in Form der Blutrache.[410]

Für die Einrichtung einer zentralen Rechtsgewalt bedurfte es zunächst der Entstehung staatlicher Strukturen. Erst damit konnte der Bluträcher dem staatlichen Vollstrecker weichen. Nach Darstellung von Rads gehört es zu den Besonderheiten Israels, „dass es doch auch späterhin nicht imstande war, den Staat selbst als den Hüter der Rechtsordnungen anzuerkennen,...“.[411] Das geschah wegen der Bindung des Rechts an Gott. Deshalb ist auch kein Herrschaftsproblem in dieser Art von Recht sichtbar. Kein Souverän konnte verletzt oder geschädigt werden, sondern nur das Opfer der Tat und letztlich Gott. Das Gesetz selbst hatte ordnende und motivierende Funktionen für das Zusammenleben des Volkes Israel im Angesicht Gottes.

Zachäus

Zachäus ist Zöllner, ein reicher Mann, der Jesus sehen will. Ein Zöllner hat vom römischen Staat (Kaiser über den Prokurator = Statthalter, derzeit: Pontius Pilatus) das Recht, Steuern einzuziehen. Sein Auskommen musste er wie heute ein Selbständiger Geschäftsmann eigenverantwortlich durch einen Aufschlag auf die Steuer festlegen. Da die Verordnungen über Zölle wohl nicht sehr übersichtlich waren, waren die Juden den Zöllnern ausgeliefert. Sie verlangten offenbar, was sie wollten. Zachäus war sogar ein leitender Zöllner, der die Verantwortung für ein ganzes Gebiet trug. So galt er als besonderer Ausbeuter und Kollaborateur der Römer. Das war in den Augen der rechtgläubigen Juden ein schwerer Vorwurf. Zachäus galt als Sünder, der die Gebote der Juden nicht beachtete. Zachäus wollte dennoch oder gerade deshalb Jesus sehen. Die Menge behinderte seine Sicht, weil er klein war. Deshalb stieg er auf einen Maulbeerfeigen-Baum. Jesus spricht ihn an: „Steig schnell herunter. Ich muss heute bei dir einkehren.“ Zachäus war überwältigt von dieser ‚Einladung’ und sagte zu Jesus, er wolle die Hälfte seiner Habe den Armen geben und die Betrogenen vierfach entschädigen. Hat er durch die bloße Begegnung mit Jesus sein bisheriges Leben als falsch erkannt? Oder war dieser Gedanke schon länger in seiner Seele gewesen? Die Frage kann niemand beantworten, zumal auch Jesus hier nicht von Sünde und Vergebung spricht.

Hier wird ein reicher Mann mit einem für seine Landsleute verdächtigen und verachteten Beruf, der auch noch als unmoralisch und mit dem jüdischen Glauben als unvereinbar galt, allein durch den Besuchwunsch Jesu umgedreht. Die umgebende Gesellschaft der Rechtschaffenen lässt sich denn auch kritisch auf das Geschehen ein: ‚…dass der (Jesus) ausgerechnet bei einem Sünder einkehrt!’

Das Umdrehen kann nur bei einem reichen Mann so erfolgen. Andere, die nichts durch Betrug erworben haben, haben auch keine Masse, um sie zu teilen oder gar den Geschädigten etwas zurückzugeben. Im Prinzip kann man hier wohl von einem Täter – Opfer - Ausgleich sprechen, obwohl der Täter nur durch allgemeine Gerüchte und seinen Beruf als Zöllner als solcher betrachtet wird. Seine Täterschaft kommt nicht durch eine Ermittlung, sondern durch seine eigene Freude über den Besuch Jesu zum Vorschein. „Sycamore Tree“ zielt auf Täter und Opfer. Sie sollen über das sprechen, was ihnen zugestoßen ist. Die Begegnung mit den Opfern soll die Täter umkehren, so wie Zachäus durch eine Begegnung umgedreht wurde. Die Begegnung mit den tatsächlichen Opfern findet aber nicht statt.

Die Ehebrecherin

Im Neuen Testament wird das in der ‚Geschichte von der Ehebrecherin’ fortgeführt.[412] Hier wird eine Täterin gerettet. Auffällig ist zunächst, dass der zugehörige Mann in der Geschichte nicht auftaucht. Er müsste nach dem Gesetz des Mose auch gesteinigt werden.[413] Ehebruch wurde wohl doch in der Männergesellschaft eher nur bei Frauen geahndet. Das hat sich in den Ländern, in denen heute noch gesteinigt wird, nicht geändert. Das ist auch keine Geschichte der Restorative Justice, denkt man zuerst. Doch ist das Heilende daran, dass der Grund für die Wiederherstellung von Gerechtigkeit in dieser Geschichte die allgemeine Sündhaftigkeit ist. Hier wird ein Leben geheilt, das sonst durch die üblichen Gesetze ausgegrenzt und sozial verloren wäre. Die Konsequenzen solcher Traditionen kann man selbst heute noch im islamistischen Terror betrachten, bei dem Frauen zu 'suicid-bombers' werden : „Maybe it was her last chance to escape before her husband abused her physically, because apparently he was tired of her, or perhaps because there was another man in her life, or just a rumor about it. For her it was a honorable way out and prevented not only her from being humiliated, but her family as well."[414] Das allgegenwärtige selbstgerechte Urteilen über andere ohne Blick auf die eigene Lebensführung (Sünde) ist nicht im Sinne des wirklich Menschlichen, noch des Göttlichen. Also ist auch diese Geschichte eine der heilenden Gerechtigkeit.

Christlicher Glaube als heilende Gerechtigkeit ?

Das gesamte christliche Glaubensgebäude ist ein Programm der Restorative Justice.[415] Um das auszudrücken, greife ich auf ein Zitat zurück: „Uns jedenfalls erscheint der Kern der biblischen Botschaft und damit des Juden- und Christentums, wenn man ihn von Missinterpretationen und historischen Fehlentwicklungen entkleidet, als gewaltaufdeckendes und Gewalt überwindendes Evangelium, das auf ein Leben in Würde, Frieden und Gerechtigkeit zielt." Allerdings ist es noch mehr als heilende Wiedergutmachung: Es ist das Versprechen, als Täter die Gerechtigkeit zugesprochen zu bekommen – und das ohne Eigenleistung, nur weil der Täter ein Mensch ist und dieses Versprechen annehmen kann. Diese Restauration ist Wiederherstellung des Menschen, jedes Menschen und sie macht Menschen fähig auf Selbstrechtfertigung zu verzichten. Wenn man so will, baut dieser Glaube auf der Vergebung des Opfers auf und unterbricht so den Kreislauf, dass sich zunächst der Täter zu entschuldigen hat, paradox. Gott dreht die Reihenfolge um, dass sich der Täter (Sünder) zunächst bemühen muss, er vergibt im Voraus und umsonst (sola gratia, gratis, allein aus Gnade). An dieser Umkehrung kann der Sünder (Täter) lernen, dass er Täter ist und wegen seines Täterseins nicht ins Verderben geschickt wird, dass sein Täter - Sein ihn nicht vernichtet. Erst mit dieser Erkenntnis ist es möglich, tatsächlich seinem Opfer gegenüberzutreten. Sonst regiert die Angst, das Opfer könne wenigstens die gesellschaftliche Ächtung, die psychische Vernichtung des Täters fordern, wenn nicht gar die physische.

Biblischer Shalom

Ein Repräsentanzbegriff für das Ganze ist Shalom. Der biblische Begriff Shalom[416] wird von Howard Zehr ausdrücklich als einer der Grundbegriffe für die biblische Form „Bundes-Gerechtigkeit“ und damit als eine gedankliche Grundlage von RJ beschrieben[417]. Shalom und das aus derselben Wortwurzel (slm[418]) stammende arabische salam sind bis heute in ihrem Sprachraum als Gruß in Gebrauch. Der Frieden, der in deutscher Übersetzung eigentlich nur noch in Kirchen als ‚Friede sei mit euch’ benutzt wird, ist hier nicht nur der Gegensatz zum Krieg oder das Schweigen von Waffen, sondern ein Konzept vom ‚guten Leben’. Howard Zehr fasst das folgendermaßen zusammen; „God intends people to live in a condition of "all rightness" in the material world; in interpersonal, social, and political relationships; and in personal character.”[419] Die Evangelische Kirche in Deutschland interpretiert den Shalom ganz ähnlich: „In den hebräischen Schriften bedeutet shalom ‚Vollkommenheit, Stabilität, Wohlstand, Frieden’. Shalom ist ein breiter Begriff, der Gerechtigkeit (mishpat), Barmherzigkeit, Rechtlichkeit (tsedeq) oder Gerechtigkeit (tsedaqah), Mitleiden/Compassion (hesed) und Wahrhaftigkeit (emet) einschließt. Es gibt keinen Frieden ohne Gerechtigkeit. Aber bei der Treue zum Recht (mishpat) geht es nicht nur um faires Urteil und redliche Rechtsprechung, sondern auch darum, den Leidenden zu geben, was richtig und gerecht ist. Deshalb ist Frieden (shalom) die Auswirkung der Gerechtigkeit, sie ist die Praxis von Wahrheit und Recht.

Friede ist der Zustand, da Gott die Nationen dazu führt, ihre Konflikte beizulegen und ,ihre Schwerter zu Pflugscharen zu machen' (Micha 4,3; Jesaja 2,4).“[420]

Aus diesen Definitionen wird deutlich, dass RJ durchaus ähnliche Assoziationen erzeugt, wenn von einem Ausgleich gesprochen wird, der Wiedergutmachung gegenüber dem Opfer und einen ,stimmigen Frieden' mit allen Beteiligten erzielen soll. Dass ,die Dinge in Ordnung kommen', ist so gemeint, dass Frieden einkehrt, weil alle zufrieden gestellt sind oder die bestmögliche Lösung gefunden wurde. Dieser Hintergrund macht klar, wie entscheidend RJ aus den religiösen Urgründen schöpft und auch, warum das Konzept universal überzeugt. Er zeigt aber ebenso eine große Distanz zu dieser religiösen Denk- oder Glaubensüberzeugung. In den Religionen wird die Zukunft des Lebens, wie ,es sein soll', dem (je nach Religion verschiedenen) rechten Gottesverhältnis zugeschrieben und gerade nicht den methodischen Schritten der Menschen zum Ausgleich. Dennoch folgen – jedenfalls nach christlicher Überzeugung – aus dem richtigen Gottesverhältnis die methodischen Schritte zur Befriedung und zum gewaltfreien Ausgleich, die dann in der Tat Menschen vollbringen müssen.

Interessant ist es zu sehen, wie sich Shalom je und je nach dem Alten Testament verwirklicht. Neben den allgemeineren Aussagen kommt der Shalom oftmals sehr akzentuiert zustande. Der gesellschaftliche Friede wird dadurch erreicht, dass den Schwächsten geholfen wird: „Er soll den Elenden im Volk Recht schaffen und den Armen helfen und die Bedränger zermalmen. Denn er wird den Armen erretten, der um Hilfe schreit, und den Elenden, der keinen Helfer hat. Er wird gnädig sein den Geringen und Armen, und den Armen wird er helfen. Er wird sie aus Bedrückung und Frevel erlösen, und ihr Blut ist wert geachtet vor ihm.“[421] Es handelt sich nicht um ,ausgleichende Gerechtigkeit', sondern um einen Ausgleich dadurch, dass Gott als einer vorgestellt wird, der sich um die Geringen, die Armen, die Witwen und Waisen, die Fremden, also um die kümmert, die schnell und leicht zu

Opfern werden. Eine weitere Dimension erhält diese Shalom-Interpretation durch die Art des Kümmerns: „…der den Geringen aufrichtet aus dem Staube und erhöht den Armen aus dem Schmutz, dass er ihn setze neben die Fürsten, neben die Fürsten seines Volkes.“[422] Hier wird der Ausgleich durch Emporheben der Untenstehenden bzw. Untenliegenden erzielt, nicht durch Degradierung der Oberen. In der biblischen Tradition ist Gott nicht als Mediator – allparteilich - tätig. Vielmehr erreicht er die Umkehr durch Parteilichkeit für die potentiellen Opfer in der Gesellschaft. Auch dieser Gedanke findet sich bei RJ wieder, indem dem Opfer die Priorität zukommt und Opfer auf Augenhöhe mit ihrem Täter gebracht werden sollen, nicht umgekehrt. Beim Opferempathietraining kann diese Grundtendenz nicht verwirklicht werden, es sei denn, eine entsprechende und komplementäre Opferarbeit tritt hinzu.

Opferempathietraining – Modelle

Otmar Hagemann, „Opfer" im Blickpunkt von Strafgefangenen, in: Gerhard Rehn, Regina Nanninga, Andreas Thiel, Freiheit und Unfreiheit-Arbeit mit Straftätern innerhalb und außerhalb des Justizvollzuges, Herbolzheim: Centaurus Verlag & Media, 2004, 397-421.

Sycamore Tree Project von Prison Fellowship:
http://www.prisonfellowship.org.uk/what-we-do/sycamore-tree.

„Supporting Offenders through Restoration Inside" (SORI) von Marian Liebmann, Restorative Justice, 201-204. Das SORI – Projekt betreibt auch gemeinnützige Arbeit, urban park regenerations, computer repair workshop etc.

Projekt ‚Empathie' der Ev. Gefängnisseelsorge in Deutschland, eher therapeutisch angelegt mit Verweis auf Logotherapie, Gewaltfreie Kommunikation, Theater der Unterdrückten, Traumatherapie.
http://gefaengnisseelsorge.de/uploads/media/RJ-Empathie-Projekt-Hintergruende. pdf.

Otmar Hagemann, Martin Hagenmaier, und Ricarda Lummer: Opferempathietraining – Konzept – Januar 2013, innerhalb des Projektes: Restorative Justice at post-sentencing level; supporting and protecting victims (2013/2014, rjustice.eu)

Seehaus e.V., Seehaus 1, 71229 Leonberg
http://seehaus-ev.de/wp-content/uploads/2015/01/Opferempathie training.pdf

Rechtliche Ausprägung von Opferorientierung in den Vollzugsgesetzen in Deutschland

Die Strafvollzugsgesetze der deutschen Bundesländer, gehen auf das Thema Täter und Opfer ein. Die dabei formulierte Orientierung des Strafvollzuges kann, wenn sie verwirklicht wird, dem Vollzug ein ganz neues Gepräge geben. Die Auseinandersetzung mit den Tatfolgen und den Opfern ihrer Straftaten wird in den Gesetzen nahezu zur Bedingung für das Erreichen des Vollzugszieles und erhält damit einen immensen Stellenwert. Die Paragraphen werden hier dokumentiert. Nur das **Niedersächsische Justizvollzugsgesetz** (NJVollzG) enthält in der Fassung vom 8.4.2014 (Nds.GVBl. Nr. 8/2014 S.107) keine Formulierungen einer Opferorientierung. Die Aufstellung zeigt auch, wie ein gemeinsamer Musterentwurf von 10 Bundesländern (VI.) in einigen Ländern weiterentwickelt wurde(XII.-XV.), während andere ihn bei der Einbeziehung der Opferfrage übernommen haben (VII.-XII.). Bei XIV. und XV. handelt es sich um Entwürfe. Die Ländergesetze sind Teil einer Umsetzung der DIRECTIVE 2012/29/EU OF THE EUROPEAN PARLIAMENT AND OF THE COUNCIL of 25 October 2012.

I.

Drittes Buch Justizvollzugsgesetzbuch – Strafvollzug (Gesetzbuch über den Justizvollzug in **Baden-Württemberg**) Artikel 1 des Gesetzes vom 10.11.2009 (GBl. S. 545), in Kraft getreten am 01.01.2010, zuletzt geändert durch Gesetz vom 20.11.2012 (GBl. S. 581) m.W.v. 01.06.2013

§ 2 Behandlungsgrundsätze

(5) Zur Erreichung des Vollzugsziels sollen die Einsicht in die dem Opfer zugefügten Tatfolgen geweckt und geeignete Maßnahmen zum Ausgleich angestrebt werden.

§ 41 Hilfe während des Vollzugs

(2) Gefangenen ist eine Beratung in für sie bedeutsamen rechtlichen und sozialen Fragestellungen zu ermöglichen. Ihnen ist zu helfen, für Unterhaltsberechtigte zu sorgen, Schulden zu regulieren und den durch die Straftat verursachten Schaden zu regeln. Die Beratung soll hierbei auch die Benennung von Stellen und Einrichtungen außerhalb der Justizvollzugsanstalt umfassen.

II.

Gesetz über den Vollzug der Freiheitsstrafe und der Jugendstrafe (**Bayerisches Strafvollzugsgesetz** - BayStVollzG) vom 10. Dezember 2007 Fundstelle: GVBl 2007, S. 866, Stand: letzte berücksichtigte Änderung: mehrfach geänd. (§ 1 Nr. 325 V v. 22.7.2014, 286)

Art. 78 Hilfe während des Vollzugs, Täter-Opfer-Ausgleich

(2) [1] Die Einsicht der Gefangenen in ihre Verantwortung für die Tat, insbesondere für die beim Opfer verschuldeten Tatfolgen, soll geweckt werden. [2] Die Gefangenen sind anzuhalten, den durch die Straftat verursachten Schaden zu regeln. [3] Die Durchführung eines Täter-Opfer-Ausgleichs ist in geeigneten Fällen anzustreben.

III.

Hessisches Strafvollzugsgesetz vom 28. Juli 2010, HStVollzG

Ausfertigungsdatum: 28.06.2010 Gültig ab: 01.11.2010 Gültig bis: 31.12.2015

Fundstelle: GVBl. I 2010, 185, geändert durch Artikel 2 des Gesetzes vom 5. März 2013 (GVBl. S. 46)

§ 5 Grundsätze vollzuglicher Maßnahmen

(1) Vollzugliche Maßnahmen dienen der Aufarbeitung von Defiziten, die ursächlich für die Straffälligkeit sind, und der Entwicklung von Fähigkeiten und Fertigkeiten, die geeignet sind, auf eine künftige Lebensführung ohne Straftaten hinzuwirken. Hierzu gehört auch die gezielte Vermittlung eines an den verfassungsrechtlichen Grundsätzen ausgerichteten Werteverständnisses. Die Bereitschaft zu einer eigenverantwortlichen und gemeinschaftsfähigen Lebensführung in Achtung der Rechte anderer ist zu fördern. Die Einsicht der Gefangenen in das Unrecht der Tat und in die beim Opfer verursachten Tatfolgen soll vermittelt und durch geeignete Maßnahmen zum Ausgleich der Tatfolgen vertieft werden.

§10 Vollzugsplan

(4) Der Vollzugsplan enthält - je nach Stand des Vollzugs - insbesondere folgende Angaben:

9. Maßnahmen zum Ausgleich von Tatfolgen.

IV.

Gesetz über den Vollzug der Freiheitsstrafe (**Hamburgisches Strafvollzugsgesetz** - HmbStVollzG) vom 14. Juli 2009, Fundstelle: HmbGVBl. 2009, S. 257, letzte berücksichtigte Änderung: mehrfach geändert durch Artikel 2 des Gesetzes vom 21. Mai 2013 (HmbGVBl. S. 211, 233)

§ 4 Grundsätze der Behandlung

Den Gefangenen werden im Rahmen eines an ihren persönlichen Erfordernissen orientierten Vollzugs- und Behandlungsprozesses alle vollzuglichen Maßnahmen und therapeutischen Programme angeboten, die geeignet sind, ihnen Chancen zur Förderung ihrer Eingliederung in ein Leben in sozialer Verantwortung ohne Straftaten zu vermitteln und ihre Fähigkeiten zur Selbsthilfe zu stärken (Behandlung). Die Behandlung dient der Prävention und dem Schutz der Opfer von Straftaten. Als Bestandteil der Behandlung sollen sich die Maßnahmen und Programme insofern auch auf die Auseinandersetzung der Gefangenen mit den eigenen Straftaten, deren Ursachen und Folgen, insbesondere für die Opfer, richten.

§ 8 Vollzugsplan

(2) Der Vollzugsplan enthält insbesondere folgende Angaben:

5. besondere Hilfs- und Behandlungsmaßnahmen, insbesondere Schuldenregulierung einschließlich Unterhaltszahlungen, Schadensausgleich, Maßnahmen des Täter-Opfer-Ausgleichs, Suchtberatung, Maßnahmen des Verhaltenstrainings.

V.

Gesetz zur Regelung des Vollzuges der Freiheitsstrafe und zur Änderung des Jugendstrafvollzugsgesetzes in Nordrhein-Westfalen Vom 13. Januar 2015, (**Strafvollzugsgesetz Nordrhein-Westfalen** - StVollzG NRW)

§ 7 Opferbezogene Gestaltung

(1) Die berechtigten Belange der Opfer sind bei der Gestaltung des Vollzuges, insbesondere bei vollzugsöffnenden Maßnahmen und bei der Erteilung von Weisungen sowie bei der Eingliederung und Entlassung der Gefangenen, zu berücksichtigen. Dem Schutzinteresse gefährdeter Dritter ist Rechnung zu tragen.

(2) Die Einsicht der Gefangenen in das Unrecht der Tat und deren Folgen für die Opfer soll geweckt oder vertieft werden. Die Gefangenen sollen durch geeignete Behandlungsmaßnahmen dazu angehalten werden, Verantwortung für ihre Tat zu übernehmen. Die Gefangenen sind dabei zu unterstützen, den verursachten materiellen und immateriellen Schaden auszugleichen.

(3) Maßnahmen des Opferschutzes und des Tatausgleichs sind mit dem Ziel der Eingliederung der Gefangenen in Einklang zu bringen.

(4) Für Fragen des Opferschutzes und des Tatausgleichs sollen Ansprechpartnerinnen oder Ansprechpartner in den Anstalten zur Verfügung stehen.

(5) Opfer, die sich an die Anstalten wenden, sind in geeigneter Form, auch durch die Ansprechpartnerin oder den Ansprechpartner, auf ihre Rechte nach diesem Gesetz, insbesondere ihre Auskunftsansprüche nach § 115, hinzuweisen.

§ 10 Vollzugsplan

(1) Auf der Grundlage der in der Behandlungsuntersuchung gewonnenen Erkenntnisse wird unverzüglich ein Vollzugsplan erstellt. Die zur Erreichung des Vollzugsziels geeigneten und erforderlichen Maßnahmen sind zu benennen und Perspektiven für die künftige Entwicklung der Gefangenen aufzuzeigen. Die für die Eingliederung und Entlassung zu treffenden Vorbereitungen sind frühzeitig in die Planung einzubeziehen. Der Vollzugsplan enthält regelmäßig folgende Angaben:

12. opferbezogene Behandlungsmaßnahmen und Maßnahmen zum Ausgleich von Tatfolgen,

13. Maßnahmen zur Sicherung berechtigter Schutzinteressen von Opfern oder gefährdeten Dritten.

§ 115 Auskünfte an Opfer

(1) Opfern wird auf schriftlichen Antrag Auskunft über die Inhaftierung und deren Beendigung, die Gewährung vollzugsöffnender Maßnahmen, opferbezogene Weisungen und die Unterbringung im offenen Vollzug erteilt, wenn die Opfer ein berechtigtes Interesse darlegen und kein überwiegendes schutzwürdiges Interesse der Gefangenen am Ausschluss der Mitteilung vorliegt. Der Nachweis der Zulassung zur Nebenklage ersetzt in der Regel die Darlegung des berechtigten Interesses. Dies gilt nicht, wenn den Gefangenen erneut vollzugsöffnende Maßnahmen gewährt werden. § 109 Absatz 7 Satz 1 bleibt unberührt.

VI.

Musterentwurf zum Landesstrafvollzugsgesetz vom 23. August 2011 (Berlin, Brandenburg, Bremen, Mecklenburg-Vorpommern, Rheinland-Pfalz, Saarland, Sachsen, Sachsen-Anhalt, Schleswig-Holstein, Thüringen)

§ 3 Grundsätze der Vollzugsgestaltung

(1) Der Vollzug ist auf die Auseinandersetzung der Gefangenen mit ihren Straftaten und deren Folgen auszurichten.

§ 5 Soziale Hilfe

(2) Die Gefangenen sollen angehalten werden, den durch die Straftat verursachten materiellen und immateriellen Schaden wieder gut zu machen.

§ 9 Inhalt des Vollzugs- und Eingliederungsplans

(1) Der Vollzugs- und Eingliederungsplan sowie seine Fortschreibungen enthalten insbesondere folgende Angaben:

18. Ausgleich von Tatfolgen.

VII.

Rheinland-Pfalz, Landesjustizvollzugsgesetz (LJVollzG), vom 8. Mai 2013

§ 8 Grundsätze der Gestaltung des Vollzugs der Freiheitsstrafe und der Jugendstrafe

(1) Der Vollzug der Freiheitsstrafe und der Jugendstrafe ist auf die Auseinandersetzung der Strafgefangenen und der Jugendstrafgefangenen mit ihren Straftaten und deren Folgen auszurichten. Das Bewusstsein für den dem Opfer zugefügten Schaden soll geweckt werden.

§ 15 Inhalt des Vollzugs- und Eingliederungsplans

(1) Der Vollzugs- und Eingliederungsplan sowie seine Fortschreibungen enthalten insbesondere folgende Angaben:

20. Ausgleich von Tatfolgen.

VIII.

Bremisches Strafvollzugsgesetz - Bremen - vom 25. November 2014, (GBl. Nr. 132 vom 03.12.2014, S. 639

§ 3 Grundsätze der Vollzugsgestaltung

(1) Der Vollzug ist auf die Auseinandersetzung der Gefangenen mit ihren Straftaten und deren Folgen auszurichten.

§ 9 Inhalt des Vollzugs- und Eingliederungsplans

(1) [1]Der Vollzugs- und Eingliederungsplan sowie seine Fortschreibungen enthalten insbesondere folgende Angaben:

20. Ausgleich von Tatfolgen.

IX.

Gesetz über den Vollzug der Freiheitsstrafe im Saarland (**Saarländisches Strafvollzugsgesetz** – SLStVollzG, Art. 1 des Gesetzes vom 24. April 2013 geändert durch das Gesetz vom 21. Januar 2015 (Amtsbl. I S. 187).

§ 3 Grundsätze der Vollzugsgestaltung

(1) Der Vollzug ist auf die Auseinandersetzung der Gefangenen mit ihren Straftaten und deren Folgen für die Opfer auszurichten.

§ 5 Soziale Hilfe

(2) Die Gefangenen sollen angehalten werden, den durch die Straftat verursachten materiellen und immateriellen Schaden wiedergutzumachen.

§ 9 Inhalt des Vollzugs- und Eingliederungsplans

(1) Der Vollzugs- und Eingliederungsplan sowie seine Fortschreibungen enthalten insbesondere folgende Angaben:

20. Ausgleich von Tatfolgen,

X.

Gesetz über den Vollzug der Freiheitsstrafe in Mecklenburg - Vorpommern – (**Strafvollzugsgesetz Mecklenburg - Vorpommern** – StVollzG M - V), vom 7. Mai 2013

§ 3 Grundsätze der Vollzugsgestaltung

(1) Der Vollzug ist auf die Auseinandersetzung der Gefangenen mit ihren Straftaten und deren Folgen auszurichten.

§5 Soziale Hilfe und Wiedergutmachung

Die Gefangenen werden darin unterstützt, ihre persönlichen, wirtschaftlichen und sozialen Schwierigkeiten zu beheben. Sie sollen dazu angeregt und in die Lage versetzt werden, ihre Angelegenheiten selbst zu regeln, insbesondere Schulden zu regulieren und den durch die Straftat verursachten materiellen und immateriellen Schaden wieder gutzumachen.

§ 9 Inhalt des Vollzugs- und Eingliederungsplans

(1) Der Vollzugs- und Eingliederungsplan sowie seine Fortschreibungen enthalten insbesondere folgende Angaben:

20. Ausgleich von Tatfolgen, einschließlich Täter-Opfer-Ausgleich,

XI.

Sächsisches Strafvollzugsgesetz vom 16. Mai 2013 (SächsGVBl. S. 250)

§ 3 Vollzugsgestaltung

(1) Der Vollzug ist auf die Auseinandersetzung der Gefangenen mit ihren Straftaten und deren Folgen auszurichten.

§ 5 Soziale Hilfe

(2) Die Gefangenen sollen angehalten werden, den durch die Straftat verursachten materiellen und immateriellen Schaden wiedergutzumachen. Die Einsicht der Gefangenen in ihre Verantwortung für die Tat, insbesondere für die beim Opfer verursachten Tatfolgen, soll geweckt werden.

§ 9 Inhalt des Vollzugs- und Eingliederungsplans

(1) Der Vollzugs- und Eingliederungsplan sowie seine Fortschreibungen enthalten insbesondere folgende Angaben:

20. Ausgleich von Tatfolgen, einschließlich Täter-Opfer-Ausgleich,

XII.

Thüringer Justizvollzugsgesetzbuch (ThürJVollzGB) vom 27. Februar 2014

§ 8 Grundsätze der Gestaltung des Vollzugs der Freiheits- und Jugendstrafe

(1) Der Vollzug der Freiheits- und Jugendstrafe ist auf die Auseinandersetzung der Straf- und Jugendstrafgefangenen mit ihren Straftaten und deren Folgen auszurichten. Das Bewusstsein für den dem Opfer zugefügten Schaden soll geweckt werden.

§ 11 Soziale Hilfe

(2) Die Straf- und Jugendstrafgefangenen sollen angehalten werden, den durch die Straftat verursachten materiellen und immateriellen Schaden wiedergutzumachen.

§ 15 Inhalt des Vollzugs- und Eingliederungsplans

(1) Der Vollzugs- und Eingliederungsplan sowie seine Fortschreibungen enthalten insbesondere folgende Angaben:

20. Ausgleich von Tatfolgen.

XIII.

Gesetz über den Vollzug der Freiheitsstrafe, der Jugendstrafe und der Untersuchungshaft im Land Brandenburg (**Brandenburgisches Justizvollzugsgesetz** – BbgJVollzG) vom 24. April 2013

§ 8 Grundsätze der Gestaltung des Vollzugs der Freiheits- und Jugendstrafe

(1) Der Vollzug der Freiheits- und Jugendstrafe ist auf die Auseinandersetzung der Straf- und Jugendstrafgefangenen mit ihren Straftaten, deren Ursachen und deren Folgen auszurichten. Das Bewusstsein für die den Opfern zugefügten Schäden soll geweckt werden.

§ 11 Soziale Hilfe

(2) Die Straf- und Jugendstrafgefangenen sollen angehalten werden, den durch die Straftat verursachten materiellen und immateriellen Schaden wieder gutzumachen und eine Schuldenregulierung herbeizuführen. Sie erhalten Hilfe insbesondere bei der Feststellung und Regelung von Unterhaltsverpflichtungen und Schadensersatzforderungen sowie Beratung in sozialen und finanziellen Angelegenheiten.

(3) Die Beratung der Untersuchungsgefangenen soll die Benennung von Stellen und Einrichtungen außerhalb der Anstalt umfassen, die sich um eine Vermeidung der weiteren Untersuchungshaft bemühen. Auf Wunsch sind den Untersuchungsgefangenen Stellen und Einrichtungen zu benennen, die sie in ihrem Bestreben unterstützen können, einen Ausgleich mit dem Tatopfer zu erreichen oder auf andere Weise zur Wiedergutmachung beizutragen.

§ 15 Inhalt des Vollzugs- und Eingliederungsplans

(1) Der Vollzugs- und Eingliederungsplan sowie seine Fortschreibungen enthalten insbesondere folgende Angaben:

21. Ausgleich von Tatfolgen.

XIV.

Berliner Entwurf: An das Abgeordnetenhaus von Berlin über Senatskanzlei – G Sen - Vorlage zur - Beschlussfassung - über das Gesetz zur Weiterentwicklung des Berliner Justizvollzugs, Berlin, den 8. September 2015

§ 6 Verletztenbezogene Vollzugsgestaltung

(1) Die berechtigten Belange der Verletzten von Straftaten sind bei der Gestaltung des Vollzugs, insbesondere bei der Erteilung von Weisungen für Lockerungen, bei der Eingliederung und Entlassung der Gefangenen, zu berücksichtigen.

(2) Der Vollzug ist darauf auszurichten, dass die Gefangenen sich mit den Folgen ihrer Straftat für die Verletzten und insbesondere auch deren An-

gehörige auseinandersetzen und Verantwortung für ihre Straftat übernehmen.

(3) Die Gefangenen sollen angehalten werden, den durch die Straftat verursachten materiellen und immateriellen Schaden wieder gut zu machen.

(4) Für Fragen des Schutzes von Verletzten und des Tatausgleichs sollen Ansprechpartnerinnen oder Ansprechpartner in den Anstalten zur Verfügung stehen.

Verletzte, die sich an die Anstalten wenden, sind in geeigneter Form auf ihre Rechte, auch ihre Auskunftsansprüche nach § 46 des Justizvollzugsdatenschutzgesetzes Berlin vom 21. Juni 2011 (GVBl. S. 287) in der jeweils geltenden Fassung hinzuweisen. § 47 des Justizvollzugsdatenschutzgesetzes Berlin bleibt unberührt.

§ 10 Inhalt des Vollzugs- und Eingliederungsplans

(1) Der Vollzugs- und Eingliederungsplan sowie seine Fortschreibungen enthalten insbesondere folgende Angaben:

19. Ausgleich von Tatfolgen.

XV.

Gesetzentwurf der Landesregierung Entwurf eines Gesetzes über den **Vollzug der Freiheitsstrafe in Schleswig - Holstein** und zur Schaffung eines Justizvollzugsdatenschutzgesetzes

§ 3 Grundsätze der Vollzugsgestaltung

(1) Der Vollzug ist auf die Auseinandersetzung der Gefangenen mit ihren Straftaten und deren Folgen auszurichten.

§ 9 Inhalt des Vollzugs- und Eingliederungsplans

(1) Der Vollzugs- und Eingliederungsplan sowie seine Fortschreibungen enthalten insbesondere folgende Angaben:

13. Ausgleich von Tatfolgen, insbesondere Täter-Opfer-Ausgleich,

§ 20 Soziale Hilfen

Die Gefangenen werden darin unterstützt, ihre persönlichen, wirtschaftlichen und sozialen Schwierigkeiten zu beheben. Sie sollen dazu angeregt und in die Lage versetzt werden, ihre Angelegenheiten selbst zu regeln. Im Rahmen des Aufnahmeverfahrens werden die Gefangenen gemäß § 6 Absatz 4 unterstützt. Während des Vollzuges werden sie bei der Wahrnehmung ihrer Rechte und Pflichten unterstützt, namentlich ihr Wahlrecht auszuüben sowie für die Unterhaltsberechtigten zu sorgen und die Folgen der Straftat auszugleichen (§ 21). Für die Vorbereitung der Entlassung werden sie gemäß § 59 Absatz 1 unterstützt.

§ 21 Ausgleich von Tatfolgen

(1) Tatfolgenausgleichende Maßnahmen im Justizvollzug, insbesondere der Täter-Opfer-Ausgleich, sind ein Angebot an Geschädigte und Gefan-

gene sowie deren Angehörige, die Straftat und ihre Folgen zu bearbeiten mit dem Ziel, eine dauerhafte Konfliktlösung zu erreichen. Die Anstalt weist die Gefangenen auf tatfolgenausgleichende Angebote hin und stellt die Vermittlung an die Mediationsstellen sicher. Die Teilnahme an tatfolgenausgleichenden Maßnahmen bedarf der Zustimmung aller Beteiligten. Sie kann jederzeit widerrufen werden.

(2) Nach Beendigung teilt die durchführende Stelle dem Vollzug das Ergebnis der Maßnahme und gegebenenfalls getroffene Wiedergutmachungsvereinbarungen schriftlich mit.

(3) Für die Durchführung tatfolgenausgleichender Maßnahmen können den Geschädigten und Angehörigen bei Bedürftigkeit auf Antrag die Erstattung von Fahrtkosten und eine Aufwandsentschädigung gewährt werden, wenn ihre Beteiligung im vollzuglichen Interesse liegt oder zur Erreichung des Vollzugszieles förderlich ist. Hierauf sind die Betroffenen hinzuweisen.

XVI.

Justizvollzugsgesetzbuch **Sachsen-Anhalt** (JVollzGB LSA) vom 18. Dezember 2015 (GVBl. LSA 2015, 666)

§ 8 Grundsätze der Gestaltung des Vollzugs der Freiheitsstrafe oder der Jugendstrafe

(1) Der Vollzug der Freiheitsstrafe oder der Jugendstrafe ist auf die Auseinandersetzung des Strafgefangenen oder des Jugendstrafgefangenen mit seinen Straftaten und ihren Folgen auszurichten. Das Bewusstsein für den dem Opfer zugefügten Schaden soll geweckt werden.

Fragebogen zur Punitivität

Standpunkte zum Bereich Strafe. Kreuzen Sie bitte möglichst rasch die Bewertung an (X), die für Sie zutrifft.

Werte: 1 = "lehne ab" / 3 = entspricht in etwa "weiß nicht" / 5 = "stimme zu" / 2 & 4 = "mehr oder weniger"

(*Die Werteskala kehrt absichtlich die Schulnotenmentaltität um, um Aufmerksamkeit zu sichern!*)

Teil 1

1. Der "moderne Strafvollzug" ist zu human.	1 2 3 4 5
2. Ein Knast ist kein Hotel!	1 2 3 4 5
3. Die so genannten Verbrecher sind kranke Menschen, die man nicht bestrafen, sondern behandeln sollte!	1 2 3 4 5
4. Man muss Verbrecher durch möglichst harten Strafvollzug von dem weiteren Taten abhalten!	1 2 3 4 5
5. Warum soll man mit den Leuten im Gefängnis gut umgehen? Niemand muss ins Gefängnis, wenn er sich an die Gesetze hält.	1 2 3 4 5
6. Strafe muss sein!	1 2 3 4 5
7. Harte Strafen schrecken die Leute ab, Verbrechen zu begehen!	1 2 3 4 5
8. Verbrecher werden durch die Vorurteile der Mitmenschen immer weiter ins Verbrechen hineingetrieben!	1 2 3 4 5
9. Es könnte jedem mal passieren, dass er in eine Lage kommt, die ihn ins Gefängnis bringt!	1 2 3 4 5
10. Gute und ordentlich erzogene Menschen sind nie in Gefahr, ins Gefängnis zu kommen.	1 2 3 4 5
11. Man sollte zwischen wirklich bösen Menschen und solchen, die aus Not schlecht gehandelt haben, im Strafvollzug unterscheiden.	1 2 3 4 5
12. Moderner Strafvollzug ist zu teuer!	1 2 3 4 5

13. Ein Mensch, der Anderen geschadet hat, und deshalb im Gefängnis sitzt, bedarf der größten Sorgfalt, damit er dort lernt, wie er leben kann, ohne die Anderen zu bedrohen oder ihnen etwas wegzunehmen!	1 2 3 4 5
14. Eingesperrt wie ein wildes Tier – so hat sich noch keiner gebessert!	1 2 3 4 5
15. Jeder Mensch sollte helfen, die Straffälligen wieder ins normale Leben einzugliedern.	1 2 3 4 5
16. Straffällige sollten möglichst lange eingesperrt werden, weil sie eine Gefahr für alle darstellen.	1 2 3 4 5
17. Menschen können lernen, sich anders zu verhalten. Viele wollen es aber nicht.	1 2 3 4 5
18. Vergeben oder Verzeihen, das ist die falsche Reaktion auf Straftaten.	1 2 3 4 5
19. Es ist besser, jemand macht seine Fehler wieder gut, als dass er ins Gefängnis kommt.	1 2 3 4 5
20. Sexualstraftätern kann man nicht helfen.	1 2 3 4 5
21. Leute, die ohne Führerschein Auto fahren, sollte man ins Gefägnis sperren.	1 2 3 4 5
22. Wer im Gefängnis sitzt, kann wenigstens keine Straftaten begehen.	1 2 3 4 5
23. Menschen kann man nicht ändern. Man muss sie nehmen, wie sie sind.	1 2 3 4 5
24. Wer sich Christ nennt, sollte besonders für einen „humanen Strafvollzug sein!	1 2 3 4 5
25. Ausländer sind gewalttätiger als Deutsche.	1 2 3 4 5

Teil 2

Ihr Alter	Jahre
Ihr Geschlecht	O m O w
Ausbildung/Beruf Vater	
Ausbildung/Beruf Mutter	
Eigener Schulabschluss	
Mit dem Gesetz in Konflikt gekommen?	O Ja O nein
Zur Zeit Gefangener	O Ja O nein
Männer sitzen in Gefängnis, weil ….	
Frauen sitzen im Gefängnis, weil ……	
Wen sollte man für immer im Gefängnis einsperren?	

Tabellenverzeichnis

Literaturverzeichnis

Abels, Heinz, Einführung in die Soziologie, Band 2, Die Individuen in ihrer Gesellschaft, Westdeutscher Verlag Wiesbaden 2001

Abels, Heinz, Interaktion, Identität, Präsentation, Kleine Einführung in interpretative Theorien der Soziologie, Westdeutscher Verlag, 2., überarbeitete Auflage 2001

Acorn, Annalise, Compulsory Compassion: A Critique of Restorative Justice, Vancouver, British Columbia: UBC Press 2004

Althaus, Paul, Die Ethik Martin Luthers, Gütersloh, Gütersloher Verlagshaus Gerd Mohn, 1965

Baumstark, Anton, Die Germania des Tacitus, Deutsche Uebersetzung, Freiburg im Breisgau, Herder'sche Verlagsbuchhandlung, 1876

Bajohr, Frank, Wildt, Michael, Hrsg., Volksgemeinschaft. Neue Forschungen zur Gesellschaft des Nationalsozialismus. Fischer, Frankfurt am Main 2009

Barnett Randy E., Restitution: A New Paradigm of Criminal Justice Ethics, The University of Chicago Press, Vol. 87, No. 4 (Jul., 1977), 279-301

C (zuerst 2005)

Bazemore, Gordon, Lode Walgrave, Restorative Juvenile Justice: In Search of Fundamentals and Outline for Systemic Reform, in: Dies., Restorative Juvenile Justice, 45-74

Becker, Jürgen, Das Evangelium des Johannes, Kap. 1-10, Ökumenischer Taschenbuch-Kommentar zum Neuen Testament, Gütersloher Verlagshaus Mohn, Gütersloh 1979

Berko, Anat, The Path to Paradise, Praeger Security International, Westport 2007

Bianchi, Hermann, Alternativen zur Strafjustiz, München: Kaiser; Mainz: Matthias-Grünewald-Verlag 1988

Bieneck, Steffen; Pfeiffer, Christian, Viktimisierungserfahrungen im Justizvollzug, Kriminologisches Forschungsinstitut Niedersachsen e.V., Forschungsbericht Nr. 119, 2012.

Biermans, Nadia And d'Hoop, Marie Nathalie. Development of Belgian Prisons into a Restorative Perspective, auffindbar in: http://www.restorativejustice.org/10fulltext/bier mansandhoop/view

Boyack, Jim; Bowen, Helen and Chris Marshall, How Does Restorative Justice Ensure Good Practice?, in: Zehr/Toews, Critical Issues, 265-276

Braithwaite, John, Restorative Justice: Assessing Optimistic and Pessimistic Accounts, Crime and Justice, Vol. 25 The University of Chicago Press 1999, 1-127

Braithwaite, John, Setting Standards for Restorative Justice, Britisch Journal of Criminology, 42/2002, 563-577

Braithwaite, John, Christine Parker, Restorative Justice Is Republican Justice, in: Bazemore, Gordon; Walgrave, Lode, Hg., Restorative Juvenile Juistice, London, Lyenne Rienner Publishers, 2010, 103-126

Thomas Brand, Verurteilte Sexualstraftäter: Evaluation ambulanter psychotherapeutischer Behandlung, in der Reihe: Kölner Schriften zu Kriminologie und Kriminalpolitik, Band 11, LIT Verlag Dr. W. Hopf, Hamburg 2006, 116

Buntinx, Kristel, Victim-Offender-Madiation in Cases of Homicide: Chances and Risks, http://rjustice.eu/ images/stories/rj2/Kiel2/Buntinx.pdf

Christie, Nils, Conflicts as Property, The British Journal of Criminology, Vol. 17 No. 1, January 1977, 1-15

Christi, Nils, Limits to Pain: The Role of Punishment in Penal Policy, Eugene (OR), Wipf & Stock Publishers 2007, zuerst publizert in Oslo, Universitetsforlaget, 1981. http://www. prisonpolicy.org/scans/ limits_to_pain/bibliography.html

Cornel, Heinz; Kawamura-Reindl, Gabriele, Maelicke, Bernd; Sonnen, Bernd Rüdeger, Resozialisierung, Handbuch, Nomos Verlagsgesellschaft Baden-Baden, 3. Aufl. 2009

Costello, B.; Wachtel, J. und Wachtel, T., The restorative practices handbook for teachers, disciplinarians and administrators. Bethlehem, PA: International Institute for Restorative Practices, 2009

Council of europe committee of ministers, Recommendation Rec(2006)8 of the Committee of Ministers to member states on assistance to crime victims, Adopted by the Committee of Ministers on 14 June 2006

Covey, Stephen R., Die sieben Wege zur Effektivität. Ein Konzept zur Meisterung Ihres beruflichen und privaten Lebens. 19. Auflage, 6. Auflage dieser Taschenbuchausgabe, Heyne Verlag München, 2002

Daly, Kathleen, Restorative justice: the real story, Paper revised from that presented to the Scottish Criminology Conference, Edinburgh, 21-22 September 2000, Version Revised 2 May 2001

Daly, Kathleen, A Tale of Two Studies: Restorative Justice from a Victim's Perspective, Chapter prepared for E. Elliott and R. Gordon (eds.) Restorative Justice.:Emerging Issues in Practice and Evaluation, Cullompton, UK: Willan Publishing. August 2004

Deppert, Wolfgang, Strafen ohne zu schaden, in: Hagenmaier, Martin (Hg.), Wieviel Strafe braucht der Mensch?, Sierksdorf 2000, 9-19

Developing a Restorative Justice Framework for Sexual Offenses: Victim Empowerment, Community Protection & Offender Accountability, https://law. wustl.edu/Faculty_Profiles/Documents/haley/SeminarPapers/GabrielPGreen-Mit chell.pdf. http://www.restorativejustice.org/press-room/07kindscrimes/sex-offences.

Dhami, Mandeep; Mantle, Greg; Fox, Darrell, Restorative Justice in Prions, Contemporary Justice Review, Volume 12, Number 4, December 2009, Routledge, part of the Taylor & Francis Group, 433-448

Die Schlechterungsanstalt, aus: Die Zeit Nr. 34 vom 16. 8. 2012

Domenig, Claudio, Restorative Justice, Vom marginalen Verfahrensmodell zum integralen Lebensentwurf, in: Restorative Justice, Der Versuch, das Unübersetzbare in Worte zu fassen, DHB-Materialiennr 71, 2013, 8-23

Dünkel, Frieder, Die Geschichte des Strafvollzugs als Geschichte von (vergeblichen?) Vollzugsreformen. In: Driebold, Rolf, Hrsg., Strafvollzug - Erfahrungen, Modelle, Alternativen, Göttingen 1983, S. 25-54.

Dünkel, Frieder; Morgenstern, Christine; Zolondek, Juliane, Universität Greifswald, Strafvollzug und Menschenrechte – Erfahrungen der vergleichenden Forschung zu den Lebens- und Haftbedingungen im Strafvollzug der Ostseeanrainerstaaten vgl. hierzu Dünkel, FS für Heike Jung 2007, 99-126

Dünkel, Frieder; Täter-Opfer-Ausgleich: German Experiences with Mediation in a European Perspective, European journal of Criminal Policy and Research, 4(4), 44-66

Dünkel, Frieder, Grzywa-Holten, Joanna, Horsfield, Philip, Hg., Restorative Justice and Mediation in Penal Matters Restorative Justice and Mediation in Penal Matters: A stock-taking of legal issues, implementation strategies and outcomes in 36 European countries, Vol. 1 & Vol. 2, Mönchengladbach, Forum Verlag Godesberg, 2015

Dutton, Kevin, Psychopathen. Was man von Heiligen, Anwälten und Sereinmördern lernen kann, Deutscher Taschenbuchverlag München 6. Aufl. 2014

Eglash, Albert, Beyond Restitution-Creative Restitution in: Joe Hudson, Burt Galaway, Hrsg., Restitution in Criminal Justice, A Critical Assessment of Sanctions, Lexington, Massachusetts, Toronto, Lexington Books, 1977, 91-99

Eglash, Albert, Creative Restitution. Some Suggestions for Prison Rehabilitation Programs, American Journal of Correction XX 1958, 20-34

Eglash, Albert, Creative Restitution: Its Roots in Religion, Psychiatrie and Law, Britisch Journal of Deliquency 10, 1959, 114-119

Eglash, Albert, Creative Restitution: A Roader Meaning for an Old Term, Journal of criminal law and criminology & Police Science, Volume 8, Issue 6, 1958, 619-622

Enders-Götzelmann, Claudia und Götzelmann, Arnd, Gewalt und Geschlecht aus theologischer Sicht, in: Gahleitner, Silke Brigitta, Lenz, Hans-Joachim (Hrsg.), Gewalt und Geschlechterverhältnis, Juventa Verlag Weinheim und München, 2007

Engel, David, Origin myths; narratives of authority, resistance, disability, and law, *Law & Society Review* 27(4), 1993, 785-826

An evaluation of the Sycamore Tree programme, August 2009, Hallam Centre for Community Justice: Sheffield Hallam University, Zitat: http://www.prisonfellowship.org.uk/what-we-do/sycamore-tree/does-restorative-justice-work

Seena Fazel, John Danesh: Serious mental disorder in 23.000 prisoners: a systematic review of 62 surveys. The Lancet, 16. Februar 2002, www. Ncbi.nlm.nih.gov/pubmed/11867106

Feest, Johannes; Lesting, Wolfgang; Selling, Peter, Totale Institution und Rechtsschutz. Eine Untersuchung zum Rechtsschutz im Strafvollzug. Opladen 1997.

Fragen Sie Frau Sibylle, Ja, sie darf Geld verdienen, Spiegel Online, 2. März 2013, 13:01.

Franke, Michaela, Abschied vom Begriff Täter-Opfer-Ausgleich, Toa-Magazin 03/14, 49

Frankl, Viktor E., ...trotzdem ja zum Leben sagen, Kösel Verlag München, 2012

Freire, Paulo, Pädagogik der Unterdrückten. Bildung als Praxis der Freiheit. Reinbek Hamburg, Rowohlt, 1973

Friedrichsen, Gisela, Einblicke in die Hölle, http://www.spiegel.de/panorama/justiz/nsu-anschlag-in-der-keupstrasse-opfer-sagen-im-nsu-prozess-aus-a-1014266-druck.html

Friedrichsen, Gisela, Opfer des NSU-Anschlags in Köln: "Das habe ich nicht verdient", http://www.spiegel.de/panorama/justiz/nsu-anschlag-keupstrasse-opfer-sagen-im-nsu-pro zess-aus-a-1014041.html

Friedrichsen, Gisela, NSU-Anschlag in Köln: "Was ich sah, war fürchterlich", http://www.spiegel.de/panorama/justiz/nsu-prozess-opfer-des-anschlags-in-koeln-keupstras se-sagen-aus-a-1014490.html

Foucault, Michel, Überwachen und Strafen. die Geburt des Gefängnisses, Suhrkamp Verlag, Frankfurt am Main 1977

Für eine Zukunft in Solidarität und Gerechtigkeit. Wort des Rates der EKD und der DBK, 1997. http://www. ekd.de/ EKD-Texte/44676.html

Gailly, Philippe, Restorative Justice in England and Wales (http://arpegeasbl.be/site/ FCK_STOCK/File/Restaurative%20Justice% 20in%20 England%20and%20Wales.pdf)

Glaser, Barney G.; Strauss, Anselm L., Awareness of Dying, Chikago 1965, deutsch: Interaktion mit Sterbenden, Vandenhoeck & Ruprecht Göttingen 1974

Goffman, Erving, Asyle – Über die soziale Situation psychiatrischer Patienten und anderer Insassen, Frankfurt am Main, Suhrkamp Verlag, 1973

Gottfredson, Michael, Hirschi, Travis, A general theory of crime, Stanford: Stanford University Press 1990

Hagenmann, Otmar, Wohnungseinbrüche und Gewalttaten: Wie bewältigen Opfer ihre Verletzungen? Pfaffenweiler, Centaurus 1993

Hagemann, Otmar, „Opfer“ im Blickpunkt von Strafgefangenen, in: Gerhard Rehn, Regina Nanninga, Andreas Thiel, Freiheit und Unfreiheit-Arbeit mit Straftätern innerhalb und außerhalb des Justizvollzuges, Herbolzheim: Centaurus Verlag & Media, 2004, 397-421

Hagemann, Otmar, Hagenmaier, Martin und Ricarda Lummer: Opferempathietraining – Konzept – Januar 2013

Hagemann, Otmar, Exploring and Understanding Victim Empathy, in: Schäfer, Peter; Weitekamp, Elmar, Establishing Victimology Festschrift for Prof. Dr. Gerd Ferdinand Kirchhoff, 30th Anniversary of Dubrovnik Victimology Course, 223 - 248

Hagemann, Otmar, und Lummer, Ricarda, RJ, Restorative Justice - auch das Unübersetzbare braucht klare Begriffe, in: TOA Infodienst Nr. 45, Dezember 2012, 28-35

Hagemann, Otmar, victim needs and coping strategies of victims, in: Lummer, Ricarda; Nahrwold, Mario; Süß, Björn, Hg., Restorative Justice – A victim Perspective and Issues of Co-operation, Schriftenreihe soziale Straf-rechtspflege Band 2, Kiel 2012, 46-67

Hagemann, Otmar, Restorative Justice: Konzept, Ideen, Hindernisse, in: Hagemann, Otmar; Lummer, Ricarda; Tein, Jo, Hrsg., Restorative Justice – Aus der europäischen und Schleswig-Holsteinischen Perspektive, Kiel, Verband für soziale Strafrechtspflege; Straffälligen- und Opferhilfe e.V. 2011, 151-178

Hagemann, Otmar, Restorative Justice – der Weg zu Heilung und sozialem Frieden. In: Evangelische Stimmen, Heft 4 / 2014, 40-45.

Hagemann, Otmar, Lummer, Ricarda, Restorative Justice – auch das Unübersetzbare braucht klare Begriffe, TOA – Infodienst Nr. 45, Dezember 2012, 28-35

Hagenmaier, Martin, Straftäter – Die zehn Gebote in unserer Gesellschaft, Sierksdorf, TBT Verlag 1999, 86f.;

Hagenmaier, Martin, Mythen, Konstruktionen, Lebensentwürfe, Perspektiven evangelischer Seelsorge in Zwangseinrichtungen, München, Martin Meidenbauer Verlagsbuchhandlung 2009

Hagenmaier, Martin, Von den Gefahren für die Menschenwürde in randständigen Zwangssituationen, Evangelische Stimmen, 10/2013, 26-33

Hagenmaier, Martin, Kann das Übergangsmanagement die Resozialisierungsidee retten? Neue Kriminalpolitik 2, 2014, 123-129

Hagenmaier Martin and Lummer, Ricarda, Restorative Justice at post sentencing level; supporting and protecting victims, Konferenz 27/28.08.2014 at University of Applied Sciences (FH Kiel), Pilot Projects in Schleswig-Holstein, 1.1.2013 – 31.12.2014, Pilot Project Results, 27. August 2014

Hartmann, Arthur; Haas, Mary und Geyer, Judith, Restorative Justice und Täter-Opfer-Ausgleich im deutschen Strafvollzug. Ergebnisse einer Umfrage unter JVA-Mitarbeiterinnen und Mitarbeitern im Rahmen des Forschungsprojektes „Mediation und Restorative Justice in Prison Settings, Institut für Polizei-und Sicherheitsforschung an der Hochschule für öffentliche Verwaltung, Bremen, 14. September 2014

Hartmann, Arthur; Kerner, Hans-Jürgen; Schmidt, Marie, Täter-Opfer-Ausgleich in Deutschland Auswertung der bundesweiten Täter-Opfer-Ausgleichs-Statistik für den Jahrgang 2015/2016. Hg. vom Bundesministerium der Justiz Berlin 2018, Mönchengladbach 2018

Haupt, Holger; Weber, Ulrich; Bürner, Sigrid, Handbuch Opferschutz und Opferhilfe, Baden-Baden, Nomos Verlag 2003

Heinz, Wolfgang, Neue Straflust der Strafjustiz – Realität oder Mythos, in Neue Kriminalpolitik 1/2011, pdf-Version.

Hemenway, Joanne, Forget them not. A Holistic Guide to Prison Ministry, Imprint of Wipf & Stock, Eugene, USA, 2010

Von Hentig, Hans, The criminal and his victim. Studies in the Sociobiology of crime. Archon books, 1948/1967

Herman, Susan, Is restorative Justice possible without a parallel system for victims?, in: Howard Zehr; Barb Toews, Critical issues in restorative Justice, Boulder, London, Lynne Rienner Publishers, 2010, (Nachdruck der Ausgabe von 2004 in: Criminal Justice Press) 75-83

Herrmann, Joachim, Die Entwicklung des Opferschutzes im deutschen Strafrecht und Strafprozessrecht – Eine unendliche Geschichte, Zeitschrift für Internationale Strafrechtsdogmatik 3/2010 – www.zis-online.com, 236-245

Hirschi, Travis, Causes of deliquency, Berkeley, Los Angeles, London: University of California Press 1969

Horrer, Kathrin, Restorative Justice im Strafrecht – Eine vergleichende Analyse von Konzeptionen des Konfliktsausgleichs und deren Verwirklichung in Deutschland, Österreich den Vereinigten Staaten von Amerika, Australien und Belgien, Tübinger Schriften und Materialien zur Kriminologie hrsg. von Jörg Kinzig und Johannes Kerner, Tobias–lib, Universtitätsbibliothek Tübingen 2014

Iacoboni, Marco, Woher wir wissen, was andere denken und fühlen, Die neue Wissenschaft der Spiegelneuronen, Deutsche Verlagsanstalt München, 2009. (englische Originalausgabe: Mirriring People, Farran, Strauß und Giroux, New York 2008

Illich, Ivan, Entschulung der Gesellschaft, München, Beck Verlag, 1971

Johannsen, Rolf, Straf-Tat-Dialog – eine Chance für Opfer und Täter?, in: Evangelische Stimmen, Heft 3/ 2014, 7-9

Kant, Immanuel, Die Metaphysik der Sitten, Akademische Ausgabe, Riga, Zweite Auflage 1786

Kaschimura, Shiro, Albert Eglash and the Biblical Roots of Restorative Justice: The Theory and Practices in the U.S. and Germany in 1950s, http://de.slideshare.net/skashimu/albert eglashandbiblicalrootsofrestorativejustice

Keller, Heidi, Straffreiheit bei Steuerbetrug: Ja oder Nein? http://www.swr.de/swrinfo/steuer-steuerbetrug-selbstanzeige-straffreiheit/-/id=7612/nid=7612/did=12814854/wsgxn0/ index.html

Kimmett, Edgar; Newell, Tim, Restorative Justice in Prisons. A Guide to making it Happen, Waterside Press 2006

Königshofer, Michael, Neustart: Der außergerichtliche Tatausgleich, Juni 2005

Kohner-Kahler, Christian, Victim goes Superstar – eine kritische Lektüre des Opfers, Neue Kriminalpolitik 25 (2013), Nr. 2, 166-181

Kühl, Christian, Strafgesetzbuch, Kommentar, München, Verlag C.H. Beck, 25., neu bearb. Aufl. 2004

Landwehr, Andreas Christopher, Viktimisierung, Kriminologie – Lexikon Online, www.krimlex.de

Latimer, Jeff; Dowden, Craig and Danielle Muise, The Effectiveness of Restorative Justice Practices: A Meta-Analysis The Prison Journal 2005; 85; 127 – 144

Lebe, Wolfgang, Victimologie – die Lehre vom Opfer. Entwicklung in Deutschland, Berliner Forum Gewaltprävention Nr. 12, 2003, 8-19

Liebmann, Marian, Restorative Justice – How it works, London, Philadelphia (USA), Jessica Kingsley Publishers, 2007

Theodor Lipps, Psychologie des Schönen und der Kunst, Verlag von Leopold Voss, Hamburg und Leipzig, 1906

Lohse, Bernhard, Martin Luther: Eine Einführung in sein Leben und sein Werk, München, Verlag C. H. Beck, 1981

Lombroso, Cesare, Der Verbrecher in anthropologischer, ärztlicher und juristischer Beziehung, Verlag J.F.Richter, Hamburg 1887

Luhmann, Niklas, Soziale Systeme, Grundriss einer allgemeinen Theorie, Frankfurt am Main, Suhrkamp Verlag 1984

Luhmann, Niklas, Die Gesellschaft der Gesellschaft, Frankfurt am Main: Suhrkamp 1997

Lutz, Tilman, Restorative Justice – visonäre Alternative oder Version des Alten?, Münster, Lit Verlag, 2002

Maelicke, Bernd, Das Knastdilemma. Wegsperren oder Resozialisieren? Eine Streitschrift. München, C. Bertelsmann Verlag 2015.

Magiera, Kim, Wie erleben Geschädigte den TOA – Eine exploraotive Studie mittels narrativer Interviews und der Draw-and-talk-Methode, Evangelische Stimmen, 3/2014, 40-47

Manitonquat, Der offene Kreis. Vision von einer gewaltfreien Gesellschaft, in: Martin Hagenmaier, Hrsg., Wieviel Strafe braucht der Mensch?, Sierksdorf, TBT Verlag 2000, 107-110

Marshall, Tony F., Restorative Justice: An Overview, London, Home Office, 1999

McCold, Paul, What is the Role of Community in Restorative Justice Theory and Practice?, in: Critical Issues, 155-172

McGlynn, Clare; Westmarland, Nicole and Nikki Godden, is restorative justice possible in cases of sexual violence? https://www.dur.ac.uk/resources/glad/ResearchBriefing1Isrestora tive justicepossibleincases ofsexualviolence.pdf. http://www.justice.govt.nz/publi-cations/global-publications/r/resto-rative-justice-standards-for-sexual-offending-cases

McCold, Paul; Wachtel, T., "Restorative Justice Theory Validation." Paper presented at Fourth International Conference on Restorative Practices for Juveniles, Tübingen, Germany, 2000

Merton, Robert K., Sozialstruktur und Anomie, in: Meja Volker; Stehr, Nico, Hg., Soziologische Theorie und soziale Struktur, Berlin: Walter de Gruyter 1995, 127 - 154

Moeller, Bernd, Geschichte des Christentums in Grundzügen, Vandenhoeck & Ruprecht Göttingen, 8., neu bearb. Aufl. 2004,

Müntzer, Thomas, Fürstenpredigt am 13. 7. 1524

Nahrwold, Mario, victim support in germany, in: Lummer, Ricarda; Nahrwold, Mario; Süß, Björn, Hg., Restorative Justice – A Victim Perspective and Issues of Co-operation, Schriftenreihe soziale Strafrechtspflege Band 2, Kiel 2012, 68-79

Oberlies, Dagmar, Der Täter-Opfer-Ausgleich, Theorie und Praxis einer Glaubensrichtung, Streit 3/2000, 99-115

Ohlemacher, Thomas; Sögding, Dennis; Höynck, Theresia; Ethé, Nicole und Welte, Götz, Anti-Aggressivitäts-Training und Legalbewährung, http://www.konfrontative-paedagogik.de/forschung/anti-aggressivitats-training-und-legalbewährung

3. Opferschutzbericht der Landesregierung, Bericht der Landesregierung, Schleswig-Holsteinischer Landtag, 17. Wahlperiode, Drucksache 17/1937 vom 31.10. 2011

Ostendorf, Heribert, Der Missbrauch von Opfern zum Zwecke der Strafverschärfung, in: HRRS, Onlinezeitschrift für Höchstrichterliche Rechtsprechung zum Strafrecht, 10. Jahrgang, Heft 4, April 2009. 158 ff.

Packer, Herbert L., The Limits of the Criminal Sanctions, Palo Alto, Stanford University Press, 1968

Petrellis, Tania R., The Restorative Justice Living Unit at Grande Cache Institution: Exploring the Application of Restorative Justice in a Correctional Environment, 2008 N° R-189, Restorative Justice and Dispute Resolution Division, Correctional Service Canada, May, 2007

Plack, Arno, Plädoyer für die Abschaffung des Strafrechts, München, Paul List Verlag 1974

Pinker, Steven, Gewalt. Eine neue Geschichte der Menschheit, S. Fischer Verlag, Frankfurt am Main, 2011, Taschenbuch 2013

Platon, Kritias, in: Eigler, Gunther, Hrsg., Platon, Werke in acht Bänden, 7. Band, Wissenschaftliche Buchgesellschaft, Darmstadt, 1972

Pollähne, Hellmuth; Rohde, Irmgard, Hg., Entwicklung von Opfer-Empathie im Behandlungsprogramm für Sexualstraftäter (BPS), in: Opfer im Blickpunkt – Angeklagte im Abseits? Schriftenreihe des Instituts für Konfliktforschung Band 34, 2012

Rauchfleisch, Udo, Betreuung und Therapie von Strafgefangenen vor dem Hintergrund ihrer Psychodynamik, in: Wege zum Menschen, 36/1984, 52-62

Rauchfleisch, Udo, Außenseiter der Gesellschaft, Vandehoeck und Ruprecht, Göttingen 1999

Recker, Christoph, Die Erzählung vom Patriarchen Jakob – ein Beitrag zur mehrperspektivischen Bibelauslegung, LIT Verlag Münster Hamburg London, 2000, 225

Remmert, Günter W., Mein persönliches Leitbild, Fortbildung im Seminarhaus Schmiede. http://www. seminarhaus-schmiede.de/pdf/leitbild.pdf, 2-4

Rizzolatti, Giacomo, Sinigaglia, Corrado, Empathie und Spiegelneurone. Die biologische Basis des Mitgefühls, Suhrkamp Verlag Frankfurt am Main 2008; ital. Originalausgabe: so quel que fai, Mailand 2006

Scheerer, Sebastian, Die abolitionistische Perspektive, in: Kriminologisches Journal, Nr. 16, 1984, 90-111.

Schmidt-Rost, Reinhard, Massenmedium Evangelium: Das andere Programm, Hannover 2011, 53

Spiess, Gerhard, Jugendkriminalität in Deutschland, zwischen Fakten und Dramatisierung, Konstanzer Inventar Kriminalitätsentwicklung, Bearbeitungsstand 2/2012

von Rad, Gerhard, Theologie des Alten Testaments, Band I, Chr. Kaiser Verlag München 1957

Radbruch, Gustav, Gesetzliches Unrecht und übergesetzliches Recht, Süddeutsche Juristenzeitung, 1946, 105-108

Raschke, Joachim, „Soziale Bewegungen. Ein historisch-systematischer Grundriß“. Frankfurt/Main: Campus Verlag, 1985

Restorative Justice, Der Versuch, das Unübersetzbare in Worte zu fassen, DHB-Materialien Nr. 71 (2013)

Richards, Kelly May, Rewriting History: Towards a Genealogy of Restorative Justice, A thesis submitted in fulfilment of the requirements for the degree of Doctor of Philosophy, College of Health and Science, University of Western Sydney, 2006

Robinson, Gwen, Crow, Iain, Offender Rehabilitation, Theory, Research and Practice, Sage Publications, London 2009

S., Michael, Opferempathietraining - Freiwillig in den Knast?, Evangelische Stimmen, Heft 4, 2014, 46-48.

Sack, Fritz Neue Perspektiven in der Kriminologie, in: König, Rene; Sack, Fritz, Kriminalsoziologie, Frankfurt am Main 1968, 431-476.

Schönfeldt, Walter, Über die Gerechtigkeit, Göttingen, Vandenhoeck & Ruprecht, 1952

Walz, Hans Hermann und Schrey, Heinz Horst, Gerechtigkeit in biblischer Sicht. Eine oekumenische Studie zur Rechtstheologie. Zürich , Frankfurt a.M. : Gotthelf-Verlag, 1955

Schrey, H. H., Walz, H. H., & Whitehouse, W. A.. The biblical doctrine of justice and law. London: Published for the Division of Studies, World Council of Churches, London, SCM Press, 1955.

Striet, Magnus, Erlösung auf Golgota?: Der Opfertod Jesu im Streit der Interpretationen, Freiburg, Verlag Herder 2012

Schulz, Benjamin, Unerwünschter Kollege. Hafenarbeiter protestieren gegen Sexualstraftäter, Spiegel online, 25. Juni 2013, 16:49 Uhr.

Schulz, Benjamin, Sexualstraftäter als Kollege. Arbeitskampf am Containerterminal. Spiegel online vom 28.Juni 2013, 18:44 Uhr.

Schumacher, Ernst Friedrich, Small is Beautiful: A Study of Economics as if People Mattered. London, Blond and Briggs., 1973; Neuauflage: Small is Beautiful. Die Rückkehr zum menschlichen Maß, München, oekom verlag 2013

Sherman, Lawrence W., Strong, Heather, Restorative Justice: The Evidence, 2007, http://www.iirp.edu/pdf/RJ_ full_report.pdf

Hans P. Schmidt, Schalom: Die hebräisch – christliche Provokation, in: Hans – Eckehard Bahr, Weltfrieden und Revolution in politischer und theologischer Perspektive, Fischer Bücherei Frankfurt am Main 1970, 131-167

Schmidt-Rost, Reinhard, Massenmedium Evangelium: Das andere Programm, Hannover 2011

Skelton, Ann, The Influence of the Theory and Practice of Restorative Justice in South Africa with Special Reference to Child Justice, 2005

Stibbe, Gabriela, Täter-Opfer-Ausgleich im Vollzug. Heilsame Kommunikationsprozesse zwischen Opfern und Tätern ermöglichen, in: Evangelische Stimmen, März 2014, 36-39

Strang, Heather, Is restorative justice imposing its agenda on victims?, in: Zehr/Toews, Critical Issues, 95-106

Strauss, Anselm L., Grundlagen qualitativer Sozialforschung, Wilhelm Fink Verlag München 2. Aufl. 1998

Tittle, Charles, Control balance: Toward a general theory of deviance, Boulder 1995. John Braithwaite, Crime, Shame and Reintegration, Cambridge 1989

Tong, Stephen; 'O Mahoney; Jo, Bryant; Robin; Waters, Ben, Interim Report: An Evaluation of Adult Prison RJ Mediation, Canterbury Christ Church University, May 2009

Trenczek, Thomas, Restorative Justice in der Praxis: Täter-Opfer-Ausgleich und Mediation in Deutschland, in: TOA – Magazin, Die Fachzeitschrift zum Täter-Opfer-Ausgleich, Dezember 2013, 30

Trenczek, Thomas, Manipulation im Namen des Opferschutzes? Für einen rationalen Umgang mit dem Täter-Opfer-Ausgleich. Eine von Polemiken nicht freie Anmerkung zum Beitrag von Dagmar Oberlies in der Fankfurter Rundschau Nr.172 vom 27.07. 2000, 7ff.

Tröndle, Herbert, Thomas Fischer, Strafgesetzbuch und Nebengesetze, Beck'sche Kurzkommentare Band 10, München, Verlag C.H. Beck,53. Auflage 2006

United Nations, General Assembly, 29 November 1985, 96th plenary meeting, Declaration of Basic Principles of Justice for Victims of Crime and Abuse of Power, A/RES/40, Annex A. Victims of Crimes

United Nations Office on Drugs and Crime, Handbook on Restorative Justice Programmes, Criminal Justice Handbook Series, New York, United Nations Publications, 2006

Victims In Restorative Justice at Post-sentencing Level. A Manual, in der Schriftenreihe Soziale Strafrechtspflege, Kiel 2015

Wager, Nadia, Giving Victims Choice in Restorative Justice: Is there a detrimental affect on offender outcomes? http://www.rjustice.eu/en/conference-uk.html

Walgrave, Lode, Hrsg., Repositioning Restorative Justice, Cullompton, Willan Publishing, 2003

Wallmann, Johannes, Kirchengeschichte Deutschlands seit der Reformation, J.C.B. Mohr Tübingen, 6. Aufl. 2006

Weitekamp, Elmar G., The History of Restorative Justice, in: Gordon Bazemore, Lode Walgrave, ed., Restorative Juvenile Justice, Repairing the Harm of Youth Crime, London, Lynne Rienner Publishers, 2010, (Reprint von 1999), 75-102

Westermann, Claus Genesis Kap 4-11, Biblischer Kommentar Altes Testament, Neukirchen-Vluyn 4. Aufl. 1999

Windolf, Paul, Einleitung: Inklusion und soziale Ungleichheit, in: Rudolph Stichweh, Hrsg., Inklusion und Exklusion: Analysen zur Sozialstruktur und sozialen Ungeleichheit, Wiesbaden, Verlag für Sozialwissenschaften, 2009, 11-28

Wright, Martin, Justice for Victims and Offenders – A Restorative Response to Crime, Winchester, Waterside Press, second reprint 2001

Zeit – Dossier: Die Schlechterungsanstalt, aus: Die Zeit Nr. 34 vom 16. 8. 2012

Zehr, Howard, Fairsöhnt, Restaurative Gerechtigkeit, Wie Opfer und Täter heil werden können, Schwarzenfeld 2010

Zehr, Howard, The little book of restorative Justice, intercourse, PA 17534, 2002

Zehr, Howard, Changing Lenses: A new Focus for Crime and Justice, Scotdale, Herald Press, 3. Aufl. 2005

Zehr, Howard; Toews, Barb, Hrsg., Critical Issues in Restorative Justice, Boulder/Colorado und London, Lynne Rienner Publishers, Neudruck, 2010, erstmals: Criminal Justice Press 2004.

Zitierte Internetquellen

http://www.bag-s.de/aktuelles/aktuelles0/article/inseln-guter-praxis-2-initiativen-fuer-kinder-und-familien-inhaftierter-in-justizvollzugsanstalt/

http://www.bibelwissenschaft.de/stich-wort/26245/ (Rüdiger Liwak, Friede / Schalom, das Bibellexikon, erstellt: März 2011)

http://www.bmi.bund.de/SharedDocs/Dowlads/DE/Broschueren/2006/2_Periodischer_Si-cherheitsbericht_de.html

http://www.bundesfinanzministerium.de/Content/DE/Pressemitteilungen/Finanzpolitik/2014/09/2014-09-24-PM38.html

http://www.caritas.de/hilfeundberatung/ratgeber/haft/knastunddiefolgen/knastunddiefolgen.aspx. http://www.cehd.-umn.edu/ssw/RJP/RJP-Islam/default.asps

https://www.destatis.de/DE/ZahlenFakten/GesellschaftStaat/Rechtspflege/Justizvollzug/Tabellen/Belegungskapazitaet. html

http://www.epd.de/fachdienst/fachdienst-sozial/schwerpunktartikel/papa-im-knast-familie-allein-zu-haus

http://gefaengnisseelsorge.de/uploads/media/RJ-Empathie-Projekt-Hintergruende.pdf.

http://www.gewaltueberwinden.org/fileadmin/dov/files/iepc/peace_declarations/drafting_group/Erklaerung_Erster_Entwurf_p6-12.pdf

http://kurier.at/chronik/oesterreich/richter-strafen-wieder-mehr/3.068.420

http://mcccanada.ca/learn/what/restorative-justice

http://www.neustart.at/at/de/unsere_angebote/tatausgleich.php

http://www.orientdienst.de/muslime/minikurs/islam-was-bedeutet-dieses-wort/

http://www.prisonfellowship.org.uk

http://www.rechtsinfo.com/diversion.html. §§ 90a - 90m Strafprozessordnung Österreich

http://www.rhein-zeitung.de/nachrichten/deutschland-und-welt_artikel,-Chronik-Na-Mahlzeit-Die-Serie-der-Fleischskandale-_arid,581238.html#.VOr1PscdzTs

http://www.restorativejustice.org/university-classroom/01introduction/tutorial-introduction-to-restorative-justice/systemic/net

http://www.shz.de/schleswig-holstein/politik/geiselnahme-in-der-jva-luebeck-was-passierte-wann-id8853371. html

http://www.spiegel.de/kultur/gesellschaft/vater-von-natascha-kampusch-erhebt-in-buch-vermisst-schwere-vorwuer-fe-a-885930.html

http://www.spiegel.de/panorama/justiz/bremerhaven-arbeitsgericht-billigt-kuendigung-von-hafenarbeiter-a-998436.html

http://www.spiegel.de/schulspiegel/ausland/charlie-hebdo-anschlaege-schueler-in-frankreich-stoeren-gedenkminuten-a-1013015.html

http://www.toa-servicebuero.de/sites/toa-servicebuero.de/files/magazin/m02_dezember_2013_0.pdf

https://www.verbraucherzentrale-niedersachsen.de/BWF4073A/linkpdf?unid=1812006A

Rechtsquellenverzeichnis

RICHTLINIE 2012/29/EU des EUROPÄISCHEN PARLAMENTS und DES RATES vom 25. Oktober 2012 über Mindeststandards für die Rechte, die Unterstützung und den Schutz von Opfern von Straftaten sowie zur Ersetzung des Rahmenbeschlusses 2001/220/JI

Strafgesetzbuch in der Fassung der Bekanntmachung vom 13. November 1998 (BGBl. I S. 3322), das zuletzt durch Artikel 1 des Gesetzes vom 21. Januar 2015 (BGBl. I S. 10) geändert worden ist, Stand: Neugefasst durch Bek. v. 13.11.1998 I 3322; zuletzt geändert durch Art. 1 G v. 21.1.2015 I 10

Strafprozeßordnung in der Fassung der Bekanntmachung vom 7. April 1987 (BGBl. I S. 1074, 1319), die zuletzt durch Artikel 2 Absatz 3 des Gesetzes vom 21. Januar 2015 (BGBl. I S. 10) geändert worden ist. Stand: Neugefasst durch Bek. v. 7.4.1987 I 1074, 1319 Zuletzt geändert durch Art. 2 Abs. 3 G v. 21.1.2015 I 10

Jugendgerichtsgesetz in der Fassung der Bekanntmachung vom 11. Dezember 1974 (BGBl. I S. 3427), das zuletzt durch Artikel 3 des Gesetzes vom 26. Juni

2013 (BGBl. I S. 1805) geändert worden ist" Stand: Neugefasst durch Bek. v. 11.12.1974 I 3427; zuletzt geändert durch Art. 3 G v. 26.6.2013 I 1805

Strafprozessordnung Österreich vom 9. Dezember 1975, letzte Änderung: BGBl. I Nr. 13/2015

Musterentwurf zum Landesstrafvollzugsgesetz vom 23. August 2011

Gesetz zur Regelung des Vollzuges der Freiheitsstrafe und zur Änderung des Jugendstrafvollzugsgesetzes in Nordrhein-Westfalen Vom 13. Januar 2015, (**Strafvollzugsgesetz Nordrhein-Westfalen** - StVollzG NRW)

Regierungsentwurf für das Strafvollzugsgesetz in Schleswig-Holstein, 18. Wahperiode, Fassung Dezember 2014

Anmerkungen

[1] Albert Eglash, Creative Restitution. Some Suggestions for Prison Rehabilitation Programs, American Journal of Correction XX 1958, 20-34. Albert Eglash, Creative Restitution: A Roader Meaning for an Old Term, Journal of criminal law and criminology & Police Science, Volume 8, Issue 6, 1958, 619-622.
[2] Stephen Tong, Jo 'O Mahoney, Robin Bryant, Ben Waters, Interim Report: An Evaluation of Adult Prison RJ Mediation, Canterbury Christ Church University, May 2009. Übertragung aus dem Englischen vom Autor.
[3] Z.B. Sebastian Scheerer, Die abolitionistische Perspektive, in: Kriminologisches Journal, Nr. 16, 1984, 90-111. Arno Plack, Plädoyer für die Abschaffung des Strafrechts, München, Paul List Verlag 1974. Hermann Bianchi, , Alternativen zur Strafjustiz, München: Kaiser; Mainz: Matthias-Grünewald-Verlag 1988.
[4] §§ 3, I; III; 6 Strafvollzugsgesetz.
[5] Gabriela Stibbe, Täter-Opfer-Ausgleich im Vollzug. Heilsame Kommunikationsprozesse zwischen Opfern und Tätern ermöglichen, in: Evangelische Stimmen, März 2014, 36-39.
[6] Thomas Ohlemacher, Dennis Sögding, Theresia Höynck, Nicole Ethé und Götz Welte, Anti-Aggressivitäts-Training und Legalbewährung, http://www.konfrontative-paedagogik.de/forschung/anti-aggressivitats-training-und-legalbewahrung. Udo Rauchfleisch, Betreuung und Therapie von Strafgefangenen vor dem Hintergrund ihrer Psychodynamik, in: Wege zum Menschen, 36/1984, 52-62; Udo Rauchfleisch, Außenseiter der Gesellschaft, Vandehoeck und Ruprecht, Göttingen 1999.
[7] http://www.pfi.org/about-us/history-of-pfi.
[8] Lukas 19,1-9.
[9] http://www.prisonfellowship.org.uk/what-we-do/sycamore-tree.
[10] http://www.pfi.org/cjr/stp/introduction/introduction.
[11] Mitgeteilt von Marian Liebmann, Restorative Justice – How it works, London, Philadelphia (USA), Jessica Kingsley Publishers, 2007, 212. Die Josephsgeschichte steht im 1. Buch Mose, 37, 12-27a und 45. Im Koran wiedergegeben in Sure 12 (Joseph),7-20 und 90-92.
[12] Dazu Anselm L. Strauss, , Grundlagen qualitativer Sozialforschung, Wilhelm Fink Verlag München 2. Aufl. 1998 (in der Reihe UTB für Wissenschaft: Uni Taschenbücher; 1776), 26ff.. Strauss führt seine Methode der qualitativen Forschung auf zwei Denkrichtungen zurück: 1) den amerikanischen Pragmatismus in den Arbeiten von John Devey, George H. Mead und Charles S. Peirce und 2) auf die Chikagoer Schule, die Wert auf Feldbeobachtungen und intensive Interviews legte (hier wird Everett C. Hughes genannt, 32). Hier taucht auch die Betonung der eigenen Wahrnehmung von Befragten auf. Strauss hat zusammen mit Barney Glaser diese Methode an der Beobachtung des Umgangs mit dem Sterben in einer Klinik entwickelt. Dort wird aber nicht nur „irgendwie wild untersucht", sondern eine Mischung aus quanatitativer und qualitativer Methode vorgestellt. So messen beispielsweise die Forscher die Zeit, die vom Klingeln eines Patienten bis zum Betreten des Zimmers durch das Pflegepersonal vergeht und ziehen daraus interessante Schlussfolgerungen der Konstruktion des „Statusüberganges". Barney G. Glaser, Anselm L.Strauss, Awareness of Dying, Chikago 1965, deutsch: Interaktion mit Sterbenden, Vandenhoeck & Ruprecht Göttingen 1974.
[13] Jürgen Bortz, Lehrbuch der empirischen Forschung für Sozialwissenschaftler, Springer Verlag, Berlin, Heidelberg, New York, Tokyo 1984, unter Mitarbeit von D. Bongers, 222.
[14] Ebd..
[15] A.a.O., 231ff..
[16] So auch zusammenfassend Armin Scholl, Die Befragung, Sozialwissenschaftliche Methode und kommunikationswissenschaftliche Anwendung, UVK Verlagsgesellschaft Konstanz 2003, 30, unter Nennung grundsatzorientierter methodologischer Literatur.
[17] Scholl, ebd..

[18] Strauss, a.a.O., 32.
[19] Der Vollständigkeit halber sei hier auf den Methodenstreit in der deutschen Soziologie in den 1960iger Jahren hingewiesen, bei dem es um die Frage ging, ob es eine interessenfreie Forschung gibt, m.a.W. welche Rolle das Interesse der Forschenden bei ihren Ergebnissen spielt. Literatur:
[20] Herbert Blumer , Der methodologische Standort des Symbolischen Interaktionismus, in: Arbeitsgruppe Bielefelder Soziologen (Hg.), 1973, Band 1.
[21] S. Bruno Hildebrand, , Einleitung zu Strauss, Grundlagen, 16.
[22] Ebd..
[23] Annalise Acorn, Compulsory Compassion: A Critique of Restorative Justice, Vancouver, British Columbia: UBC Press 2004, 1.
[24] Annalise Acorn, 2.
[25] Utopie, Idee einer besseren Welt, hat als Urbild Platon, Kritias, in: Gunther Eigler, Hrsg., Platon, Werke in acht Bänden, 7. Band, Wissenschaftliche Buchgesellschaft, Darmstadt, 1972, 213-253, 229-253 (113a-121c). Ob die Politeia von Platon, dieselbe Ausgabe, 1971, 4. Band, eine Utopie ist, ist umstritten.
[26] 1. Mose 6, 5-7a.
[27] 1. Mose 8, 21f.
[28] Matthäus 5,45.
[29] Die Germanen z.B. sollen mit Rache, Blutrache und Stammesfehden gearbeitet haben, jedoch auch mit Versammlungen, also Konferenzen, bei denen der Herrscher nicht alleine entscheiden konnte. Seine Macht reichte nur bis zur Haustür, hinter der der Familienvater das Sagen hatte. Ebenso gab es aber Formen der ausgleichenden Beilegung, wie der folgende Text des Tacitus zeigt: „Doch auch bei leichteren Verschulden büßen nach Verhältnis der Strafen die Überführten mit einer Anzahl Pferden und Heerdethieren. Ein Theil der Buße wird dem König oder der Gemeinde entrichtet, ein Theil demjenigen selbst, der gesühnt wird, oder seinen Verwandten. In den nämlichen Versammlungen werden auch die Hohen auserwählt, welche durch Gau und Mark das Recht handhaben; Jedem stehen hundert Gefährten aus dem Volke zur Seite, Rath zugleich und Bewährung." (Anton Baumstark, Die Germania des Tacitus, Deutsche Uebersetzung, Freiburg im Breisgau, Herder'sche Verlagsbuchhandlung, 1876.) Auch bei den Germanen ist das Opfer nicht leer ausgegangen, weder materiell, noch in der Genugtuung. Nicht jede Form von Genugtuung ist jedoch aus der Sicht von Restorative Justice angemessen.
[30] John Braithwaite, Restorative Justice: Assessing Optimistic and Pessimistic Accounts, Crime and Justice, Vol. 25 The University of Chicago Press 1999, 1-127, 1f. (Übersetzung: Autor, wie folgend alle Übersetzungen englischer Texte.)
[31] Manitonquat, Der offene Kreis. Vision von einer gewaltfreien Gesellschaft, in: Martin Hagenmaier, Hrsg., Wieviel Strafe braucht der Mensch?, Sierksdorf, TBT Verlag 2000, 107-110.
[32] Elmar G. Weitekamp, The History of Restorative Justice, in: Gordon Bazemore, Lode Walgrave, ed., Restorative Juvenile Justice, Repairing the Harm of Youth Crime, London, Lynne Rienner Publishers, 2010, (Reprint von 1999), 75-102, 97.
[33] Kathleen Daly, Restorative justice: the real story, Paper revised from that presented to the Scottish Criminology Conference, Edinburgh, 21-22 September 2000, Version Revised 2 May 2001. Daly hält der 'true story' die 'real story' entgegen und bezieht sich auf einen Mythosbegriff von David Engel, 'Origin myths; narratives of authority, resistance, disability, and law', *Law & Society Review* 27(4), 1993, 785-826. Kritisch auch: Kelly May Richards, Rewriting History: Towards a Genealogy of Restorative Justice, A thesis submitted in fulfilment of the requirements for the degree of Doctor of Philosophy, College of Health and Science, University of Western Sydney, 2006, 8ff. Ebenfalls kritisch: Claudio Domenig, Restorative Justice, Vom marginalen Verfahrensmodell zum integralen Lebensentwurf, in: Restorative Justice, Der Versuch, das Unübersetzbare in Worte zu fassen, DHB-

Materialiennr. 71, 2013, 8-23, bes. 14f.: Die nicht unproblematische Idealisierung der indigenen Umgangsweisen mit abweichendem Verhalten als ‚kontextuelle Entwurzelung'.
[34] Es gibt auch restorative schampoo, Restorative Yoga (ist das Yoga des Nicht-Tuns), restorative dental kit, restorative management bei Alkohol und Drogenmisbrauch usw.
[35] S. auch Daly, real story, 5.
[36] Howard Zehr, Fairsöhnt, Restaurative Gerechtigkeit, Wie Opfer und Täter heil werden können, Schwarzenfeld 2010, 31f.
[37] Otmar Hagemann, Restorative Justice: Konzept, Ideen, Hindernisse, in: Ricarda Lummer, Otmar Hagemann, Jo Tein, Hrsg., Restorative Justice – Aus der europäischen und Schleswig-Holsteinischen Perspektive, Kiel, Verband für soziale Strafrechtspflege; Straffälligen- und Opferhilfe e.V. 2011, 151-178, 152.
[38] A.a.O., 33.
[39] Anklang an Nils Christie, Limits to Pain: The Role of Punishment in Penal Policy, Eugene (OR), Wipf & Stock Publishers, 2007, zuerst publizert in Oslo, Universitetsforlaget, 1981. http://www.prisonpoli-cy.org/scans/limits_ to_pain/bibliography.html.
[40] “For a number of ‘restorative justice’ proponents, the failings of the current criminal justice system and the inherent superiority of ‘restorative justice’ as an alternative, is an argument made with an almost evangelical fervour.” Kelly May Richards, Rewriting History, 44.
[41] Joanne Hemenway, Forget them not. A Holistic Guide to Prison Ministry, Imprint of Wipf & Stock, Eugene, USA, 2010, 141f. Die Auffassung eines Übergangs wird auch anderswo geteilt, allerdings weitaus differenzierter. Der Übergang zielt zudem in verschiedene Richtungen, von denen RJ nur eine ist. Andere gehen z.B. zu härteren Strafen (new penology). Daly, Real Story, 9.
[42] Strafe: Tor zur Versöhnung? Eine Denkschrift der Evangelischen Kirche in Deutschland zum Strafvollzug, Gütersloher Verlagshaus Gerd Mohn 1990, 75-77
[43] In die Nähe der Gesellschaftstheorie bringen es Otmar Hagemann und Ricarda Lummer, RJ, Restorative Justice - auch das Unübersetzbare braucht klare Begriffe, in: TOA Infodienst Nr. 45, Dezember 2012, 28-35, 29, 2. Spalte, Absatz 2.
[44] Nils Christie, Conflicts as Property.
[45] A.a.O., 2.
[46] A.a.O., 10f.
[47] Ivan Illich, Entschulung der Gesellschaft, München, Beck Verlag, 1971.
[48] Pädagogik der Unterdrückten. Bildung als Praxis der Freiheit. Reinbek Hamburg, Rowohlt, 1973.
[49] A.a.O., 9f.
[50] Ernst Friedrich Schumacher, Small is Beautiful: A Study of Economics as if People Mattered. London, Blond and Briggs., 1973; Neuauflage: Small is Beautiful. Die Rückkehr zum menschlichen Maß, München, oekom verlag 2013.
[51] Sebastian Scheerer, Die abolitionistische Perspektive, in: Kriminologisches Journal, Nr. 16, 1984, 90-111.
[52] Arno Plack, Plädoyer für die Abschaffung des Strafrechts, München, Paul List Verlag 1974, 382.
[53] Plack, a.a.O., 382f.
[54] Plack, a.a.O., 382.
[55] A.a.O., 323f.
[56] A.a.O., 339.
[57] A.a.O., 336.
[58] A.a.O., 384.
[59] Randy E. Barnett Restitution: A New Paradigm of Criminal Justice Ethics, The University of Chicago Press, Vol. 87, No. 4 (Jul., 1977), 279-301, 284.
[60] A.a.O., 285-287.
[61] A.a.O., 292.

[62] A.a.O., 293.
[63] A.a.O., 294.
[64] A.a.O., 301.
[65] Albert Eglash Beyond Restitution-Creative Restitution in: Joe Hudson, Burt Galaway, Hrsg., Restitution in Criminal Justice, A Critical Assessment of Sanctions, Lexington, Massachusetts, Toronto, Lexington Books, 1977, 91-99, 98f.
[66] A.a.O., 94.
[67] Albert Eglash, Creative Restitution: A Broader Meaning for an Old Term.
[68] A.a.O., 91f.
[69] United Nations Office on Drugs and Crime, Handbook on Restorative Justice Programmes, Criminal Justice Handbook Series, New York, United Nations Publications, 2006, 6.
[70] Daly, Restorative Justice: The Real Story, 4.
[71] Claudio Domenig Restorative Justice, Vom marginalen Verfahrensmodell zum integralen Lebensentwurf, in: Restorative Justice, Der Versuch, das Unübersetzbare in Worte zu fassen, DHB-Materialien Nr. 71 (2013), 8-23, 11.
[72] Kathrin Horrer, Restorative Justice im Strafrecht – Eine vergleichende Analyse von Konzeptionen des Konfliktsausgleichs und deren Verwirklichung in Deutschland, Österreich den Vereinigten Staaten von Amerika, Australien und Belgien, Tübinger Schriften und Materialien zur Kriminologie hrsg. von Jörg Kinzig und Johannes Kerner, Tobias–lib, Universtitätsbibliothek Tübingen 2014, 19.
[73] Domenig, a.a.O., 7 mit Hinweis auf Lode Walgrave, Hrsg., Repositioning Restorative Justice, Cullompton, Willan Publishing, 2003, VII.
[74] Kelly May Richards, zählt z.B. 14 verschiedene Definitionsversuche auf, Rewriting History – Towards a Genealogy of Restorative Justice, Dissertation an der University of Western Sidney, 18.
[75] Richards, a.a.O., 19.
[76] Joachim Raschke, „Soziale Bewegungen. Ein historisch-systematischer Grundriß". Frankfurt/Main: Campus Verlag, 1985, 77.
[77] Man könnte auch sagen, ‚überschriftenartig', s. Richards, ‚a,a.O., 19.
[78] Howard Zehr, Fairsöhnt, 49.
[79] A.a.O., 23.
[80] Zehr, a.a.O., 76.
[81] Susan Herman, Is restorative Justice possible without a parallel system for victims?, in: Howard Zehr; Barb Toews, Critical issues in restorative Justice, Boulder, London, Lynne Rienner Publishers, 2010, (Nachdruck der Ausgabe von 2004 in: Criminal Justice Press) 75-83, 77.
[82] Tony F. Marshall, Restorative Justice: An Overview, London, Home Office, 1999, 5.
[83] S. Gordon Bazemore, Lode Walgrave, Restorative Juvenile Justice: In Search of Fundamentals and Outline for Systemic Reform, in: Dies., Restorative Juvenile Justice, 45-74, 48
[84] S. Bazemore, Walgrave, a.a.O., 47. S. auch: Frieder Dünkel, Täter-Opfer-Ausgleich: German Experiences with Mediation in a European Perspective, European journal of Criminal Policy and Research, 4(4), 44-66.
[85] Ebd. Mit Hinweis auf Herbert L. Packer, The Limits of the Criminal Sanctions, Palo Alto, Stanford University Press, 1968. Gemeint ist hier sicher u.a. der Abschnitt 'conclusion: means and ends', 364-366: means ought to be subservient to ends." (365).
[86] Martin Wright, Justice for Victims and Offenders – A Restorative Response to Crime, Winchester, Waterside Press, second reprint 2001, 27
[87] Marian Liebmann, Restorative Justice, 25.
[88] Ebd.
[89] A.a.O., 26f.
[90] Domenig, .a.a.O., 20.

[91] Martin Wright, Gerechtigkeit (wieder)herstellen. Wenn Theorie, Praxis und Gesetz sich treffen, in: Restorative Justice, Der Versuch…, 53-66: „Entscheidungen treffen und Konflikte ausgleichen durch die Beteiligung der unmittelbar betroffenen Personen." (Zitat aus: B. Costello, J. Wachtel und T. Wachtel, The restorative practices handbook for teachers, disciplinarians and administrators. Bethlehem, PA: International Institute for Restorative Practices, 2009, 7.) "3. „Seit mehreren Jahrzehnten haben wir die Notwendigkeit erkannt, in Harmonie mit dem Planeten zu leben; jetzt müssen wir lernen, in Harmonie miteinander zu leben." (65)
[92] Domenik, a.a.O., 20.
[93] John Braithwaite, Christine Parker, Restorative Justice Is Republican Justice 103-126, 108.
[94] Beginnend mit Platon, Anmerkung, 25.
[95] Howard Zehr, The little book of restorative Justice, intercourse, PA 17534, 2002, 8-13.
[96] Zehr, The little book of rj, 13-17.
[97] John Braithwaite, Setting Standards for Restorative Justice, Britisch Journal of Criminology, 42/2002, 563-577, 575.
[98] Sehr frei übertragen von Jim Boyack, Helen Bowen, Chris Marshall, How Does Restorative Justice Ensure Good Practice?, in: Zehr/Toews, Critical Issues, 265-276, 269-271.
[99] Die letzten drei Punkte nach Zehr, Changing Lenses: A new Focus for Crime and Justice, Scotdale, Herald Press, 3. Aufl. 2005, 211ff.
100 Die Formulierung "make things right to and between people" kommt bei Zehr häufiger vor, so auch in Changing Lenses, 186, mit biblischer Konnotation, 190: 2. Korinther 5, 18ff.
„18 Aber das alles von Gott, der uns mit sich selber versöhnt hat durch Christus und uns das
Amt gegeben, das die Versöhnung predigt. 19 Denn Gott war in Christus und versöhnte die
Welt mit sich selber und rechnete ihnen ihre Sünden nicht zu und hat unter uns aufgerichtet
das Wort von der Versöhnung. 20 So sind wir nun Botschafter an Christi statt, denn Gott
ermahnt durch uns; so bitten wir nun an Christi statt: Lasst euch versöhnen mit Gott!
21 Denn er hat den, der von keiner Sünde wusste, für uns zur Sünde gemacht, damit wir in
ihm die Gerechtigkeit würden, die vor Gott gilt." Gerechtigkeit Gottes wird in der Theologie als das verstanden, dass Gott dem Menschen und den Menschen gerecht wird.
[101] Zehr drückt allerdings fast alles im Gegensatz zur retributiven Justiz aus, wohl der Klarheit halber. Changing Lenses, 184f., 202, 211ff.,
[102] John Braithwaite, Christine Parker, Restorative Justice Is Republican Justice, in: Gordon Bazemore; Lode Walgrave, Hrsg., Restorative Juvenile Juistice, London, Lyenne Rienner Publishers, 2010 103-126.
[103] Zur Umsetzung von Grundrechten in der Justiz siehe Martin Hagenmaier, Von den Gefahren für die Menschenwürde in randständigen Zwangssituationen, Evangelische Stimmen, 10/2013, 26-33.
[104] Vgl. Liebmann, 34: The wide appeal of restorative justice.
[105] A.a.O., 571.
[106] John Braithwaite, Setting Standards, 569-571.
[107] Erneut der Hinweis auf Mennoniten, aber auch Quäker. Das ist jedoch nicht auf Christen beschränkt. Auch der Islam kann sich zu restorative justice verstehen: Islam and Restorative Justice: An Introduction. Presented by the Center for Restorative Justice and Peacemaking (http://www.cehd.-umn.edu/ssw/RJP/RJP-Islam/default.asp).
[108] Paul McCold, What is the Role of Community in Restorative Justice Theory and Practice ? in Critical Issues, 155-172, 169.
[109] Zehr, fairsöhnt, 47.
[110] S. auch Bazemore, Walgrave, a.a.O., 68f.
[111] Sie spielte auch im Recht eine verheerende Rolle. S. auch: Frank Bajohr, Michael Wildt (Hrsg.): Volksgemeinschaft. Neue Forschungen zur Gesellschaft des Nationalsozialismus. Fischer, Frankfurt am Main 2009.

[112] So existiert heute noch die Sicherungsverwahrung, die mit dem Gewohnheitsverbrechergesetz am 24. November 1933 (RGBl. I S. 995) eingeführt wurde.

[113] Benjamin Schulz, Unerwünschter Kollege. Hafenarbeiter protestieren gegen Sexualstraftäter, Spiegel online, 25. Juni 2013, 16:49 Uhr. Sexualstraftäter als Kollege. Arbeitskampf am Containerterminal. Spiegel online vom 28.Juni 2013, 18:44 Uhr.

[114] http://www.spiegel.de/panorama/justiz/bremerhaven-arbeitsgericht-billigt-kuendigung-von-hafenarbeiter-a-998436.html.

[115] John Braithwaite, Christine Parker, Restorative Justice Is Republican Justice 103-126, 108.

[116] Einzige Erwähnung meiner Kenntnis nach bei John Braithwaite, Restorative Justice: Assessing Optimistic and Pessimistic Accounts, in: Crime and Justice, 25, 1999, The University of Chicago Press, 1-127, 6.

[117] Vgl. Martin Hagenmaier, Straftäter – Die zehn Gebote in unserer Gesellschaft, Sierksdorf, TBT Verlag 1999, 86f.; ders., Mythen, Konstruktionen, Lebensentwürfe, Perspektiven evangelischer Seelsorge in Zwangseinrichtungen, München, Martin Meidenbauer Verlagsbuchhandlung 2009, 144-146, 244f., 261-265, 268-270. http://www.caritas.de/hilfeundberatung/ratgeber/haft/knastunddiefolgen/knastunddiefolgen.aspx. http://www.epd.de/fachdienst/fachdienst-sozial/schwerpunktartikel/papa-im-knast-familie-allein-zu-haus. http://www.papa-ist-auf-montage.de/. http://www.bag-s.de/aktuelles/aktuelles0/article/inseln-guter-praxis-2-initiativen-fuer-kinder-und-familien-inhaftierter-in-justizvollzugsanstalt/. Die Literatur ist schon mal uferlos. Bei RJ ist das Problem noch nicht richtig angekommen.

[118] Tilman Lutz, Restorative Justice – visonäre Alternative oder Version des Alten?, Münster, Lit Verlag, 2002, 137.

[119] A.a.O., 7.

[120] „Kontingent ist etwas, was weder notwendig ist noch unmöglich ist; was also so, wie es ist (war, sein wird), sein kann, aber auch anders möglich ist.“ (Niklas Luhmann, Soziale Systeme, Grundriss einer allgemeinen Theorie, Frankfurt am Main, Suhrkamp Verlag 1984, S. 152)

[121] A.a.O. 18.

[122] Walz, Hans Hermann und Heinz Horst Schrey: Gerechtigkeit in biblischer Sicht. Eine oekumenische Studie zur Rechtstheologie. Zürich , Frankfurt a.M. : Gotthelf-Verlag, 1955; Schrey, H. H., Walz, H. H., & Whitehouse, W. A.. The biblical doctrine of justice and law. London: Published for the Division of Studies, World Council of Churches, London, SCM Press, 1955.

[123] A.a.O., 7.

[124] Da fand auch in juristischen Kreisen eine Diskussion statt, die in dem Artikel: Radbruch, Gustav, Gesetzliches Unrecht und übergesetzliches Recht, Süddeutsche Juristenzeitung, 1946, 105-108 gipfelte: „Wo Gerechtigkeit nicht einmal erstrebt wird, wo Gleichheit, die den Kern der Gerechtigkeit ausmacht, bei der Setzung des positiven Rechts bewußt verleugnet wurde, da ist das Gesetz nicht etwa nur ‚unrichtiges Recht', vielmehr entbehrt es überhaupt der Rechtsnatur.“ (107, Sp. 2).

[125] A.a.O., engl. Ausgabe, 8.

[126] Ann Skelton, The Influence of the Theory and Practice of Restorative Justice in South Africa with Special Reference to Child Justice, 2005, 88.

[127] Albert Eglash, Beyond Restitution: Creative Restitution. Der Artikel geht auf einen Vortrag von 1975 zurück.

[128] Albert Eglash, Creative Restitution - A Broader Meaning for an Old Term.

[129] Otmar Hagemann, Restorative Justice – der Weg zu Heilung und sozialem Frieden. In: Evangelische Stimmen, Heft 4 2014, 40-45, 40.

[130] Shiro Kaschimura, Albert Eglash and the Biblical Roots of Restorative Justice: The Theory and Practices in the U.S. and Germany in 1950s, http://de.slideshare.net/skashimu/alberteglashandbiblicalrootsofrestorativejustice.

[131] Albert Eglash, Creative Restitution: Its Roots in Religion, Psychiatrie and Law, Britisch Journal of Deliquency 10, 1959, 114-119.
[132] Schrey, Walz, Gerechtigkeit in biblischer Sicht, 146.
[133] Galater 6,2.
[134] Galater 6, 1-5
[135] Walter Schönfeldt, Über die Gerechtigkeit, Göttingen, Vandenhoeck & Ruprecht, 1952, 117
[136] Ebd.
[137] A.a.O., 118.
[138] Schrey/Waltz, 57f.
[139] Albert Eglash, Creative Restitution. Some Suggestions for Prison Rehabilitation Programs.
[140] Hagemann, Restorative Justice: Konzept, Ideen, Hindernisse, 160f.
[141] Restorative Justice, Der Versuch, das Unübersetzbare in Worte zu fassen, DHB-Materialien Nr. 71 (2013).
[142] Domineg, a.a.O., 23, weist darauf hin, dass damit RJ in einen „transformativer" Ansatz übergeht. Man könnte einfach von einem christlichen Ansatz sprechen.
[143] Für eine Zukunft in Solidarität und Gerechtigkeit. Wort des Rates der EKD und der DBK, 1997. http://www. ekd.de/ EKD-Texte/44676.html.
[144] Howard Zehr, Changing Lenses, 158-174.
[145] Zehr, a.a.O., 150.
[146] Lukas 4, 18f. http://mcccanada.ca/learn/what/restorative-justice.
[147] Jesaja 61,1f.
[148] Zehr, Fairsöhnt, 18.
[149] Philippe Gailly, Restorative Justice in England and Wales (http://arpegeasbl.be/site/FCK_STOCK/File/Restaurative%20Justice% 20in%20England%20and%20Wales.pdf). (Übersetzung vom Autor.) S. auch und ausführlicher: Zehr, Changing Lenses, 158f.
[150] Zehr, a.a.O., 159.
[151] „Ein gottloser Mensch hat kein Recht zu leben, wo er die Frommen behindert ... wie uns essen und trinken ein Lebensmittel ist, so ist es auch das Schwert, um die Gottlosen zu vertilgen." Thomas Müntzer, Fürstenpredigt am 13. 7. 1524. Er wurde von der Reformation als „Schwärmer" verurteilt. In der Zeit des Sozialismus wurde sein Wirken als erste revolutionäre Phase in Deutschland verstanden. Zur näheren Kurzcharakterisierung s. Johannes Wallmann, Kirchengeschichte Deutschlands seit der Reformation, J.C.B. Mohr Tübingen, 6. Aufl. 2006, 46ff.; Bernd Moeller, Geschichte des Christentums in Grundzügen, Vandenhoeck & Ruprecht Göttingen, 8., neu bearb. Aufl. 2004, 246f..
[152] Die lutherische Seite der Reformation hatte einen anderen Realitätszugang. Sie schuf eine (später so genannte) Zwei-Reiche-Lehre, das weltliche Reich (Herrschaft durch das Schwert) und das geistliche Reich (Reich Christi: Herrschaft durch das Wort), und wies die Utopie des Glaubens dem geistlichen Reich zu, die strafende Bekämpfung des Bösen dem Reich dieser Welt. Die theologische Diskussion über diese Lösung ist unendlich. Nur zur Orientierung: Paul Althaus, die Ethik Martin Luthers, Gütersloh, Gütersloher Verlagshaus Gerd Mohn, 1965, 49-87. „Christi Reich steht in der Vergebung, weltlich Regiment übt Vergeltung und Strafe." (64). Die weltliche Macht muss vor der Vernunft bestehen, die geistliche vor dem Gebot der Liebe. Da wäre vielleicht die Entwicklung eines solchen Programms zumindest anders verlaufen. S. auch Bernhard Lohse, Martin Luther: Eine Einführung in sein Leben und sein Werk, München, Verlag C. H. Beck, 1981, 190-197.
[153] Zehr, a.a.O., 158f.
[154] Zehr, a.a.O., 74.
[155] Otmar Hagemann, Ricarda Lummer beurteilen das anders: Restorative Justice – auch das Unübersetzbare braucht klare Begriffe, TOA – Infodienst Nr. 45, Dezember 2012, 28-35, 29.

[156] Aus: Hagemann / Lummer, Restorative Justice – auch das Unübersetzbare braucht klare Begriffe, a.a.O., 31.
[157] Liebmann, a.a.O, 73-102. Siehe auch Hagemann/Lummer, a.a.O., 32f.
[158] 103-116.
[159] 117-142.
[160] Zehr, Fairsöhnt, 62.
[161] Zehr, a.a.O., 65.
[162] Zehr, a.a.O., 66f.
[163] Manitonquat, Der offene Kreis, a.a.O., 109.
[164] McCold, P. & Wachtel, T., "Restorative Justice Theory Validation." Paper presented at Fourth International Conference on Restorative Practices for Juveniles, Tübingen, Germany, 2000. Die Übertragung der Grafik ins Deutsche stammt von Otmar Hagemann.
[165] Zehr, a.a.O.,68-70.
[166] Kim Magiera, Wie erleben Geschädigte den TOA – Eine exploraotive Studie mittels narrativer Interviews und der Draw-and-talk-Methode, Evangelische Stimmen, 3/2014, 40-47, 46.
[167] Herbert Tröndle, Thomas Fischer, Strafgesetzbuch und Nebengesetze, Beck'sche Kurzkommentare Band 10, München, Verlag C.H. Beck,53. Auflage 2006, 370 RN 3.
[168]Tröndle/Fischer, a.a.O., 372, RN 9.
[169] Tröndle/Fischer, 372, RN 10ff.
[170] Tröndle/Fischer, 374, RN 11.
[171] Christian Kühl, Strafgesetzbuch, Kommentar, München, Verlag C.H. Beck, 25., neu bearb. Aufl. 2004, 293f., RN2, 3, 4a. (Lackner/Kühl)
[172] Lackner/Kühl, 294 RN 3.
[173] http://taeter-opfer-ausgleich.de/
[174] Hartmann, Arthur; Kerner, Hans-Jürgen; Schmidt, Marie, Täter-Opfer-Ausgleich in Deutschland Auswertung der bundesweiten Täter-Opfer-Ausgleichs-Statistik für den Jahrgang 2015/2016. Hg. vom Bundesministerium der Justiz Berlin 2018, Mönchengladbach 2018, 8.
[175] A.a.O., 33, Schaubild 20.
[176] A.a.O., 36, Schaubild 21.
[177] Anklang an Matthäus 5, 20.
[178] So z.B. Braithwaite als Punkt der pessimistischen Sicht auf RJ, a.a.O., 19. http://www.restorativejustice.org/university-classroom/01introduction/tutorial-introduction-to-restorative-justice/systemic/net.
[179] Thomas Trenczek, Restorative Justice in der Praxis: Täter-Opfer-Ausgleich und Mediation in Deutschland, in: TOA – Magazin, Die Fachzeitschrift zum Täter-Opfer-Ausgleich, 30 (http://www.toa-servicebuero.de/sites/toa-servicebuero.de/files/magazin/ m02_dezember_2013_0.pdf).
[180] Siehe unten Abschnitt 3.
[181] Michaela Franke, Abschied vom Begriff Täter-Opfer-Ausgleich, Toa-Magazin 03/14, 49.
[182] Ebd.
[183] Dagmar Oberlies, Der Täter-Opfer-Ausgleich, Theorie und Praxis einer Glaubensrichtung, Streit 3/2000, 99-115, Zitat 107. Siehe auch die überraschte Kritik daran von Thomas Trenczek, Manipulation im Namen des Opferschutzes? Für einen rationalen Umgang mit dem Täter-Opfer-Ausgleich. Eine von Polemiken nicht freie Anmerkung zum Beitrag von Dagmar Oberlies in der Fankfurter Rundschau Nr.172 vom 27.07. 2000, 7ff.
[184] Vgl. dazu die Aussagen von Braithwaite, Setting Standards, 573f.: „Training trägt in sich das Risiko der Professionalisierung. Diesem Risiko kann dadurch begegnet werden, dass man es partizipatorisch anlegt und den Auszubildenden die Möglichkeit gibt, das Curriculum zu gestalten. Es muss nicht lange dauern. Drei Tage Training gefolgt von einer Periode der Arbeit mit einem erfahrenen Mentor und ein Folgetag zur Reflektion am Beginn einer Praxis kann ausgezeichnete Konferenzleiter hervorbringen."

[185] Wright, a.a.O., 136, Absatz 3.
[186] Michael Königshofer, Neustart: Der außergerichtliche Tatausgleich, Juni 2005, 3.
[187] http://www.rechtsinfo.com/diversion.html. §§ 90a - 90m Strafprozessordnung Österreich.
[188] Michael Königshofer, Neustart, 5.
[189] http://www.neustart.at/at/de/unsere_angebote/tatausgleich.php.http://kurier.at/chronik/oesterreich/richter-strafen-wieder-mehr/3.068.420.
[190] Es gibt sehr viel mehr Versuche, eine Wirkung von RJ nachzuweisen, als hier aufgezählt werden können. Deshalb wurden die beiden zuerst als Meta-Studien präsentierten ausgewählt. Dann wäre vor allem noch zu nennen: Liebmann, RJ, 335-359, dort mehrere Seiten (!) Literatur.; Lawrence W. Sherman, Heather Strong, Restorative Justice: The Evidence, 2007, http://www.iirp.edu/pdf/RJ_full_report.pdf.
[191] Jeff Latimer, Craig Dowden and Danielle Muise, The Effectiveness of Restorative Justice Practices: A Meta-Analysis The Prison Journal 2005; 85; 127 – 144, http://tpj.sagepub.com, 129.
[192] A.a.O., 131.
[193] A.a.O., 136.
[194] Ebd.
[195] A.a.O., 137.
[196] A.aO., 139.
[197] Siehe oben die Aussagen von DI9 und UD9.
[198] Tilman Lutz, Restorative Justice – visonäre Alternative oder Version des Alten?, 150.
[199] Braithwaite, Assessing, 105.
[200] Braithwaite, a.a.o., 106.
[201] Braithwaite, Assessing, 18f.
[202] Eine freie Übertragung von Braithwaite, Assessing, 107, letzter Absatz.
[203] http://www.justice.govt.nz/policy/criminal-justice/restorative-justice.
[204] http://www.justice.govt.nz/policy/criminal-justice/restorative-justice.
[205] Diese Daten kann man auch ganz anders lesen, wie z.B. Tilman Lutz, Restorative Justice – visonäre Alternative oder Version des Alten, 139.
[206] Nadia Wager, Giving Victims Choice in Restorative Justice: Is there a detrimental affect on offender outcomes? http://www.rjustice.eu/en/conference-uk.html
[207] Liebmann, RJ, 356.
[208] https://www.verbraucherzentrale-niedersachsen.de/BWF4073A/linkpdf?unid=1812006A.
[209] Chronik: Na, Mahlzeit - Die Serie der Fleischskandale, http://www.rhein-zeitung.de/nachrichten/deutsch-land-und-welt_artikel,-Chronik-Na-Mahlzeit-Die-Serie-der-Fleischskandale-arid,581238.ht ml#.VOr1Pscdz Ts.
[210] Heidi Keller, Straffreiheit bei Steuerbetrug: Ja oder Nein? http://www.swr.de/swrinfo/steuerbetrug-selbstanzeige-straffreiheit//id=7612/nid=7612/did=12814854/wsgxn0/index.html.
[211]http://www.bundesfinanzministerium.de/Content/DE/Pressemitteilungen/Finanzpolitik/2014/09/2014-09-24-PM38.html; Gesetz zur Änderung der Abgabenordnung und des Einführungsgesetzes zur Abgabenordnung, Bundesgesetzblatt Jahrgang 2014 Teil I Nr. 63, ausgegeben zu Bonn am 30. Dezember 2014, 2415f.
[212] Developing a Restorative Justice Framework for Sexual Offenses: Victim Empowerment, Community Protection & Offender Accountability, https://law.wustl.edu/Faculty_Profiles/Documents/ haley/Seminar Papers/Gabriel PGreen-Mitchell.pdf.
http://www.restorativejustice.org/press-room/07kindscrimes/sex-offen- ces. Clare McGlynn, Nicole Westmarland and Nikki Godden, is restorative justice possible in cases of sexual violence?https://www.dur.ac.uk/resources/glad/ResearchBriefing1-Isrestorativejustice possibleincasesofsexualviolence.pdf.http://www.justice.govt.nz/publications/global-publications/r/resto-rative-justice-stan-dards-for-sexual-offending-cases.
[213] McGlynn, Westmarland, Godden, 3.

[214] Dies., a.a.O., 4.
[215] Kristel Buntinx, Victim-Offender-Madiation in Cases of Homicide: Chances and Risks, http://rjustice.eu/ images/stories/rj2/Kiel2/Buntinx.pdf.
[216] Rolf Johannsen, Straf-Tat-Dialog – eine Chance für Opfer und Täter?, in: Evangelische Stimmen, Heft 3/ 2014, 7-9, 8.
[217] Susan Herman, Is restorative Justice possible without a parallel system for victims?, in: Howard Zehr; Barb Toews, Critical issues in restorative Justice, Boulder, London, Lynne Rienner Publishers, 2010, (Nachdruck der Ausgabe von 2004 in: Criminal Justice Press) 75-83, 75.
[218] Howard Zehr, Fairsöhnt, 22f.
[219] So z.B. das Recht der Nebenklage, § 395ff. StPO. Dies ist aber lediglich ein Anschluss an die erhobene Klage sowie der Zugang zu verfahrensrechtlichen Regelungen wie Akteneinsicht und Entschädigungsantrag, keine Möglichkeit der eigenständigen Bearbeitung. Siehe auch: Die Übersicht bei Mario Nahrwold, victim support in germany, in: Ricarda Lummer, Mario Nahrwold, Björn Süß, Hg., Restorative Justice – A Victim Perspective and Issues of Co-operation, Schriftenreihe soziale Strafrechtspflege Band 2, Kiel 2012, 68-79. Joachim Herrmann, Die Entwicklung des Opferschutzes im deutschen Strafrecht und Strafprozessrecht – Eine unendliche Geschichte, Zeitschrift für Internationale Strafrechtsdogmatik 3/2010 – www.zis-online.com, 236-245. 3. Opferschutzbericht der Landesregierung, Bericht der Landesregierung, Schleswig-Holsteinischer Landtag, 17. Wahlperiode, Drucksache 17/1937 vom 31.10. 2011.
[220] Die Richtlinie 2012/29 vom 25.10.2012 setzt einen Mindeststandard für Opferschutz und –betreuun unter dem Aspekt von restorative justice. Die Umsetzung in den EU-Staaten soll bis 16. 11. 2016 erfolgen.
[221] Ich benutze aufgrund der Konvention nun die englische Formulierung. Bis sich aufgrund der englischsprachigen Dominanz in diesem Bereich die ‚heilende Gerechtigkeit' als eigentlich ursprünglicher Begriff durchgesetzt hat, wird es noch einige Zeit dauern.
[222] Heather Strang, Is restorative justice imposing its agenda on victims?, in: Zehr/Toews, Critical Issues, 95-106, 96. Marian Liebmann, Restorative Justice, how it works, London, Philadelphia, Jessica Kingsley Publishers 2007, 26. Howard Zehr, Fairsöhnt;, 21.
[223] Herman, a.a.O., 76.
[224] Herman, a.a.O..
[225] Herman, a.a.O., 77.
[226] Herman, ebd.
[227] Herman, 77f.
[228] Herman, a.a.O., 79-82.
[229] Herrmann, a.a.O., 245
[230] Christian Kohner - Kahler, Victim goes Superstar – eine kritische Lektüre des Opfers, Neue Kriminalpolitik, jg. 25, Nr. 2, 2013, 166-181, Zitat 180. Siehe auch Anm. 392.
[231] Oberlies, a.a.O., 99, Anmerkung 9.
[232] Genesis 22, 1-19.
[233] Lukas 23, 32-49 par., Johannes 19, 17-37.
[234] Magnus Striet, Erlösung auf Golgota?: Der Opfertod Jesu im Streit der Interpretationen, Freiburg, Verlag Herder 2012.
[235] Heinz Abels, Interaktion, Identität, Präsentation, Kleine Einführung in interpretative Theorien der Soziologie, Westdeutscher Verlag, 2., überarbeitete Auflage 2001, 120.
[236] Otmar Hagemann, victim needs and coping strategies of victims, in: Ricarda Lummer, Mario Nahrwold, Björn Süß, Hg., Restorative Justice – A victim Perspective and Issues of Co-operation, Schriftenreihe soziale Straf-rechtspflege Band 2, Kiel 2012, 46-67, 54.
[237] Fairsöhnt, 49.
[238] Reinhard Schmidt-Rost, Massenmedium Evangelium: Das andere Programm, Hannover 2011, 53.

[239] Da spricht man von restorative practice, siehe Thomas Trenczek, Restorative Justice in der Praxis, in: Restorative Justice, Der Versuch, das Unübersetzbare in Worte zu fassen, DHB-Materialien Nr. 71 (2013), 92-106, 106.
[240] Council of europe committee of ministers, Recommendation Rec(2006)8 of the Committee of Ministers to member states on assistance to crime victims, Adopted by the Committee of Ministers on 14 June 2006, 1.1.
[241] United Nations, General Assembly, 29 November 1985, 96th plenary meeting, Declaration of Basic Principles of Justice for Victims of Crime and Abuse of Power, A/RES/40, Annex A. Victims of Crimes.
[242] Das ist verbunden mit Hans von Hentig, The criminal and his victim. Studies in the Sociobiology of crime. Archon books, 1948/1967
[243] Andreas Christopher Landwehr, Viktimisierung, Kriminologie – Lexikon Online, www.krimlex.de, Absatz 6.
[244] Landwehr, Kriminologielexikon, Viktimologie, Absatz 10 unter Bezug auf Holger Haupt, Ulrich Weber, Sigrid Bürner, Handbuch Opferschutz und Opferhilfe, Baden-Baden, Nomos Verlag 2003, 38.
[245] Hagemann,
[246] Hagemann, a.a.o., 53f.
[247] A.a.O., 48.
[248] Wolfgang Lebe, Victimologie – die Lehre vom Opfer. Entwicklung in Deutschland, Berliner Forum Gewaltprävention Nr. 12, 2003, 8-19, 11.
[249] http://www.spiegel.de/schulspiegel/ausland/charlie-hebdo-anschlaege-schueler-in-frankreich-stoeren -gedenkminuten-a-1013015.html.
[250] Natascha Kampusch geriet in die Diskussion, weil sie nach Meinung mancher unnötigen Forendiskutanten ihre Opferrolle falsch wahrnahm: S.P.O.N. – Fragen Sie Frau Sibylle, Ja, sie darf Geld verdienen, Spiegel Online, 2. März 2013, 13:01. Ebenso: http://www.spiegel.de/kultur/gesellschaft/vater-von-natascha-kampusch-erhebt-in-buch-vermisst-schwere-vorwuerfe-a-885930.html.
[251] Martin Hagenmaier, Strafttäter. Die zehn Gebote in unserer Gesellschaft, Sierksdorf, Text Bild Ton Verlag 2000, 15, 27.
[252] So kann man die Lebensläufe vieler Strafgefangener interpretieren: Sie sind oftmals fast gleichzeitig Opfer und Täter. Vgl. Zehr, a.a.O., 42ff.
[253] Diese Zusammenfassung stammt von Lebe, a.a.O., 11. Bei dieser Zusammenstellung ist bald jeder ein mögliches Opfer.
[254] Otmar Hagemann, Wohnungseinbrüche und Gewalttaten: Wie bewältigen Opfer ihre Verletzungen? Pfaffenweiler, Centaurus 1993, wieder gegeben in: Hagemann, victims needs, 54f., übersetzt vom Autor.
[255] Heather Strang, A.a.O., 96.
[256] Gisela Friedrichsen, Einblicke in die Hölle, http://www.spiegel.de/panorama/justiz/nsu-anschlag-in-der-keupstrasse-opfer-sagen-im-nsu-prozess-aus-a-1014266-druck.html.
[257] Friedrichsen, Opfer des NSU-Anschlags in Köln: "Das habe ich nicht verdient", http://www.spiegel.de/panorama/justiz/nsu-anschlag-keupstrasse-opfer-sagen-im-nsu-prozess-aus-a-1014041. html.
[258] Friedrichsen, NSU-Anschlag in Köln: "Was ich sah, war fürchterlich", http://www.spiegel. de/panorama/justiz/nsu-prozess-opfer-des-anschlags-in-koeln-keupstrasse-sagen-aus-a-1014490.html.
[259] Zehr, a.a.O., 10.
[260] Liebmann, a.a.O., 25, als Zitat des Restorative Justice Consortiums von 2006. (übersetzt vom Autor).
[261] Liebmann, a.a.O., 26.
[262] Martin Hagenmaier and Ricarda Lummer, Restorative Justice at post sentencing level; supporting and protecting victims, Konferenz 27/28.08.2014 at University of Applied Sci-

ences (FH Kiel), Pilot Projects in Schleswig-Holstein, 1.1.2013 – 31.12.2014, Pilot Project Results, 27. August 2014, 9. (übersetzt vom Autor)

[263] A.a.O., 10.

[264] A.a.O., 11.

[265] A.a.O., 14.

[266] A.a.O., 25f.

[267] Liebmann, Restorative Justice, 28 (‚freie' Übersetzung vom Autor)

[268] Kathleen Daly, A Tale of Two Studies: Restorative Justice from a Victim's Perspective, Chapter prepared for E. Elliott and R. Gordon (eds.) Restorative Justice.:Emerging Issues in Practice and Evaluation, Cullompton, UK: Willan Publishing. August 2004, 8f. An der Studie nahmen 107 Täter und 89 Opfer teil, es waren 44% Gewalt und 56% Eigentumsdelikte. Von den Gewaltopfern mussten 35% einen Arzt konsultieren. Die Eigentumsdelikte hatten im Durchschnitt 400 $ Schaden zur Folge.

[269] A.a.O., 13.

[270] A.a.O., 13.

[271] Da wären zu nennen: Notfallseelsorge, Hilfe für traumatisierte Kriegsopfer, Kriseninterventionsteams (für Bedienstete) in Gefängnissen.

[272] Zehr, a.o.O., 80.

[273] Zehr, a.a.O., 26f., 44.

[274] Gabriela Stibbe, Täter-Opfer-Ausgleich im Vollzug - Heilsame Kommunikationsprozesse zwischen Opfern und Tätern ermöglichen, Evangelische Stimmen 3/2014, 36-39, 39.

[275] Dieses Training wurde als EU - Projekt in der JVA Kiel in den Jahren 2013/2014 angeboten: Restorative Justice at post sentencing level; supporting and protecting victims, www.rjustice.eu.

[276] Die Befragungsergebnisse sind noch nicht an anderer Stelle veröffentlicht worden, sondern beim Autor als Manuskript zu erhalten. Der Fragebogen wird im Anhang abgedruckt.

[277] Siehe jedoch Wolfgang Heinz, Neue Straflust der Strafjustiz – Realität oder Mythos, in Neue Kriminalpolitik 1/2011. Hier wird nachgewiesen, dass die neue Punitivität in Deutschland nicht umgesetzt wurde. Vgl. auch Heribert Ostendorf, Der Missbrauch von Opfern zum Zwecke der Strafverschärfung, in: HRRS, Onlinezeitschrift für Höchstrichterliche Rechtsprechung zum Strafrecht, 10. Jahrgang, Heft 4, April 2009. 158 ff.

[278] Immanuel Kant, Die Metaphysik der Sitten, Akademische Ausgabe, Riga, Zweite Auflage 1786, 331.

[279] A.a.O., 332. Kant legt dem moralischen Gesetz in der Grundlegung zur Metaphysik der Sitten, einen unbedingten Geltungsanspruch zugrunde (a priori... „in den Begriffen der reinen Vernunft"), 21. In der philosophischen Tradition hat schon Aristoteles sich kritisch mit der Wiedervergeltung auseinandersgesetzt. Er fordert „verhältnismäßige Wiedervergeltung" nach dem Grundsatz der proportionalen Gleichheit. (Nikomachische Ethik, Körners Taschenausgabe Band 129, Stuttgart 1958, 258ff.

[280] A.a.O..

[281] Siehe auch 2.3.

[282] Begründend und zusammenfassend beschrieben von Franz von Liszt in seiner Marburger Antrittsvorlesung von 1882, dem sogenannten Marburger Programm.

[283] Claus Roxin, Strafrecht Allgemeiner Teil, Band I, 3. Aufl. 1997.

[284] Frieder Dünkel, Vorlesung Kriminologie II, Sommersemerster 2014, Folie Nr. 8.

[285] Dünkel, a.a.O., Folie Nr. 59.

[286] BVerfG, Urteil v. 05.06.1973, Az. 1 BvR 536/72

[287] Das BVerfG, Urteil v. 14.03.1972, Az. 2 BvR 41/71 hob diese Art von Grundrechtseingriffen ohne gesetzl. Grundlage mit Übergangsfrist auf.

[288] Unerwünschter Kollege. Hafenarbeiter protestieren gegen Sexualstraftäter, Spiegel online, 25. Juni 2013, 16:49 Uhr. Sexualstraftäter als Kollege. Arbeitskampf am Containerterminal. Von Benjamin Schulz, Spiegel online vom 28.Juni 2013, 18:44 Uhr. Zudem die Aktionen rund um entlassene Sicherungsverwahrte, etwa: https://www.openpetition.de/

petition/online/resozialisierungsinseln-wider-willen-der-schutz-der-bevoelkerung-hat-vorrang.

[289] Vgl. dazu Bernd Maelicke, Das Knastdilemma, München, C. Bertelsmann Verlag, 2015, 60ff.

[290] Johannes Feest, Wolfgang Lesting, Peter Selling, Totale Institution und Rechtsschutz. Eine Untersuchung zum Rechtsschutz im Strafvollzug. Opladen 1997.

[291] Zeit – Dossier: Die Schlechterungsanstalt, aus: Die Zeit Nr. 34 vom 16. 8. 2012.

[292] Steffen Bieneck; Christian Pfeiffer, Viktimisierungserfahrungen im Justizvollzug, Kriminologisches Forschungsinstitut Niedersachsen e.V., Forschungsbericht Nr. 119, 2012.

[293] Frieder Dünkel, Christine Morgenstern, Juliane Zolondek, Universität Greifswald, Strafvollzug und Menschenrechte – Erfahrungen der vergleichenden Forschung zu den Lebens- und Haftbedingungen im Strafvollzug der Ostseeanrainerstaaten vgl. hierzu Dünkel, FS für Heike Jung 2007, 99-126. Danach leiden in Europa 12-60 Prozent der Inhaftierten an manifesten und schweren Depressionen. (110f.)

[294] Siehe nur die Vorbelastung mit psychischen Problemen (4% Psychose, 12 % Depression, 65 % Persönlichkeitsstörung): Seena Fazel; John Danesh: Serious mental disorder in 23.000 prisoners: a systematic review of 62 surveys. The Lancet, 16. Februar 2002, www.Ncbi.nlm.nih. gov/pubmed/11867106.

[295] Erving Goffman, Asyle – Über die soziale Situation psychiatrischer Patienten und anderer Insassen, Frankfurt am Main, Suhrkamp Verlag, 1973.

[296] Die Schlechterungsanstalt.

[297] Gwen Robinson, Iain Crow, Offender Rehabilitation, Theory, Research and Practice, Sage Publications, London 2009.

[298] Heinz Cornel, Gabriele Kawamura-Reindl, Bernd Maelicke, Bernd-Rüdeger Sonnen, Resozialisierung, Handbuch, Nomos Verlagsgesellschaft Baden-Baden, 3. Aufl. 2009

[299] Martin Hagenmaier, Kann das Übergangsmanagement die Resozialisierungsidee retten? Neue Kriminalpolitik 2, 2014, 123-129.

[300] Das „Lebach Urteil“, BVerfG, Urteil v. 05.06.1973, Az. 1 BvR 536/72.

[301] Aus kriminologischer Sicht ist das für bestimmte Lebensphasen durchaus nicht falsch. Siehe stellvertretend Gerhard Spiess, Jugendkriminalität in Deutschland, zwischen Fakten und Dramatisierung, Konstanzer Inventar Kriminalitätsentwicklung, Bearbeitungsstand 2/2012.

[302] § 46 Strafgesetzbuch definiert Schuld als Vorwerfbarkeit im Hinblick auf die Strafzumessung.

[303] Vgl. die Formulierung in Howard Zehr, Fairsöhnt, 49, „… die Dinge soweit wie möglich in Ordnung zu bringen.“

[304] Michel Foucault, Überwachen und Strafen. die Geburt des Gefängnisses, Suhrkamp Verlag, Frankfurt am Main 1977, 323f.

[305] Foucault, 327.

[306] http://www.prisonfellowship.org.uk/who-we-are/how-we-work/

[307] An evaluation of the Sycamore Tree programme, August 2009, Hallam Centre for Community Justice: Sheffield Hallam University, Zitat: http://www.prisonfellowship.org.uk/what-we-do/sycamore-tree/does-restorative-justice-work.

[308] “Prayer is the basis for all that we do, and where it all started. All our activities are underpinned by prayer through our PF groups, which meet monthly. Our aim is to have a group in place to support every prison in England and Wales.” http://www.prisonfellowship.org.uk/who-we-are/how-we-work-2. Siehe auch Hagemann, Otmar, Exploring and Understanding Victim Empathy Oxford, accessed on 27.11.2013: http://www.thamesvalley-partnership.org.uk/wp-content/uploads/Prof-Otmar-Hagemann-Kiel-University-of-Applied-Sciences2.pdf, p 16; Hagemann, Otmar, Exploring and Understanding Victim Empathy, in: Peter Schäfer; Elmar Weitekamp, Establishing Victimology Festschrift for Prof. Dr. Gerd Ferdinand Kirchhoff, 30th Anniversary of Dubrovnik Victimology Course, 223 -248, 238f. Siehe ebenso die skeptische Bewertung in der Metastudie

von Jeff Latimer, Craig Dowden and Danielle Muise, The Effectiveness of Restorative Justice Practices: A Meta-Analysis, *The Prison Journal* 2005, 85; 127.

[309] Siehe auch die Erklärungen dafür, dass Gewalt weniger wird, bei Steven Pinker, Gewalt. Eine neue Geschichte der Menschheit, S. Fischer Verlag, Frankfurt am Main, 2011, Taschenbuch 2013, 184-203 und 850-878 Hier ist die Erklärung die Zivilisierung und nicht das Anwachsen der Empathie, was immer das sein mag. Empathie mag eine Rolle spielen. Wir kennen aber letztlich nicht eindeutig die Ursachen von Kriminalität. Sie wird individuell und multifaktoriell produziert.

[310] Zehr, Howard, the little book of restorative justice, Good Books, intercourse, PA 17534, 2002, 37.

[311] Otmar Hagemann, Martin Hagenmaier und Ricarda Lummer: Opferempathietraining – Konzept – Januar 2013.

[312] Otmar Hagemann, „Opfer“ im Blickpunkt von Strafgefangenen, in: Gerhard Rehn, Regina Nanninga, Andreas Thiel, Freiheit und Unfreiheit-Arbeit mit Straftätern innerhalb und außerhalb des Justizvollzuges, Herbolzheim: Centaurus Verlag & Media, 2004, 397-421.

[313] http://www.prisonfellowship.org.uk/what-we-do/sycamore-tree.

[314] Liebmann, RJ, 201-204. Das SORI – Projekt betriebt auch gemeinnützige Arbeit, urban park regenerations, computer repair workshop etc.

[315] http://gefaengnisseelsorge.de/uploads/media/RJ-Empathie-Projekt-Hintergruende.pdf. Mit Verweis auf Logotherapie, Gewaltfreie Kommunikation, Theater der Unterdrückten, Traumatherapie.

[316] http://rjustice.eu/images/stories/rj2/Kiel2/SH.pdf, 23.

[317] http://rjustice.eu/images/stories/rj2/Kiel2/SH.pdf, 20.

[318] Das wird auch in einer kanadischen Untersuchung bemerkt: “Offenders pointed out that these elements (encounter victims) would need to be explored in greater depth to reinforce future RJ projects. Offenders believed that the realism of a victim's experience, as presented to an offender by a victim, was perceived to be a beneficial means to further and solidify the teachings of the Unit. Offenders also commented that this area should have been explored with greater purpose.” Tania R. Petrellis, The Restorative Justice Living Unit at Grande Cache Institution: Exploring the Application of Restorative Justice in a Correctional Environment, 2008 No R-189, Restorative Justice and Dispute Resolution Division, Correctional Service Canada, May, 2007, 23.

[319] Michael S., Opferempathietraining - Freiwillig in den Knast?, Evangelische Stimmen, Heft 4, 2014, 46-48, 48.

[320] Zu solcher Erkenntnis gelangte auch Hagemann, Opfer im Blickpunkt, 420.

[321] Vgl. dazu die Diskussion um den Identitätsbegriff, wie Strauss ihn eingeführt hat. In seinem Konzept der Statusübergänge ist Identität jeweils ein Konstrukt, das den gegenwärtigen Status einer Person „stimmig“ macht: „Biographische Identität ist also ein Konstrukt – nicht Lüge und nicht Wahrheit. Diese Konstruktionen erfolgen laufend und unbewusst. Besonders intensiv sind sie an den „Wendepunkten“ der Biographie, an denen ein Status neu definiert werden muss. ... Beispiele sind der Verlust eines Partners oder die Einweisung in eine totale Institution.“ (Heinz Abels, Einführung in die Soziologie, Band 2, Die Individuen in ihrer Gesellschaft, Westdeutscher Verlag Wiesbaden 2001, 267.)

[322] Hagemann, Opfer im Blickpunkt, 420.

[323] Hagemann, a.a.O., 421.

[324] Liebmann, RJ, 229.

[325] Edgar Kimmett, Tim Newell, Restorative Justice in Prisons. A Guide to making it Happen, Waterside Press 2006, 22.

[326] Hagemann, Opfer im Blickpunkt, 421.

[327] Regierungsentwurf für das Strafvollzugsgesetz in Schleswig-Holstein, 18. Wahperiode, Fassung Dezember 2014. Natürlich ist das keine ausschließlich schleswig-holsteinische Idee. Ähnliche Formulierungen tauchen auch im „Musterentwurf zum Landesstrafvollzugs-

gesetz vom 23. August 2011" auf: § 3 I; § 9 I Nr 18. Sie werden durch die EU-Richtlinie 2012/29 bis zum 16.11.2016 erforderlich.

[328] § 7 Gesetz zur Regelung des Vollzuges der Freiheitsstrafe und zur Änderung des Jugendstrafvollzugsgesetzes in Nordrhein-Westfalen vom 13. Januar 2015.

[329] Nadia Biermans, Marie Nathalie d'Hoop, Development of Belgian Prisons into a Restorative Perspective, auffindbar in: http://www.restorativejustice.org/10fulltext/bier mansand-hoop/view.

[330] Biermans, d'Hoop, a.a.O., 1. Der Fall Dutroux produziert auch in Deutschland nach wie vor Presseartikel, siehe http://www.spiegel.de/thema/marc_dutroux/.

[331] A.a.O., 2.

[332] Ebd.

[333] A.a.O., 3f.

[334] A.a.O., 6f.

[335] A.a.O., 8, Absatz 2 und 4.

[336] http://www.shz.de/schleswig-holstein/politik/geiselnahme-in-der-jva-luebeck-was-passierte-wann-id8853 37.html.

[337] Arthur Hartmann, Mary Haas und Judith Geyer, Restorative Justice und Täter-Opfer-Ausgleich im deutschen Strafvollzug. Ergebnisse einer Umfrage unter JVA-Mitarbeiterinnen und Mitarbeitern im Rahmen des Forschungsprojektes „Mediation und Restorative Justice in Prison Settings, Institut für Polizei-und Sicherheitsforschung an der Hochschule für öffentliche Verwaltung, Bremen, 14. September 2014, 21f.

[338] Mandeep Dhami; Greg Mantle; Darrell Fox, Restorative Justice in Prions, Contemporary Justice Review, Volume 12, Number 4, December 2009, Routledge, part of the Taylor & Francis Group, 433-448(16), Abstract.

[339] Z.B. Liebmann, RJ, 361-382.

[340] Kimmett, Newell, RJ in Prisons, 96.

[341] Niklas Luhmann: Die Gesellschaft der Gesellschaft, Frankfurt am Main: Suhrkamp 1997; Paul Windolf, Einleitung: Inklusion und soziale Ungleichheit, in: Rudolph Stichweh, Hrsg., Inklusion und Exklusion: Analysen zur Sozialstruktur und sozialen Ungeleichheit, Wiesbaden, Verlag für Sozialwissenschaften, 2009, 11-28.

[342] https://www.destatis.de/DE/ZahlenFakten/GesellschaftStaat/Rechtspflege/Justizvollzug/Tabellen/ Belegungskapazitaet.html.

[343] A.a.O., 4.

[344] Petrellis a.a.O., 22.

[345] Tanja R. Petrellis, The Restorative Justice Living Unit at Grande Cache Institution, 21 und 24 f.

[346] A.a.O., 25.

[347] A.a.O., 26.

[348] Frieder Dünkel, Die Geschichte des Strafvollzugs als Geschichte von (vergeblichen?) Vollzugsreformen. In: Driebold (Hrsg.), Strafvollzug - Erfahrungen, Modelle, Alternativen, Göttingen 1983, S. 25-54 oder auch Lutz, Restorative Justice – visonäre Alternative oder Version des Alten?, 148.

[349] Theodor Lipps, Psychologie des Schönen und der Kunst, z.B. 1-31. Vorher allerdings gab es bereits im Theater der Aufklärungsepoche die Entwicklung von der Nachahmung (der Natur) zur Einfühlung. Ein erster kurzer Abriss: https://de.wikipedia.org/wiki/ Einfühlungstheorie.

[350] Edward B. Thitchener, Lectures on the experimental psychology of the thougt-processes, Arno Press, New York 1909. Allerdings hatte Vernon Lee (alias von Violet Paget, https://de.wikipedia.org/wiki/Violet_ Paget) das Wort schon im Zusammenhang mit Ästhetik – ähnlich wie Lipps – gebraucht.

[351] Steven Pinker, Gewalt, 850.

[352] Kevin Dutton, Psychopathen, 260 ff.

[353] Giacomo Rizzolatti, Corrado Sinigaglia, Empathie und Spiegelneurone. Die biologische Basis des Mitgefühls, 2008. Marco Iacoboni, Woher wir wissen, was andere denken und fühlen, 2009. Joachim Bauer, Warum ich fühle, was du fühlst, 2005/2012.
[354] Iacoboni, a.a.O., 283.
[355] Bauer, a.a.O., 172.
[356] Rizzolatti, a.a.O., 189f.
[357] Nach der Psychopathy-check-list (PCL-R) von Robert Hare fallen bis zu 28 Prozent der Gefangenen unter diese Diagnose ‚psychopathy', in der mangelnde Empathie ein Hauptkennzeichen ist. Empathie wird auch als Fehlen oder Mangel an sozialer Responsivität beschrieben. Zur Checklist s. Henning Ernst Müller, http://www.rechtspsychologie-bdp.de/wp- content/uploads/vortraege3tag/Mueller.pdf.
[358] Dutton, Psychopathen, 151ff., 260ff.
[359] Christian Laue, „Wie ich dir, so du mir...", Der Mangel an Empathie – Ursachen und kriminologische Bedeutung. http://www.sicherheid.de/1032/files/2012_04_3_2012042613 1738Wieichdir,sodumir. pdf.
[360] Thomas Brand, Verurteilte Sexualstraftäter: Evaluation ambulanter psychotherapeutischer Behandlung, 116.
[361] Hellmuth Pollähne, Irmgard Rohde, Hg., Entwicklung von Opfer-Empathie im Behandlungsprogramm für Sexualstraftäter (BPS), in: Opfer im Blickpunkt – Angeklagte im Abseits? Schriftenreihe des Instituts für Konfliktforschung Band 34, 2012, 99 – 108, hier: 99.
[362] Marion Küster, Harald Knepper, Konzeption Problemorientierte Gruppenarbeit mit Sexualstraftätern im Rahmen der Bewährungshilfe. http://www.bewaehrungshilfe-gruppenforum.de/sexstraf.htm.
[363] Die Bezeichnung „schwere" Körperverletzung entspricht dem Sprachgebrauch im Alltag. Juristisch handelt es sich um „gefährliche" Körperverletzung.
[364] Namen und sonstige Angaben sind aus Datenschutzgründen verändert.
[365] Es ist eine ‚Versteck-Reaktion' im Sinne von Stephan. Marks, Scham – die tabuisierte Emotion, Ostfildern, Patmos Verlag, 3.Aufl. 2011, 71ff.
[366] Vgl. John Braithwaite, Crime, Shame and Reintegration, New York, Cambridge University Press, 1989. Hier wird die reintegrative Wirkung der Scham dem "Zirkel" zugeschrieben, in dem die Scham die Wiederherstellung der gemeinsamen Werte und damit Reintegration bewirken kann. Im Strafverfahren bewirkt Scham dagegen eine Vertiefung des Ausschlusses aus der Gemeinschaft.
[367] Siehe dazu die Ausführungen von Friedrich Schwenger, „Reshaming" – Grundpraxis der Versöhnung im Restoraive Justice, Northeim 2010, besonders Seite 4, unter 3. „Reintegrative Shaming" als Anliegen der Gefängnisseelsorge.
[368] S.o. 5.1.2.
[369] Vgl. dazu das kleine Handbuch: Victims in Restorative Justice at Post-sentencing Level. A Manual, in der Schriftenreihe Soziale Strafrechtspflege, Kiel 2015.
[370] Proaktiv ist hier als Gegensatz zu protektiv verstanden, eigentlich ist der Gegensatz reaktiv. Zum Begriff „proaktiv " siehe Viktor E. Frankl, ...trotzdem ja zum Leben sagen, Kösel Verlag München, 2012. Günter W. Remmert, Mein persönliches Leitbild, Fortbildung im Seminarhaus Schmiede. http://www. seminarhaus-schmiede.de/pdf/leitbild.pdf, 2-4. Stephen R. Covey, Die sieben Wege zur Effektivität. Ein Konzept zur Meisterung Ihres beruflichen und privaten Lebens. 19. Auflage, 6. Auflage dieser Taschenbuchausgabe, Heyne Verlag München, 2002.
[371] Jo-Anne Wemmers, Tinneke van Camp,The offer of restorative justice to victims of violent crime: Should it be protective or proactive? Montréal: Centre International de Criminologie Comparee, 2011
[372] Victims in Restorative Justice, 6.
[373] Beispiele Cesare Lombroso, Der Verbrecher in anthropologischer, ärztlicher und juristischer Beziehung, Verlag J.F.Richter, Hamburg 1887.

[374] Fritz Sack, Neue Perspektiven in der Kriminologie, in: Rene König, Fritz Sack, Kriminalsoziologie, Frankfurt am Main 1968, 431-476.
[375] Robert K. Merton, Sozialstruktur und Anomie, in: Volker Meja und Nico Stehr, *Hg.*, Soziologische Theorie und soziale Struktur, Berlin: Walter de Gruyter 1995, 127 - 154.
[376] Charles Tittle, Control balance: Toward a general theory of deviance, Boulder 1995. John Braithwaite, Crime, Shame and Reintegration, Cambridge 1989.
[377] Hirschi, Travis, Causes of deliquency, Berkeley, Los Angeles, London: University of California Press 1969. Michael Gottfredson, Travis Hirschi, A general theory of crime, Stanford: Stanford University Press 1990.
[378] So wurde in der ev. Konferenz für Gefängnisseelsorge in Deutschland ein eigenes Opferempathietraining entwickelt, s. 4.6.
[379] *Reinhard Schmidt-Rost*, Massenmedium Evangelium: Das andere Programm, Hannover 2011, 53.
[380] Sie oben Kapitel 3.4.
[381] Matthäus 5, 25f.
[382] Zehr, Fairsöhnt, 22.
[383] A.a.O., 16.
[384] A.a.O., 23.
[385] Die Schlechterungsanstalt, aus: Die Zeit Nr. 34 vom 16. 8. 2012, Einleitungsabsatz. Das ist sicher eine drastische Bewertung der Untersuchungsergebnisse folgender Untersuchung: Steffen Bieneck / Christian Pfeiffer, Viktimisierungserfahrungen im Justizvollzug, Kriminologisches Forschungsinstitut Niedersachsen e.V., Forschungsbericht Nr. 119, 2012.
[386] S. Martin Hagenmaier, Von den Gefahren für die Menschenwürde in randständigen Zwangssituationen, in: Evangelische Stimmen, Oktober 2013, 26-33.
[387] Zehr (Anm. 1), 24.
[388] 1 Kor. 9, 19-23 (Luther 1984).
[389] Sieh auch Wolfgang Deppert, Strafen ohne zu schaden, in: Martin Hagenmaier (Hg.), Wieviel Strafe braucht der Mensch?, Sierksdorf 2000, 9-19.
[390] Claus Westermann, Genesis Kap 4-11, Biblischer Kommentar Altes Testament, Neukirchen-Vluyn 4. Aufl. 1999, 421.
[391] A.a.O., 424.
[392] A.a.O., 434.
[393] „Oft sind genau diejenigen Altersgruppen, die in der öffentlichen Wahrnehmung als besonders kriminalitätsbelastet erscheinen, auch auf der Opferseite besonders intensiv betroffen. In fast idealtypischer Weise kann man dies anhand der männlichen Täterraten und Opferraten bei Körperverletzungsdelikten demonstrieren, die in der Praxis des TOA dominieren. Wenn man hier die Alterskurven der Tatverdächtigenbelastungszahlen und der Opferbelastungszahlen graphisch in einem Schaubild aufzeichnet, zeigt sich die Verlaufsform der beiden Kurven in der Struktur fast identisch. Die Jugendlichen (TVBZ = 2.391; OBZ = 2.399) und die Heranwachsenden (TVBZ = 2.906; OBZ = 3.028) stellen dann nicht nur die meisten Täter, sondern auch die meisten Opfer.“ Bundesministerium des Inneren und Bundesministerium der Justiz, Zweiter Periodischer Sicherheitsbericht (ZPS) 2006, 590 (http://www.bmi.bund.de/SharedDocs/Dowlads/DE/Broschueren/2006/2_Periodischer_Sicherheitsbericht_de.html).
[394] Bundesministerium des Inneren und Bundesministerium der Justiz (Anm. 31) ZPS, 589.
[395] Schmidt-Rost (Anm. 16), 53f. Ähnlich Howard Zehr, Changing Lenses, 126-157.
[396] Matthäus 7, 1.
[397] Die Auslegung wird ausführlich diskutiert bei Ulrich Luz, Das Evangelium nach Matthäus, 1. Teilband, Mt 1-7 (Evang. - Kath. Kommentar zum Neuen Testament, I/1), 5., völlig neubarb. Aufl. 2002, 487-491. „Das Gottesreich kommt; da muß es mit jedem Verurteilen von Menschen durch Menschen grundsätzlich ein Ende haben. Welche Konsequenzen dieser Grundsatz für die weltliche Rechtsprechung hat, wird aber nicht bedacht.“ (491, unter Hinweis auf Strecker). Dagegen David L. Turner, Matthew (Baker Exegetical Commentary

on the New Testament), 2008: “Discipleship inevitably requires discerning ‘judgments’ about individuals and their teachings. (…) What is forbidden is a rigid, censorious judgmentalism that srutinizes others without even a glance at oneself.” (Randnr. 7:1). Und auch zur Parallele Gerhard Schneider, Das Evangelium nach Lukas (Ökumenischer Taschenbuchkommentar zum Neuen Testament 3/1), Gütersloh 1977, 158: „Das Verbot des Richtens meint keine richterlichen Akte, sondern bezieht sich auf das den Bruder kritisierende Urteil“ (158).

[398] Enders-Götzelmann und Götzelmann sehen in der Geschichte eine der Exempelgeschichten von Gewalt der männlichen Bevölkerung gegen Frauen, in der Frauen sogar zum Tauschhandelsobjekt für Befriedung angeboten werden. (Claudia Enders-Götzelmann und Arnd Götzelmann, Gewalt und Geschlecht aus theologischer Sicht, in: Silke Brigitta Gahleitner, Hans-Joachim Lenz (Hrsg.), Gewalt und Geschlechterverhältnis, Juventa Verlag Weinheim und München, 2007 87f.

[399] Christoph Recker, Die Erzählung vom Patriarchen Jakob – ein Beitrag zur mehrperspektivischen Bibelauslegung, LIT Verlag Münster Hamburg London, 2000, 225.

[400] Siehe oben Abschnitt 0.2.

[401] 1. Buch Mose, 37, 12-27a und 45. Im Koran wiedergegeben in Sure 12 (Joseph),7-20 und 90-92.

[402] 3. Mose 5, 21 - 26.

[403] Siehe auch: Howard Zehr, Changing Lenses, 126-157.

[404] 2. Mose 21, 23f., ähnlich 3. Mose 24,20 und 5. Mose 19,21.

[405] 2. Mose 21, 12ff..

[406] 2. Mose 21, 18f..

[407] 2. Mose 21, 28ff..

[408] 4. Mose 35, 11f..

[409] 1. Mose 9, 6.

[410] 1. Mose 4, 9-16.

[411] Gerhard von Rad, Theologie des Alten Testaments, Band I, Chr. Kaiser Verlag München 1957, 40

[412] Johannes 7,53-8,11. Dazu Jürgen Becker, Das Evangelium des Johannes, Kap. 1-10, Ökumenischer Taschenbuch-Kommentar zum Neuen Testament, Gütersloher Verlagshaus Mohn, Gütersloh 1979, 279ff.

[413] 3. Mose 20,10.

[414] Anat Berko, The Path to Paradise, Praeger Security International, Westport 2007, 2.

[415] Enders-Götzelmann und Götzelmann, 76.

[416] Zum Begriff ausführlich: Rüdiger Liwak, Friede / Schalom, das Bibellexikon, http://www.bibel wissenschaft.de/stichwort/26245/ (erstellt: März 2011).

[417] Changing Lenses, 126-157.

[418] Aus dieser Wortwurzel ist auch das Wort Islam gebildet, dessen Wortwurzel zunächst ‚unversehrt, wohlerhalten sein’ bedeutet. Daher kommen auch die Versuche, Islam als Frieden machen zu interepretieren. (http://www.orientdienst.de/muslime/minikurs/islam-was-bedeutet-dieses-wort/).

[419] Changing Lenses, 132.

[420] EKD, http://www.gewaltueberwinden.org/fileadmin/dov/files/iepc/peace_declarations/drafting_gro up/Erklaerung_Erster_Entwurf_p6-12.pdf, Ziffer 14.

[421] Psalm 72, 4. 12-14. Siehe auch Hans P. Schmidt, Schalom: Die hebräisch – christliche Provokation, in: Hans – Eckehard Bahr, Weltfrieden und Revolution in politischer und theologischer Perspektive, Fischer Bücherei Frankfurt am Main 1970, 131-167.

[422] Psalm 113, 7f.